技能高考复习丛书

旅游类专业知识汇编

主　编　陈　波　徐紫燕
副主编　肖　萍
编　委　冯久红　王　芳　赵　晶　朱德勇
　　　　雷　鸣　肖　蕾　朱　轶　印　杨

北京理工大学出版社
BEIJING INSTITUTE OF TECHNOLOGY PRESS

图书在版编目（CIP）数据

旅游类专业知识汇编 / 陈波，徐紫燕主编. —北京：北京理工大学出版社，2015.8
ISBN 978-7-5682-1089-8

Ⅰ.①旅…　Ⅱ.①陈…②徐…　Ⅲ.①旅游学－中等专业学校－升学参考资料　Ⅳ.① F590

中国版本图书馆 CIP 数据核字（2015）第 195123 号

出版发行 / 北京理工大学出版社有限责任公司
社　　址 / 北京市海淀区中关村南大街 5 号
邮　　编 / 100081
电　　话 /（010）68914775（总编室）
　　　　　82562903（教材售后服务热线）
　　　　　68948351（其他图书服务热线）
网　　址 / http://www.bitpress.com.cn
经　　销 / 全国各地新华书店
印　　刷 / 北京通县华龙印刷厂
开　　本 / 787 毫米 × 1092 毫米 1/16
印　　张 / 18.25
字　　数 / 226 千字
版　　次 / 2015 年 8 月第 1 版　2015 年 8 月第 1 次印刷
定　　价 / 39.00 元

责任编辑 / 陆世立
文案编辑 / 陆世立
责任校对 / 周瑞红
责任印制 / 边心超

前　言

　　技能高考是湖北省实行的普通高校招收中职毕业生的招生考试改革的考试。技能高考由全省统一组织，包括技能考试和文化综合考试，录取以技能考试成绩为主，文化综合考试成绩为辅，按两个成绩之和，从高分往低分择优录取，技能考试成绩不合格不能被录取。技能高考为中职毕业生迈入普通高校（包括本科和高职高专）深造提供了一种新途径。

　　从2014年起，旅游类专业纳入湖北省技能高考的9个专业类别中，旅游类技能考试分为酒店服务和导游服务两个工种，由考生从中选择一项考试。酒店服务专业知识考试内容为酒店服务相关知识，技能操作考试内容为前厅服务和客房服务技能操作（这两项为必考项目）、中餐和西餐服务技能操作（选考项目2选1）；导游服务专业知识考试内容为导游基础知识、导游实务。技能操作考试内容为模拟导游景点讲解和才艺展示。

　　为了帮助旅游类考生尽快掌握专业知识，针对旅游专业教学和旅游类高考的具体情况，本书在编写时主要突出以下几个方面的特点：

　　①在编写过程中紧扣考试大纲，既注重了理论知识的学习，又重视对学生实践操作能力的培养。

　　②在编写模式方面，尽可能地将各个知识点、技能点展示出来进行剖析，力求给学生营造一个直观的认知环境。

　　③在每一章节后，都有配套的习题让学生练习、巩固。

　　本书在相关主营部门和高职院校的指导下，由武汉市旅游学校旅游服务与管理教研室和高星级饭店运营管理教研室的专业教师合力编写而成，武汉市旅游学校作为湖北省旅游类专业教研中心组副组长单位，学校专业教师师资力量强、教学经验丰富。本书由陈波担任主编并统稿，肖苹担任副主编。第一章由印杨编写，第二章由王芳编写，第三章由赵晶编写，第四章由冯九红编写，第五章由雷鸣、肖蕾编写，第六章由朱德勇编写，第七章由朱轶编写。全书的统稿由陈波完成。

　　由于编写时间有限，不足之处在所难免，敬请广大师生、读者及旅游业内人士批评指正。

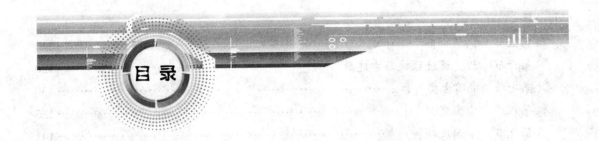

目录

第一章 酒店基础知识

第一节 饭店的产生与发展

考纲解读

1. 熟悉饭店的概念。
2. 了解饭店的产生与发展。

知识点 1 饭店的概念

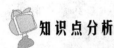

知识点分析

1. 我国对饭店的定义

旅游饭店：是指能够以夜为时间单位向游客提供配有餐饮及相关服务的住宿设施。按不同习惯，它也被称为宾馆、酒店、旅馆、旅社、宾舍、度假村、俱乐部、大厦、中心等。

2. 国外部分权威词典对饭店所下的定义

饭店，一般地说，是为公众提供住宿、膳食和服务的建筑与机构。

——《科列尔百科全书》

饭店是在商业性的基础上，向公众提供住宿，也往往提供膳食的建筑物。

——《大不列颠百科全书》

饭店，是装备完好的公共住宿设施。它一般都提供膳食、酒类与饮料及其他服务。

——《美利坚百科全书》

饭店，是为公众提供住宿设施与膳食的商业性建筑设施。

——《简明不列颠百科全书》

**巩固练习**

1. 简述我国对饭店的定义。
2. 简述美国对饭店的定义。

知识点 2　饭店的产生与发展

知识点分析

1. 世界饭店业发展的四个阶段

（1）客栈时期（12~18世纪）。

客栈，是指乡间或路边的小旅店，供过往旅行者寄宿之用。

客栈时期的特点：规模小、设备简陋，服务对象以宗教或外出经商的旅行者为主；服务项目仅仅提供食宿，且价格低廉，经营上单家独户，无须专门的客栈管理人员。

（2）大饭店时期（18世纪末至19世纪末）。

大饭店时期最有影响力的代表人物是瑞士人凯撒·里兹，其名言"客人永远是对的"被世界饭店业世代相传。

大饭店时期的主要特点：大饭店一般建造在大都市，规模宏大、气派，内部装饰高雅，设备豪华、奢华，许多都成为建筑艺术珍品；服务对象是王公贵族；服务项目多、服务一流。

（3）商业饭店时期（20世纪初至20世纪50年代）。

美国的饭店大王埃尔斯沃思·斯塔特勒被公认为商业饭店的创始人。

商业饭店时期的主要特点：以商务旅行者和广大公众为主要服务对象，市场面广；提出了新的服务理论。

（4）现代饭店时期（20世纪50年代至今）。

20世纪50年代，随着欧美国家战后经济的复苏，饭店业走出低谷，新型饭店大批出现，饭店业进入现代饭店时期。

现代饭店时期的主要特点：饭店一般布局在城市中心、旅游胜地、交通要道等地；面向大众旅行市场，类型多样化；规模扩大，连锁经营和集团化趋势明显；饭店服务综合化，满足旅行者多种需求。

2. 中国饭店业的发展

（1）中国古代的饭店业。

在中国，最早的饭店设施可追溯到春秋战国或更远古的时期。在中国古代，住宿设施大体可分为官办设施和民间旅店两类。古代官方开办的住宿设施主要有驿站和迎宾馆两种。

（2）中国近代饭店业。

近代，由于受到外国帝国主义的入侵，中国沦为半殖民地半封建社会。当时的饭店业除传统的旅馆外，还出现了西式饭店和半西式饭店。

（3）中国现代饭店业。

第一阶段（1978—1983年），由事业单位招待型管理走向企业单位经营型管理。

第二阶段（1984—1987年），由经验型管理走向科学管理。

第三阶段（1988—1994年），吸取国际上通行的做法，推行星级评定制度，我国饭店业进入了国际现代化管理新阶段。

第四阶段（1994年至今），我国饭店业逐步向专业化、集团化、集约化经营管理迈进。

巩固练习

1. 简述旅游饭店的定义。
2. 简述饭店的定义。

单元训练

一、选择题

（　　）提出了"客人永远是对的"这样的饭店经营格言。

A. Caser Ritz　　　　　　　　　　B. Ellsworth Staler

C. Emest Henderson　　　　　　　 D. Cornad N. Hilton

二、判断题

1. 中国近代饭店业的发展已经达到专业化、集团化、集约化经营管理的层次。（　　）
2. 中国古代开办的住宿设施主要有驿站和迎宾馆两种。（　　）

三、综合题

简述世界饭店业的发展阶段。

第二节　饭店的类型与等级

考纲解读

1. 掌握饭店的类型。
2. 掌握饭店的等级划分。

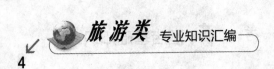
知识点 1 饭店的类型

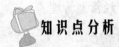 **知识点分析**

1. 饭店分类的作用

（1）便于投资人根据饭店类型来选择投资方向，作出投资决策，做好建筑设计与装修。

（2）便于经营者做好饭店市场定位，选择主要目标市场，提供相应的服务。

（3）便于客人了解饭店主要消费项目，选择计价方式。

2. 根据饭店接待对象分类

（1）商业型饭店。

（2）观光型饭店。

（3）会议型饭店。

（4）汽车旅馆。

（5）公寓型饭店。

3. 根据饭店计价方式分类

（1）欧式计价饭店。

（2）美式计价饭店。

（3）大陆式计价饭店。

（4）修正美式计价饭店。

（5）百慕大式计价饭店。

4. 根据饭店规模分类

（1）小型饭店：客房数在 300 间以下。

（2）中型饭店：客房数在 300~600 间。

（3）大型饭店：客房数在 600 间以上。

巩固练习

1. 饭店分类的作用有哪些?

2. 根据饭店规模分类，饭店可分为哪些类型?

知识点 2　饭店的等级

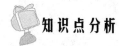

知识点分析

1. 饭店等级划分的目的

（1）保护消费者权益。

（2）规范饭店行业的行为。

（3）有利于行业管理和监督。

2. 饭店等级的评定机构

国际上，饭店分级管理的机构主要有三种：一是国家旅游管理部门，包括国家旅游局或其他相应的机构，如日本、西班牙、韩国、希腊等。二是饭店行业协会，如奥地利、澳大利亚、瑞士、美国的部分饭店就是由行业协会来评定饭店的等级。三是汽车协会或俱乐部，如美国的汽车俱乐部、英国的皇家汽车俱乐部就是饭店等级的评定机构。

3. 饭店等级的评定标准

（1）饭店客房、餐厅、康乐服务项目等的设施设备所达到的等级，包括客房餐厅的最低数量。

（2）饭店服务项目的多少及其达到的水平。

（3）饭店服务质量，包括安全、卫生和服务水平。

4. 饭店等级的表示方式

（1）星级表示方式。采用最多的是五星级别，星号越多，等级越高。

（2）字母表示法。即用 A、B、C、D、E 等字母来表示饭店等级的高低，一般 A 为最高级，E 为最低级。

（3）数字表示法。即用 1、2、3、4 等不同的数字表示饭店的等级高低。一般是数字越小等级越高，数字越大等级越低。

（4）文字表示方式。一般用豪华、超豪华、一级、二级、三级等不同的文字和数字结合来表示。

5. 我国饭店的星级评定

我国饭店的星级评定标准最早是 1987 年经国务院批准公布的，1993 年经国家质量监督检查检验检疫总局审批公布，转变为国家标准。

国家旅游局和各省、自治区、直辖市旅游局设饭店星级评定机构（星评委），国家星评机构授权并监督省级以下星评工作，组织五星级饭店评定与复核。

我国饭店按星级划分，可分为五个等级，即一星级、二星级、三星级、四星级、五星级（含白金五星级）。最低为一星级，最高为白金五星级。

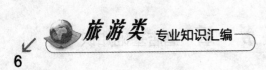

巩固练习

1. 简述饭店等级划分的目的。
2. 简述饭店等级的评定标准。

 单元训练

一、选择题

根据饭店规模分类，饭店分为哪些类型？（ ）

　A. 小型饭店　　　　　　　　　B. 中型饭店
　C. 大型饭店　　　　　　　　　D. 豪华饭店

二、判断题

1. 小型饭店指的是客房间数在 600 间以下的饭店。（ 　）
2. 我国饭店的最低星级是五星级。（ 　）

三、综合题

简述饭店等级划分的意义。

第三节　饭店服务英语

 **考纲解读**

1. 掌握前厅服务英语。
2. 熟悉客房服务英语。
3. 熟悉餐饮服务英语。

知识点 1　前厅服务英语（English for Front Office）

知识点分析

1. 一般酒店常见房型中英文名称对照

a single room 　　单人间　　　　　　　a double room 　　双人间

a twin room	双床间	connecting rooms	连通房
adjoining rooms	相临房	a suite	套房
a presidential suite	总统套房	a King-bed room	大床间
a lake-view room	湖景房		

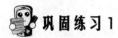 **巩固练习1**

英汉互译：

1. I'd like to book a twin bed room.

2. 我想要预订一间湖景房。

2. 客房预订常用句型

（1）Room reservations. How may I help you?

（2）① I want to book a single room with a bath.

   ② I'd like a superior non-smoking room with one King-size bed.

（3）When for, sir?

（4）You've reserved a single room from the 8th to the 10th of August.

（5）We look forward to your arrival.

巩固练习2

英汉互译：

1. I want to book a double room with a bath.

2. 您预订了从10月1日到10月3日的一个套房。

3. 行李生常用英语句型

May I help you with your luggage?

You've got two pieces of luggage in all. Is that right?

Let me show you to the front desk. This way, please.

Mr. Smith, here is your room. May I have your room card?

Shall I put your luggage here?

Here is our hotel service guide. It can give you the information about our services and facilities.

Is there anything else I can do for you before I leave?

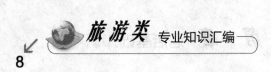
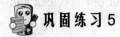 **巩固练习 3**

选择填空：

1. May I help you with your（   ）？

    A. name   B. luggage

2. Mr. Green, here is your room. May I have your（   ）？

    A. telephone number   B. room card

4. 入住登记常用英语句型

（1）May I have your passport, please?

（2）You book a non-smoking King-bed room for two nights.

（3）① Please confirm your room rate with breakfast on the 3rd floor from 6：30 am to 11：00 am.

    ② Your breakfasts are included in the price of the rooms.

（4）May I have your credit card for deposit?

（5）① Enjoy your stay!

    ② We hope you will enjoy your stay with us.

（6）How many nights would you like to stay?

（7）The bellboy will show you to your room.

巩固练习 4

英汉互译：

1. May I have your credit card for deposit?

2. 祝您入住愉快！

5. 客房结账一般会产生的费用中英文名称对照

service charge	服务费
late check-out charge	延迟退房费
laundry services charge	洗衣服务费
business services charge	商务中心服务费
left-luggage services charge	寄存行李服务费

巩固练习 5

英译汉：

1. service charge   2. late check-out charge   3. laundry services charge

6. 退房服务常用英语句型

（1）I'd like to pay my hotel bills.

（2）Your total is 3,065 Yuan RMB, including 15% service charge.

（3）① How would you like to pay?

②　How will you be paying?

（4）Here is your invoice, madam.

（5）We hope you enjoy your stay with us.

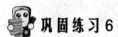 **巩固练习6**

选择填空：

1. — Can I help you?

　— Yes, I'd like to （　） my hotel bills.

　A. wait　　　　　　　　B. pay

2. — How would you like to pay?

　— By （　）.

　A. credit card　　　　　B. money

7. 常见外币中英文名称对照

USD（US dollar）	美元	GBP （Great Britain Pound）	英镑
EUR（European dollar）	欧元	HKD（Hong Kong dollar）	港币
JPY （Japanese yen）	日元		

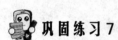 **巩固练习7**

写出以下货币的英语缩写：

1. 人民币　2. 港币　3. 美元　4. 欧元　5. 英镑

8. 外币兑换常用句型

I'd like to change two hundred US dollars.

What's today's exchange rate?

Six point eight-five （6.85）.That is, every US dollar in cash is equivalent to 6.85 Yuan RMB.

Would you please fill in the form and show me your passport?

Please write down your name, passport number and room number.

The cashier counts and hands the money to the guest.

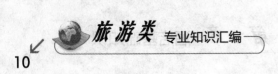
旅游类 专业知识汇编

巩固练习8

英汉互译:

1. I'd like to change three hundred Hong Kong dollars.

2. 今天的汇率是多少?

9. 总机服务英语

（1）数字的英语读法，特别是电话号码的英语读法。

（2）pay phone　　　　公用电话

Telephone booth　　公用电话亭

DDD　　　　　　国内长途直拨电话

IDD　　　　　　国际长途直拨电话

local call　　　　市内电话

distance call　　　长途电话

（3）总机服务常见英语句型:

① I'd like to speak to Mr. Edward.

② Do you know his room number?

③ Please hold on.

④ I'll put you through, sir.

⑤ I'm sorry, sir. But nobody answers.

⑥ Can you take a message?

⑦ I'll give him the message when he comes back.

巩固练习9

选择填空:

1. — The Crown Plaza Hotel. How can I help you?

— I'd like to（　　）to Mr. Edward.

A. smile　　　　　　B. speak

2. Please（　　）. I'll put you through, sir.

A. wait for me　　　　B. hold on

10. 商务中心服务英语

（1）商务中心服务内容:

printing　　　　　　打字　　　　copying　　　　复印

faxing	传真	mailing	邮件接收
bookbinding	书籍装订	name card printing	名片印制
meeting rooms for hire	会议室租用		

（2）传真服务常见英语句型：

① I'm expecting a fax from my family in New York.

② Let me have a check.

③ We received a fax for you.

巩固练习10

英汉互译：

1. I'm expecting a fax from my company in Hong Kong.

2. 我们为您接收了一个传真。

11. 处理客房投诉的相关英语知识

（1）主要掌握客房投诉的原因。例如：

The screen is blank.（电视机屏幕无显示。）

（2）投诉客房处理常用英语句型：

① The sink is stopped up.

  It's the sink in my room. It is clogged.

② a. I'm terribly sorry about it.

  b. I do apologize for it.

③ Could you please tell me what the problem is?

④ I'll report it to our assistant manager right away.

⑤ We will send the repairman to fix it immediately.

巩固练习11

英汉互译：

1. The sink is stopped up.

2. Could you please tell me what the problem is?

3. 对此我十分抱歉。

4. 我们马上派人来修理。

知识点2　客房服务英语（English for Housekeeping Department）

知识点分析

1. 客房常见物品及设施中英文对照

envelope	信封	a laundry list	洗衣单
notepaper	便笺纸	an ashtray	烟灰缸
match	火柴	shower cap	浴帽
shampoo	洗发水	bath towel	浴巾
toothbrush	牙刷	toothpaste	牙膏
face towel	面巾	shoe horn	鞋拔子
shoe shine cloth	擦鞋布	coat hanger	衣架
laundry bay	洗衣袋	key card	房卡
wardrobe	衣橱	luggage rack	行李架子
easy chair	单人沙发	console	操控台
carpet	地毯	Queen size bed	大号双人床
King size bed	特大号双人床		
an in-house movie schedule		闭路电视节目单	

巩固练习1

将下列客房物品的名称翻译成中文：

1. a laundry list　　　2. notepaper　　　3. an ashtray

4. shower cap　　　5. shampoo　　　6. toothpaste

2. 客房服务英语常见句型

（1）Housekeeping, may I help you?

（2）Can you bring me some writing paper?

（3）We will give it to you immediately.

（4）Housekeeping, would you like your wash cloths changed?

（5）Will you supply me with some hangers?

（6）I will send them right up.

（7）Would you like your single room cleaned?

巩固练习 2

英汉互译：

1. Can you bring me some writing paper?

2. Will you supply me with some hangers?

3. 您的单人间需要打扫吗?

4. 我们马上把它送给您。

知识点 3　餐饮服务英语（English for Housekeeping Department）

知识点分析

1. 预订餐桌常用句型

（1）I'd like to reserve a table for two.

（2）What time would you like your table?

（3）As at the peak hour, we can only keep your table for half an hour.

（4）Just a moment, please. I'll check the availability for you.

（5）How would you like us to arrange the tables?

（6）Do you have a reservation?

巩固练习 1

英汉互译：

1. I'd like to reserve a table for three.

2. As at the peak hour, we can only keep your table for half an hour.

3. 您何时来用餐?

4. 您预订了吗?

2. 西餐牛羊肉不同熟度的中英文对照

well-done	全熟	medium-well	七成熟
medium	五成熟	rare	三成熟
bleu	一成熟		

巩固练习2

英译汉：

1. rare   2. medium   3. well-done

3. 部分描述菜肴味道的词汇

sweet and sour	酸甜的	spicy/hot	辣的
fresh and tender	鲜嫩的	clear/light	清淡的
tasty	可口的	salty	咸味的
crisp	酥脆的	oily	油重的

巩固练习3

根据中文意思填词：

1. sweet and _____   酸甜的

2. _____ and tender   鲜嫩的

4. 餐桌服务常用英语

（1）① May I take your order now, sir?

　　② Would you like us to serve now, madam?

（2）How would you like your steak, rare, medium or well done?

（3）Would you like your steak with a baked potato or French fries?

（4）Would you like some dessert to complete your meal?

（5）I'll be right back with your drinks and take your order.

巩固练习4

选择填空：

1. May I (　　) now, sir?

　　A. give your order   B. take your order

2. How would you like your (　　), rare, medium or well done?

　　A. steak   B. coffee

5. 处理餐饮投诉的相关英语知识

（1）主要掌握客房投诉的原因。例如：

There is a hair in the vegetables. （蔬菜里面有一根头发。）

（2）处理餐饮投诉常用英语句型：

① I think there's something wrong with my food.

② I'm sorry. I'll take the dish back to the kitchen.

③ I do apologize, Would you like to have a new one or change another dish?

 巩固练习5

英汉互译：

1. I think there's something wrong with my food.

2. 十分抱歉。您是要换一盘新的菜还是点另外一个菜？

单元训练

一、选择题

1. — Room reservations. How may I help you?

   — （   ）

   A. I need a table for three.　　　　B. I'd like to book a single room.

2. — （   ）

   — From the 8th to 10th of August.

   A. When for, sir?　　　　B. Where is it?

3. —How many nights would you like to stay?

   — （   ）

   A. I'm sure.　　　　B. Just two.

4. Your （   ） are included in the price of the rooms.

   A. room key　　　　B. breakfasts

5. Your total is 3,065 Yuan RMB, including 15% （   ）.

   A. service charge　　　　B. credit card

6. — （   ）

   —Every US dollar in cash is equivalent to 6.85 Yuan RMB.

   A. Can you take a message?　　　　B. What's today's exchange rate?

7. —I'd like to speak to Mr. Edward.

   — Please hold on. I'll （   ）.

   A. put you through　　　　B. put you go

8. — （   ）

   — I'll give him the message when he comes back.

   A. Can you have a look?　　　　B. Can you take a message?

二、练习

用以下方框内给出的核心词练习关于预订房间的对话。

> 1. Mr. Black

> 2. a double room with a bath

> 3. from the 3rd to the 6th of July

三、汉译英

1. 客房预订处。有什么需要帮助的吗？

2. 您预订了 8 月 8 日到 8 月 10 日的一个单人间。

3. 我们期待您的到来。

4. 您一共有两件行李。

5. 您可以刷信用卡支付押金吗？

6. 您一共要入住几晚？

7. 行李员会带您去您的房间。

8. 在我离开之前，您还有什么事情需要我为您做的吗？

9. 可以填写这张表格并出示您的护照吗？

10. 请稍等，我马上为您转接电话。

第二章 前厅服务知识技能

第一节 前厅预订

考纲解读

1. 了解预订的种类和方式。
2. 掌握客房预订的工作程序及服务标准。

知识点 1 预订的种类和方式

知识点分析

1. 预订的种类

（1）临时性预订：是指客人的订房日期与抵店日期非常接近，甚至是抵店当天进行订房。通常只进行口头确认，为其保留房间直至抵店日当天 18：00 止。

（2）确认类预订：是指客人在提前较长时间提出订房要求，饭店以书面形式予以确认的订房方式。这种预订一般不要求客人预付定金，但规定客人必须在预计抵店当天的一定时限内到达饭店，否则饭店仍有权取消预订。

（3）等候类预订：是指在客房已经订满的情况下，将一定数量的客人列入等候名单。如果有客人取消订房或提前离店，饭店则通知等候类预订客人。预订员在处理这类客人订房时，应征求订房人意见，是否将其列入等候名单，并说明情况，以免出现纠纷。

（4）保证类预订：是指客人通过预付定金、使用信用卡、签订商业合同等办法，来保证饭店应有的收入，同时饭店会保证为这类宾客提供所需的客房。保证类预订保护饭店和客人双方的利益，约束双方的行为，因为对双方都是有利的。对饭店而言，如果客人预订未到，又没有提前向饭店取消预订，饭店有权从预付定金中按合同约定收取一天的房费；

对客人而言，饭店必须为客人保留房间到预订抵店日的次日中午。这样才可以保证客人的用房要求，以便为其妥善安排行程。

保证类预订有三种形式：

①预付款担保。宾客通过缴纳一定的款项作为预付定金。对饭店来说，最理想的保证类预订就是要求客人预付定金。定金多少一般根据饭店规定和当时的具体情况而定，一般不低于一天的房费。

②信用卡担保。宾客在订房时，承诺使用信用卡担保的方式，并将信用卡的种类、号码、有效期及持卡人的姓名告知饭店。如果宾客在预订期限内未到，饭店可通过信用卡公司收取房费。

③合同担保。饭店与有关单位签订了订房合同。合同内容主要包括签约单位的地址、账号及同意对因失约而未使用的订房承担付款责任的说明。合同还规定通知取消预订的最后期限，如签约单位未能在规定期限通知取消预订，饭店可以向对方收取房费。

2. 预订的方式

（1）电话预订：这是应用最为广泛的预订方式。预订员和客人通过电话进行沟通。客人可充分了解饭店是否能满足其订房要求，价格是否合适；预订员也可全面了解客人的预订需求，如客人所需客房的种类、数量、价格、付款方式、抵离店时间、特殊要求等，以便提供个性化服务。

（2）面谈预订：是指客人或其委托人直接到饭店，与订房人员洽谈相关订房事宜的方式。通过面对面沟通，可以更清楚地了解客人的心理，必要时，预订员还可请客人参观饭店客房，有针对性地采取相应的推销技巧进行适当促销。在面谈时，预定人员应注意自身的仪容仪表，语调要适当、委婉。

（3）传真预订：以这种方式传递的信息准确、迅速、内容详尽，而且传真单可作为书面凭证，以后不易出现订房纠纷，因此会议主办方和旅行社经常采用传真预订。

（4）网络预订：这是目前最先进的订房方式。该方式使用方便，可以提高订房效率，广泛争取客源。通过计算机订房网络系统，可将连锁饭店的订房系统及航空公司、旅行社等机构进行联网，实现资源共享。

（5）信函预订：这是一种古老而正式的订房方式。其特点是较为正式，但传递速度慢，目前较少采用。

知识点 2　客房预订程序

知识点分析

客房预订流程如图 2-1 所示。

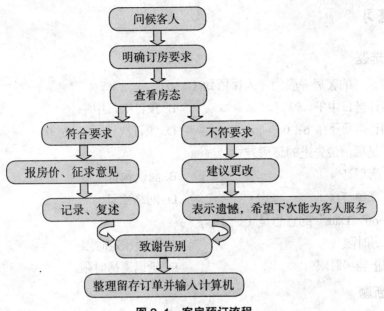

图 2-1 客房预订流程

1. 散客电话订房受理程序与标准

①接听电话。
②问候客人。
③询问客人订房要求。
④询问客人姓名。
⑤介绍房间。
⑥询问客人联系方式及付款方式。
⑦询问客人有无特殊要求。
⑧复述预订内容以确认。
⑨完成预订。

2. 变更预订处理程序与标准

①接到客人变更预定信息。
②确认变更预订。
③存档。
④未确认预订的处理。
⑤变更预订完成。

3. 取消预订处理程序与标准

①接到客人取消预订信息。
②确认取消预订。
③分析原因。
④存档。

 **巩固练习**

一、单选题

1. 保证类预订的客房一般为客人保留到（　　）。
   A. 预订当日中午　　　　　　　　　B. 预订次日中午
   C. 预订当日下午 6：00　　　　　　D. 预订次日下午 6：00
2. （　　）是目前最先进的订房方式。
   A. 电话预订　　　　　　　　　　　B. 面谈预订
   C. 传真预订　　　　　　　　　　　D. 网络预订
3. "Cut-off Date" 的意思是（　　）。
   A. 退房时限　　　　　　　　　　　B. 取消预定时限
   C. 停止售房时限　　　　　　　　　D. 延迟退房时限

二、判断题

1. 支票担保属于保证类预订。　　　　　　　　　　　　　　　　（　　）
2. 网络预订是应用最为广泛的预订方式。　　　　　　　　　　　（　　）
3. 预付款担保的定金一般不低于一天的房费。　　　　　　　　　（　　）

第二节　前厅接待

考纲解读

1. 了解礼宾部的业务范围。
2. 掌握门童迎送客人的服务程序。
3. 了解散客及团队的行李服务程序。
4. 熟悉入住登记准备工作。
5. 掌握办理散客及团队入住登记的程序。

知识点 1　礼宾部的业务范围

知识点分析

礼宾部的业务包括：

（1）迎送客人服务。

（2）疏导酒店门前车辆。

（3）提供替客人泊车服务。

（4）提供行李搬运服务。

（5）提供行李寄存服务。

（6）递送邮件、留言单服务。

（7）分发住客的报纸。

（8）提供呼叫寻人服务。

（9）提供简单的店外修理服务。

（10）提供巴士服务及预订出租车服务。

（11）为客人储备日用品。

知识点 2　门童迎送客人服务程序

 **知识点分析**

1. 迎客服务

（1）将客人所乘车辆引领到适当的地方停下，以免店门前交通阻塞。

（2）为客人提供护顶服务。趋前开启车门，用左手拉开车门呈 70° 左右，右手挡在车门上沿，为客人护顶，防止客人碰上头部，并协助客人下车。

（3）面带微笑，使用恰当的敬语欢迎前来的每一位客人。

（4）协助行李员卸行李，注意有无遗漏物品。

（5）招呼行李员引领客人进入酒店大堂。

知识链接： 若有信仰佛教或伊斯兰教的客人，则无须为其护顶，他们认为手挡在头顶上会遮住佛光或真主的眷顾。

2. 送行服务

（1）召唤客人的用车至便于客人上车而又不妨碍装行李的位置。

（2）协助行李员将行李装入汽车的后备厢，请客人确认无误后关上后备厢盖。

（3）请客人上车，为客人护顶，等客人坐稳后再关车门，切忌夹住客人的衣服等。

（4）站在汽车斜前方 0.8~1 米的位置，怀着感激的心情，挥手向客人告别，目送客人以示礼貌，并说"再见，一路顺风"等礼貌用语。

3. 门厅 VIP 客人迎送服务

（1）根据需要，负责升降其他国家国旗、中国国旗、店旗或彩旗。

（2）负责维持大门口次序，协助做好安全保卫工作。

（3）正确引导、疏通车辆，确保大门前交通通畅。

（4）讲究服务规格，并准确称呼 VIP 客人姓名或头衔向其问候致意。

知识点 3　散客行李服务程序

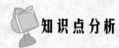

知识点分析

1. 散客抵店行李服务程序

散客抵店行李服务程序如图 2-2 所示。

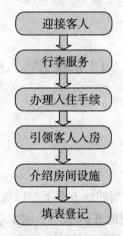

```
迎接客人
  ↓
行李服务
  ↓
办理入住手续
  ↓
引领客人入房
  ↓
介绍房间设施
  ↓
填表登记
```

图 2-2　散客抵店行李服务程序

2. 散客离店行李服务程序

散客离店行李服务程序如图 2-3 所示。

```
受理客人要求
  ↓
收取客人行李
  ↓
陪同客人到大厅
  ↓
帮助宾客离店
  ↓
填　表
```

图 2-3　散客离店行李服务程序

知识点 4　入住登记准备工作

知识点分析

给客人办理入住登记手续或分配客房前，接待员必须掌握接待工作所需的信息。

1. 房态和可供出租客房情况

房态，即客房状态，即每间客房在一定时限内所处的状态。

（1）日常主要房态：

住客房（Occupied，OCC），已经出租，现正在被客人使用的客房。

走客房（Check Out，C/O），客人已经离店，尚未打扫的客房。

可供出租房，又称 OK 房（Vacant Clean，VC），已经打扫完毕，尚未出租，可以销售给客人的客房。

保留房（Blocked Room，BR），已经在某个时段为客人保留，不能出租给其他客人的客房。

（2）需特别关注的几种房态：

请勿打扰房（Do Not Disturb，DND）：不希望被打扰，在门口挂上"请勿打扰"牌或者打开"请勿打扰"灯的客房。

预计退房（Expected Departure，ED）：预计在当天中午退房，但现在尚未退房的客房。

外宿房（Sleep Out，S/O）：已经租用，但住客外出，未回饭店住宿的客房。

双锁房（Double Lock，D/L）：住客为了不被打扰，在房间内将门反锁，服务员用普通钥匙无法打开房门的客房。对双锁房要定期查看。另外，为了催缴客人拖欠的房费，或当饭店发现客房内有大量贵重物品，或有特殊情况发生时，饭店也会双锁房门。

无行李或少量行李住客房（No Baggage room 或 Light Baggage room，N/B 或 L/B）：没有或仅有少量行李的客房。出现此种情况应注意客人有可能已经离店，但尚未结账。

2. 预抵店客人名单

预抵店客人名单，为接待员提供即将到店客人的一些基本信息，如客人姓名、客房需求、房价、离店日期、特殊要求等。

在核对房态报告和预抵店客人名单时，接待人员应清楚地掌握如下两件事情并采取适当补救措施：

（1）饭店是否有足够的房间去接待预抵客人。

（2）饭店还有多少 OK 房可出租，以接待未订房而直接抵店的散客。

3. 有特殊要求的预抵店客人名单

有些客人在订房时，可能会要求饭店提供额外的设施或服务，接待人员必须事先通知相关部门做好准备，以恭候客人的光临。比如，要求为婴儿配备婴儿床等。

4. 预抵店重要客人和常客名单

饭店重要客人包括：

（1）贵宾。主要包括政府、文化行业、饭店行业知名人士等。

（2）公司客。主要是指大公司、大企业的高级行政人员、旅行社和旅游公司职员、新闻媒体工作者等。

（3）需要特别关照的客人。主要是指长住客及需要特别照顾的老、弱、病、残等客人。饭店常常为重要客人提供特别的服务，比如事先预留房间，免费提供接机或接车服务，在客房办理登记手续及安排专人迎接等。

5. 黑名单

黑名单是指不受饭店欢迎的客人名单，包括：

①公安部门通缉犯；

②当地饭店协会的通报名单；

③大堂副理的记录名单；

④财务部门通报的走单客人；

⑤信用卡黑名单。

知识点 5 散客及团队入住登记程序

 **知识点分析**

1. 散客入住登记程序

散客入住登记程序如图 2-4 所示。

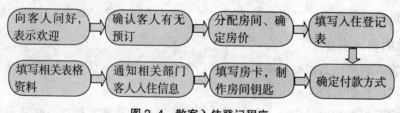

图 2-4 散客入住登记程序

2. 团队入住登记程序

（1）准备工作：

①在团队抵达前，预先准备好团队房卡，并与客房部联系确认。

②根据团队要求提前分配房间，并准备好早餐券。

③根据要求通知客房部设置酒水，关闭或开启长途电话。

（2）接待团队：

①当团队抵店时，首先表示欢迎。

②与领队确认房间数量，并把钥匙交给领队。

③与领队确认人数、早餐、叫醒时间、收行李时间及离店时间。

④检查有效证件，由领队安排房间。

⑤协助领队发放钥匙，告知电梯位置。

⑥在电脑中将该房间改为入住状态，并通知管家部该团队已抵店。

（3）信息储存：

①及时把有关资料输入电脑。

②把相关资料记录在团队登记表上，并将表格派发给其他部门。

巩固练习

一、单选题

1. （ ）是前台接待处的中心工作。

    A. 预订客房   B. 管理钥匙

    C. 办理入住手续   D. 分配房间

2. 客人已经离店，尚未打扫的房间是（ ）。

    A. 住客房   B. 走客房   C. 维修房   D. 保留房

3. 以下不属于预抵店重要客人名单的是（ ）。

    A. 贵客   B. 公司客人

    C. 需要特别关照的客人   D. 黑名单

4. （ ）是酒店形象的具体体现。

    A. 驻机场代表   B. 门厅迎宾员   C. 行李员   D. 金钥匙

5. 替客人泊车服务是（ ）设立的服务项目。

    A. 客房部   B. 餐饮部   C. 前厅部   D. 康乐部

6. （ ）是客人与酒店间建立正式合法关系的最根本环节。

    A. 受理宾客预订   B. 办理入住登记手续

    C. 宾客交付预付款   D. 填写入住登记表

二、判断题

1. 办理入住登记的目的之一是获得客人的个人资料，以方便为其提供服务。（ ）

2. 住客房就是已经出租，现正在被客人使用的客房。（ ）

3. 当地饭店协会的通报名单，不属于酒店黑名单范围。（ ）

4. 客人抵店时只需出示有效证件即可入住客房。（ ）

5. 换房时搬运换房客人的私人物品，应坚持由行李员独自完成。（ ）

第三节 前厅综合服务

考纲解读

1. 了解总机服务项目及其服务程序与标准。
2. 掌握客人投诉的类型及处理投诉的程序。

知识点 1 总机服务项目及其服务程序与标准

知识点分析

电话总机，是饭店内外信息沟通联络的通信枢纽，其服务质量的好坏既直接影响客人对饭店的印象，又直接影响饭店的整体运作。

1. 总机业务范围

（1）长途电话服务。

（2）短途电话服务。

（3）饭店内线电话服务。

（4）叫醒服务。

（5）代客留言与闻讯服务。

2. 电话转接服务程序

（1）转接电话：

①清晰的问候。

②听清电话内容。

③判断分机是否正确。

④迅速、准确地转接。

（2）电话占线：

①遇到占线或线路繁忙，应请对方稍等，并播放悦耳的音乐。

②及时向客人说明占线情况。

③请客人稍后再试或留言。

④电话无人接听。

⑤向客人说明情况。

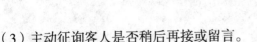
（3）主动征询客人是否稍后再接或留言。

3. 叫醒服务程序

（1）受理叫醒服务：接受客人叫醒要求，问清房号、叫醒时间，核对清楚。

（2）填写叫醒记录：填写叫醒记录单，字迹应清楚端正，以防出现差错。

（3）输入叫醒信息：把叫醒信息输入自动叫醒电脑。

（4）夜班话务员：将叫醒记录按时间顺序记录在交接本上。

（5）输出叫醒服务：叫醒资料输入完毕后打印一份输入记录。

（6）检查叫醒设备并开机：

①按照最早的叫醒时间打开叫醒机。

②检查自动叫醒机工作情况是否正常。

（7）开始叫醒：

①接通客房分机叫醒客人：早上好，现在是××点，您的叫醒时间到了。

②若客房内无人应答，则5分钟后再叫一次。

4. 客人留言服务程序

（1）接听店外客人留言要求。

（2）将留言输入电脑。

（3）按客房留言灯。

（4）将电脑中的留言取消。

（5）熄灭客房留言灯。

知识点2 客人投诉的类型及处理投诉的程序

 知识点分析

投诉，是指宾客对饭店的服务或设施表示不满而提出的批评、抱怨或控告。由于宾客的多样性和差异性，不同宾客对同一服务的评价会有所不同，因此，投诉是无法避免的。

1. 投诉的类型

（1）有关设施设备的投诉。

这类投诉的原因主要包括空调不能用、照明灯不亮、电梯夹伤客人、卫生间水龙头损坏等。设施设备常出故障，服务态度再好也无法弥补。

在处理此类投诉时，应立即通知工程部派人员实地察看，视具体情况采取相应措施；同时，还应在问题解决后再次与客人联系，以表示对客人的尊重。

（2）有关服务态度的投诉。

这类投诉的原因主要包括冷冰冰的接待方式、粗暴的语言、戏弄的行为、过分的热情及不负责任的答复等。

减少此类投诉的有效方法是增加服务人员的服务意识，加强相关培训。

（3）有关服务和管理质量的投诉。

这类投诉的原因主要包括排重房间、叫醒过时、无人搬运行李、住客在房间受到骚扰、财物在店内丢失、服务不一视同仁等。

减少这类投诉的方法是强化服务人员的服务技能和提高酒店的管理水平。

（4）有关酒店相关政策规定的投诉。

这类投诉的原因涉及酒店的政策规定，有时，酒店并没有什么过错，其投诉主要是由客人对酒店相关的政策规定不了解或误解造成的。

在处理此类投诉时，应给予客人耐心的解释，并热情帮助客人解决问题。

（5）有关异常事件的投诉。

这类投诉主要包括无法购得机票、车票，城市供电、供水系统障碍，恶劣天气等。这类投诉所涉及的问题酒店也是难以控制的，但客人却希望酒店能帮助解决。

在处理这类投诉时，应想方设法在力所能及的范围内加以解决；若实在无能为力，则应尽早向客人解释，取得客人的谅解。

2. 投诉处理的原则

（1）真心诚意帮助客人。

前厅服务人员要理解投诉客人当时的心情，同情其处境，并满怀诚意地帮助客人解决问题，满足其需求。

（2）绝不与客人争辩。

当客人怒气冲冲、情绪激动地前来投诉时，前厅服务人员更应注意礼貌，耐心听取客人意见，然后对其表示歉意。绝不可争强好胜，与客人发生争执，而应设法将"对"让给客人。

（3）维护酒店应有的利益。

前厅服务人员在受理投诉时，要认真听取客人意见并表示同情，同时注意不要损害酒店的利益，不可随意推卸责任，或者当客人的面贬低酒店其他部门或服务人员。前厅服务人员应当清楚：除非客人的物品因酒店原因遗失或损害应给予相应的赔偿外，退款或减少收费等措施不是处理投诉的最佳方法。对于绝大多数的投诉，酒店应通过面对面的额外服务，给客人更多体贴、关心、照顾来解决。

3. 处理投诉的程序

（1）保持冷静。仔细、认真、耐心地听完客人的投诉内容。

（2）表示同情和理解。用恰当的语言，注意自己的举止。

（3）给予特殊关心。千万不可采取"大事化小，小事化了"的处理态度。

（4）不转移目标。将注意力集中在客人投诉的问题上。

（5）记录要点。可以缓和客人情绪，并作为解决问题的依据。

（6）将要采取的措施和解决问题所需时间告诉客人。

（7）立即行动，解决问题。着手调查事实真相，协调关系。

（8）检查、落实。保持与客人的联系，并检查和落实客人的投诉是否已得到圆满解决。

（9）归类存档。将投诉的处理过程整理成资料，并归类存档，以备使用。

 **巩固练习**

一、单选题

1. 在受理客人投诉丢失行李时，下列做法欠妥的是（　　）。

    A. 及时协助有关人员寻找客人行李　　　　B. 了解情况，尊重事实

    C. 满怀诚意帮助客人解决问题　　　　　　D. 当面训斥行李员工作不负责

2. 在受理客人投诉所住客房卫生环境差时，下列做法欠妥的是（　　）。

    A. 不推卸责任，积极想办法解决　　　　　B. 问清具体情况

    C. 先做记录，等有空闲时再解决　　　　　D. 与客房部联系，及时予以解决

3. 在处理客人投诉的程序中，最关键的环节是（　　）。

    A. 表示同情和歉意　　　　　　　　　　　B. 做好记录

    C. 为客人解决问题　　　　　　　　　　　D. 检查落实

二、判断题

1. 在处理客人投诉的问题时，要尽量"大事化小，小事化了"。　　　　　　　　（　　）

2. 处理客人投诉的基本原则是诱导客人抱怨饭店某一部门。　　　　　　　　　（　　）

3. 为了减少投诉的发生、维护酒店的声誉，酒店管理人员应充分了解、分析和研究客人的需求。　　　　　　　　　　　　　　　　　　　　　　　　　　　　　　　　　　（　　）

单元训练

一、单选题

1. 前厅部机构设置的原则是（　　）。

    A. 因事设岗　　　　　B. 因人设岗　　　　　C. 因人设事　　　　　D. 因陋就简

2. 前厅大堂内客人主要活动区域的地面、墙面、吊灯等，应以（　　）为主。

    A. 冷色调　　　　　　B. 暖色调　　　　　　C. 亮色调　　　　　　D. 暗色调

3. 前厅部的首要功能是（　　）。

    A. 提供信息　　　　　B. 推销客房　　　　　C. 协调对客服务　　　D. 建立宾客档案

4. （　　）是目前酒店最先进的预订方式。

    A. 电话预订　　　　　B. 面谈　　　　　　　C. 传真预订　　　　　D. 互联网预订

5. 我国星级规定临时性预订取消预订的时限一般是当日（　　）。

    A. 12：00   B. 14：00   C. 18：00   D. 24：00

6. "doorman" 指的是（　　）。

    A. 门童   B. 行李员   C. 问讯员   D. 接待员

7. 团队行李抵店时，如有破损，必须请（　　）签字证实。

    A. 外行李员   B. 陪同   C. 领队   D. 导游

8.（　　）是客人与酒店间建立正式合法关系的最根本环节。

    A. 受理宾客预订   B. 办理入住登记手续

    C. 宾客交付预付款   D. 填写入住登记表

9. 对客人进行"人工叫醒"服务时，若房内无人应答，则应在（　　）分钟后再叫一次。

    A. 1   B. 3   C. 5   D. 7

10. 处理客人投诉时，应保持（　　）的心态。

    A. 冷静   B. 急躁   C. 激动   D. 冲动

二、判断题

1. 前厅部属于酒店主要的营业部门。（　　）

2. 前厅部的主要机构均设在酒店的办公区域内。（　　）

3. 酒店业务活动中心是客房部。（　　）

4. 预订的客房保留到客人抵店当天的 19：00。（　　）

5. Confirmed Reservation 是指临时性预订。（　　）

6. 客房预订过程是极其复杂的，且准确率要求极高，故采用手工制作是十分必要的，不仅方便，而且高效。（　　）

7. 门厅迎宾员是代表酒店在大门口迎送客人的专门工作人员。（　　）

8. 对于常客和有特殊要求的客人，前厅接待员在排房时也应和其他宾客一视同仁。（　　）

9. 为客人转接电话时，如对方无人接听，话务员可直接挂断电话。（　　）

10. 在处理投诉时，不可一味向客人致歉，但可流露出因权力所限而无能为力的态度。（　　）

三、综合题

1. 通常情况下，一家酒店的前厅大堂主要由哪几部分组成？

2. 为什么说酒店前厅部是整个酒店的神经中枢？

四、案例分析题

马先生申请了 10 月 2 日 6：00 的叫醒服务，他要乘坐 8：15 的飞机到中国香港签订一份非常重要的合同。10 月 2 日马先生醒来一看手表，发现已经 7：00 了，于是他生气地去找大堂副理投诉……

这是哪里出现了问题？如何避免此类错误的发生？

第三章　客房服务知识技能

考纲解读

1. 熟悉客房的房型、房态。
2. 了解客房的功能设计。
3. 掌握夜床的操作规范。
4. 掌握空客房清洁整理操作的步骤及标准。
5. 掌握住客房清洁整理操作的步骤及标准。
6. 掌握走客房清洁整理操作的步骤及标准。

知识点 1　客房部概述

知识点分析

1. 客房部的主要任务

（1）做好清洁卫生工作，为客人提供舒适的环境。

（2）做好客房接待服务，提供安全保障。

（3）加强饭店客房设备及用品管理，降低经营成本。

（4）做好协调配合，保证客房需要。

2. 客房种类（房型）

（1）单人间（single room），满足单身旅游者入住而设的客房，数量不多。

（2）大床房（double room），适合单身客人居住。

（3）双人间（twin room），可住两位客人，在饭店占大多数。

（4）套间（suite），分为标准和豪华两种。

（5）特殊客房（special room），根据不同客人的需求而特别设计和布置的客房。

（6）连通房（connecting room），把两套相邻的客房连接即成为连通房。

（7）总统套房（presidential room），至少由五间房间组成。

3. 客房的功能设计

（1）睡眠空间。

①床，客房最基本的空间设计元素。

②床头柜，长度为 60 厘米左右。

（2）盥洗空间：即浴室、卫生间。

①浴缸。

②便器。

③洗脸盆和云台，云台高度一般为 80 厘米。

（3）起居空间：在标准间的窗前区，可供客人饮茶、吃水果的空间。

（4）书写和梳妆空间。

①行李架。

②写字台、化妆台。

③电视机柜。

（5）储存空间：主要是指客房门进出小过道侧面的壁橱和与其紧靠的小酒柜。

4. 客房状态介绍

客房状态如表 3-1 所示。

表 3-1　客房状态

英文缩写	房　　态	房态说明
OCC	住客房（occupied）	即客人正在租用的房间
C/O	走客房（check out）	表示客人已结账并已离开客房
V	空房（vacant）	昨日暂时无人租用的房间
VD	未清扫房（vacant dirty）	表示该客房为没有经过打扫的房间
S/O	外宿房（sleep out）	表示该客房已被租用，但住客昨夜未归；为了防止发生逃账等意外情况，客房部应将此类客房状况通知总台
OOO	维修房（out of order）	该客房因设施设备发生故障处于维修中，暂不能出租
VC	已清扫房（vacant clean）	该客房已清扫完毕，可以重新出租
N/B	无行李房（no baggage）	表示该客房的住客无行李
E/D	准备退房（expected departure）	表示该客房住客应在当天中午 12 点以前退房，但现在还未退房
E	加床（extra bed）	表示该客房有加床
DND	请勿打扰房（do not disturb）	表示该客房的客人因睡眠或其他原因而不愿服务人员打扰
VIP	贵宾房（very important person）	表示该客房住客是饭店的重要客人
LSG	长住房（long stay in guest）	长期由客人包租的房间
MUR	请即打扫房（make up room）	表示该客房因住客会客或其他原因需要服务员立即打扫
L/B	轻便行李房（light baggage）	表示住客行李很少的房间

5. 房务车的介绍

（1）房务车是服务员清扫客房时用来运载物品的工具车。

（2）准备工作内容。

①清洁工作车。

②整齐有序地摆放客房用品。

③贵重物品不能过于暴露，要有一定的隐蔽性。

6. 客房卫生质量标准

（1）感官标准。

（2）生化标准。

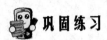 **巩固练习**

单选题

1.（　　）客房在饭店占大多数，一般用来安排旅游团队或会议客人。

　　A. 单人间　　　　　　B. 标准间　　　　　　C. 套房　　　　　　　　D. 特殊客房

2. 这里放置着软座位、茶几，供客人休息、会客、观看电视等；此外，客人还可以在此饮茶、吃水果及简便食品，那么这里是（　　）空间。

　　A. 书写和梳妆空间　　　　　　　　B. 睡眠空间

　　C. 起居空间　　　　　　　　　　　D. 储存空间

3. 客房服务员应掌握客房的各种状况，（　　）时表示客人已经结账并已离开客房。

　　A. 住客房　　　　　B. 走客房　　　　　C. 空房　　　　　　　D. 已清扫房

4. 客房服务员在清扫客房时，且当（　　）时，可以成为正在清扫房间的标志。

　　A. 房务工作车停在客房门外　　　　　B. 房间门打开

　　C. 铺床　　　　　　　　　　　　　　D. 清洁整理

5. 客房用品配置的基本要求遵循以下四个原则：第一是广告推销作用；第二是客房设施设备配套性；第三是摆放协调性；第四是（　　）。

　　A. 舒适性　　　　　　　　　　　　B. 色彩的和谐

　　C. 体现客房的礼遇规格　　　　　　D. 满足客人需求心理

知识点 2　空客房的卫生清扫

知识点分析

1. 客房清洁整理的顺序

饭店在淡季和旺季的客房清洁整理顺序如图 3-1 所示。

图 3-1　饭店在淡季和旺季的客房清洁整理顺序

2. 客房的消毒

（1）客房消毒的要求。

①房间：应定期进行预防性消毒。

②卫生间：天天彻底清扫，定期消毒。

③茶水杯、酒具：走客房杯具统一撤换，住客房杯具每天撤换。

④个人卫生：严格执行上下班换工作制服制度。

（2）常用的消毒方法。

①生物消毒：室外日光消毒、室内采光、通风，是最常用的消毒方法。

②物理消毒：高温消毒。

③化学消毒：浸泡消毒法（适用于杯具的消毒）；擦拭消毒法。

3. 空客房清洁整理操作的步骤

（1）推车到房门口，按敲门程序和标准进入房间。

（2）通风换气：开窗、开空调。

（3）抹灰尘。

（4）卫生间面盆、浴缸放水 1~2 分钟。

（5）吸尘：若房间连续几天为空房，则用吸尘器吸尘。

（6）检查完毕，关好房门，退出房间。

巩固练习

单选题

1. 饭店常用的消毒方法很多，（ ）一般不适合于杯具的消毒。

　　A. 生物消毒　　　B. 物理消毒　　　C. 浸泡消毒　　　D. 日光消毒

2. 客房服务员要做好个人卫生，（ ）可以起到"隔离层"的作用。

　　A. 口罩　　　　　B. 工作服　　　　C. 手套　　　　D. 工作鞋

知识点 3　住客房的卫生清扫

知识点分析

1. 客房清扫的基本方法

（1）从上到下：擦洗卫生间，用抹布擦拭物品的灰尘。

（2）从里到外。

（3）环形清理。

（4）干、湿抹布分开。

（5）先卧室后卫生间。

（6）注意墙角卫生。

2. 夜床整理的操作规范

（1）做夜床的意义。

①以便客人休息。

②整理环境，使客人感到舒适、温馨。

③表示对客人的欢迎和礼遇规格。

（2）夜床服务操作程序。夜床服务操作一般在晚上 18：00 以后开始。

①进客房要敲门或按门铃。

②开灯，并调节空调。

③拉上窗帘。

④开床：将床头一边的被子向外折成45°。拍松枕头，睡衣放置枕头上。在床头或枕头上放置鲜花、晚安卡或小礼物。开夜床折口处的床边摆好拖鞋。

⑤清理烟灰缸，倒垃圾。

⑥加注冰水。

⑦如有加床，应整理好。

⑧整理卫生间：恭桶放水——擦洗脸盆、浴缸——将地巾放浴缸外侧的地面上——将浴帘放入浴缸，并拉出1/3——更换毛巾——如有加床，应增添客用品。

⑨检视卫生间、房间。

⑩关灯离房（除夜灯和走廊的灯）。

⑪在夜床报表上登记。

3. 客房小整的操作规范

客房小整是指对住客房进行简单的整理，规定一般用时5分钟。

（1）更换卫生间用过的毛巾、杯子。

（2）刷洗客人用过的浴盆、淋浴间、马桶、脸盆。

（3）清倒垃圾和烟灰缸。

（4）客人睡过的床铺要重新整理。

（5）复原家具，如关上衣柜门。

（6）捡拾地面杂物。

（7）清点耗用酒水。

（8）VIP使用过的香皂予以更换。

4. 住客房清洁整理操作内容及标准

（1）敲门或按门铃进房，客人在房间时要礼貌询问客人是否可以清扫房间，若可以，则马上清扫，清洁完毕向客人致歉；若客人不同意，则在房间清洁报告表上填写房号、时间，待客人外出后再清扫。

（2）若客人中途回来，则需查验证件，再询问是否继续。若可以，则马上清扫，清洁完毕向客人致歉；若客人不同意，则在房间清洁报告表上填写房号、时间，待客人外出后再清扫。

（3）收拾房间垃圾，撤换床上布件及中式铺床。

（4）在清扫过程中，电话铃响不能接听，客人物品不可翻看，不可以放错位置，不可随便处理。不慎损坏客人物品，如实向主管反映，主动向客人道歉并按要求赔偿。

（5）擦拭壁柜。只搞大面卫生，不弄乱客人衣物。

（6）擦拭行李架。不挪动行李，只擦浮灰。

（7）如果房间有客人，就将空调开到中挡或客人指定温度，无客人就开到低挡。

（8）检查完毕，退出房间，做好记录。

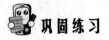 巩固练习

一、单选题

1. 在客房清扫中，擦洗卫生间和用抹布擦拭物品的灰尘时，应（　　）进行。

    A. 从上到下　　　　　　　　　　B. 从里到外

    C. 环形清理　　　　　　　　　　D. 干、湿抹布分开

2. 客房清洁整理时应按照顺时针或逆时针环形清洁的目的是（　　）。

    A. 便于清洁整理　　　　　　　　B. 提升客房舒适度

    C. 避免遗漏死角，节省体力　　　D. 遵守操作规范

3. 进行的客房大清扫工作，一般应在（　　）。

    A. 客人不在房间时　　　　　　　B. 客人在房间时

    C. 客人休息时　　　　　　　　　D. 客人会客时

4. 养成进房前敲门的习惯，用食指或中指敲门（　　）下。

    A. 一　　　　　　B. 二　　　　　　C. 三　　　　　　D. 四

5. 夜床服务的时间通常在（　　）开始。

    A. 晚上 18：00 以后　　　　　　B. 晚上 19：00 以后

    C. 晚上 20：00 以后　　　　　　D. 晚上 21：00 以后

6. 做夜床时应将被头向外折成（　　）。

    A. 30°　　　　　　B. 40°　　　　　　C. 45°　　　　　　D. 50°

二、多选题

1. 夜床服务的意义是什么？以下选项表达正确的有（　　）。

    A. 以便客人休息

    B. 酒店服务规定

    C. 整理环境，使客人感到舒适、温馨

    D. 表示对客人的欢迎和礼遇规格

2. 客房服务员在清洁整理客人房间时，要执行职业道德的相关规定，以下表示正确的选项有（　　）。

    A. 不得接听住客房内的电话　　B. 不得乱动客人的东西

    C. 不主动与客人闲谈　　　　　D. 不得在客房内休息

知识点4 走客房的卫生清扫

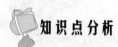

知识点分析

1.走客房主要操作内容及标准

（1）推车到房门口，按敲门程序和标准进入房间。

（2）进房间后打开窗户、窗帘，检查有无遗漏物品，房间设施是否正常，有异常情况及时汇报。

（3）清洁卫生间：开灯，开换气扇，抽水马桶放水，清洗面盆、浴缸、马桶并擦干，补充撤走的客用品，将浴帘拉出1/3，从里到外抹净地面，吸尘，检查后将卫生间门虚掩。

（4）卧室清扫：清理垃圾；撤走床上用品，在撤床单时，要抖动几次，确认里面无衣物或其他物品；撤壶具、杯具，洗烟灰缸；做床；擦拭灰尘。

（5）吸尘：顺着地毯吸，从里到外，将梳妆凳、沙发下、窗帘后、门后的灰尘都吸干净，关窗，拉窗帘。

（6）补充客用物品。

（7）检查完毕，关空调，关灯，退出房间。

（8）登记记录。

2.走客房清洁打扫的顺序

走客房清洁打扫的顺序是由卫生间到卧室。

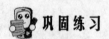

巩固练习

判断题

1.走客房清洁打扫的顺序是先卧室后客房。 （ ）

2.清洁走客房的卫生间时将浴帘拉出1/3。 （ ）

单元训练

一、单选题

1.对服务员来说，贵宾房意味着要（ ）。

    A.重点服务   B.特殊服务   C.规范服务   D.常规性服务

2.有些饭店将空房放在清扫顺序的第一位，是因为（ ）。

    A.无人干扰清扫   B.无人居住

    C.清扫简单，可供及时出租   D.无须更换物品

3. 在清洁卫生间的恭桶时，应先冲水，目的是（　　）。

　　A. 冲洗速度快　　　　B. 冲去脏物，为下一步清扫做准备

　　C. 节约清洁剂　　　　D. 使其畅通

4. 走客房是属于彻底清扫的房间，其卫生间洁具应做到洁净、消毒、完好和（　　）。

　　A. 湿润　　　　　　B. 光亮　　　　　　C. 卫生　　　　　　D. 干燥

5. 晚间整理客房时，睡衣一般应放在（　　）。

　　A. 沙发上　　　　　B. 床头柜上　　　　C. 床上　　　　　　D. 衣柜里

6. What's the Chinese for "deluxe suite"？（　　）

　　A. 普通套间　　　　B. 总统套间　　　　C. 豪华套间　　　　D. 双层套间

二、判断题

1. "VC"房是一种可以随时出租的房间。　　　　　　　　　　　　　　　　（　　）

2. 空房不必每天吸尘，但连续空着的房间，则要隔几天吸尘一次，以保持清洁。（　　）

3. 太阳光照射是最简便的物理消毒法。　　　　　　　　　　　　　　　　（　　）

三、简答题

1. 简述空客房清洁整理操作内容及标准。

2. 简述住客房清洁整理操作内容及标准。

3. 简述走客房清洁整理操作内容及标准。

第二节　公共区域（PA）服务基本技能

 考纲解读

1. 了解地毯的清洁保养。

2. 了解地面的抛光和打蜡的程序。

3. 掌握铜器的清洁保养。

4. 了解清洁公用洗手间的程序。

知识点 1　地毯的保养与地面的抛光打蜡

 知识点分析

地毯的清洁保养如下：

（1）采取必要的防污防脏措施。

地毯清洁保养最积极、最经济的具体做法是：

①喷洒防污剂；②阻断污染源；③加强服务。

（2）经常吸尘。

（3）局部除迹。

（4）适时清洗。

目前，饭店常用的清洗地毯的方法有湿旋法、干泡擦洗法、喷吸法、干粉除污法。

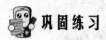巩固练习

一、单选题

1. 在地毯的清洁方法中，（   ）是饭店比较常用的清洁地毯的方法。

   A. 湿旋法　　　　　　B. 干泡擦洗法　　　C. 喷吸法　　　　　　D. 干粉除污法

2. 客房服务员应了解地毯的种类及特性，（   ）是目前所有化纤中密度最小的地毯，它强度高、复原性好。

   A. 羊毛地毯　　　　　　　　　　　　B. 聚酯纤维地毯

   C. 聚丙烯纤维地毯　　　　　　　　　D. 聚丙烯腈纤维地毯

二、多选题

下列做法属于地毯清洁保养最积极、最经济的办法有（   ）。

   A. 喷洒防污剂　　　B. 阻隔污染源　　　C. 喷吸法　　　　　　D. 加强服务

知识点 2　地面的抛光和打蜡

1. 抛光打蜡常见的问题及原因

抛光打蜡常见的问题及原因如表 3-2 所示。

表 3-2　抛光打蜡常见的问题及原因

问　　题	原　　因
全面涂层很差	（1）对碱性清洁剂清除不彻底，有残留； （2）上光剂很少； （3）上一层未干就涂后一层； （4）上光剂质量太差
地面过滑	（1）上光剂太多； （2）上光剂是从另一处移来的； （3）地面未在打蜡抛光前清洁干净
涂层成粉状	（1）地面已受过污染； （2）封蜡时湿度过高或过低； （3）地面下有温度； （4）定期保养错用刷点

续表

问　　题	原　　因
耐久性差	（1）交通负荷超过地面承受能力； （2）错用清洁剂； （3）日常保养用错刷垫； （4）上光剂太少； （5）上光剂涂在受污染的地面上； （6）清洗时碱性不够

2. 地面抛光、打蜡的操作方法

（1）起底蜡。

（2）打蜡。

（3）抛光。

 **巩固练习**

单选题

1. 客房服务员应掌握对大理石地面的抛光和打蜡的方法，如果地面未在打蜡抛光前清洁干净，就会导致（　　）。

　　A. 全部涂层很差　　　B. 地面过滑　　　C. 涂层成粉状　　　D. 耐久性差

2. 对大理石地面进行抛光时，使用上光剂太少会导致（　　）。

　　A. 全部涂层很差　　　B. 地面过滑　　　C. 涂层成粉状　　　D. 耐久性差

知识点 3　铜器保养

知识点分析

1. 金属制品的清洁保养

（1）铝制品的清洁保养。

铝制品的特点是怕酸、怕碱，易产生划痕，因此，清洁时不能用使用含摩擦成分的清洁剂或器械，宜用中性清洁剂。

（2）铜制品的清洁保养。

铜制品多用于客房装饰或餐厅厨具装饰，因其特有的金属光泽和华贵气质而被广泛使用。

（3）锡制品的清洁保养。

锡制品主要被用于装饰物和餐厅用具等。

（4）金银制品的清洁保养。

金银既是贵金属也是软金属。

（5）不锈钢制品的清洁保养。

2. 塑料制品的清洁保养

应用专门的塑料清洁剂清洁塑料制品，若没有，也可采用中温合成洗涤剂溶液擦拭，再用清水漂净擦干即可。

塑料制品在使用中要注意避开直接的热源或明火，避免与强酸、强碱直接接触而造成腐蚀。

3. 玻璃制品的清洁保养

在清洁保养玻璃制品时，要用不会起毛的布或纸擦拭，或用等量的醋和水溶液擦拭。

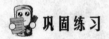 **巩固练习**

单选题

1.（   ）制品的特点是怕碱、易产生划痕，因此，清洁时不能使用含摩擦成分的清洁剂。

    A. 铝　　　　　　　B. 铜　　　　　　　C. 锡　　　　　　　D. 不锈钢

2.（   ）制品多用于客房装饰或餐厅厨具装饰，因其特有的金属光泽和华贵气质而被广泛使用。

    A. 铝　　　　　　　B. 铜　　　　　　　C. 锡　　　　　　　D. 不锈钢

3.（   ）制品在使用中要注意避开直接的热源或明火，避免与强酸、强碱直接接触而造成腐蚀。

    A. 铝　　　　　　　B. 塑料　　　　　　C. 锡　　　　　　　D. 不锈钢

知识点 4　清洁公用洗手间

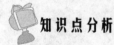 **知识点分析**

1. 选择清洁剂的要素

（1）去污力：是清洁剂最重要的指标，直接影响清洁的功效。

（2）pH 值。

（3）泡沫。

（4）漂洗性。

（5）黏度。

（6）污染。

（7）感观。

（8）包装。

2.清洁客用洗手间操作内容及方法

（1）日常清洁。

①每天上班后对洗手间设备设施全面检查一次，并按要求做好清洁保养工作。

②先检查、清洁坑位、马桶、垃圾桶，及时补充卷纸。

③按顺序擦拭清洁面盆、水龙头、台面、镜面。

④拖净洗手间内地面。

⑤在巡查保洁期间，发现异常情况应及时处理、报修，并向上级汇报。

（2）马桶小洗。

①清洗前摆放工作告示牌。

②用蘸有稀释好的清洁剂、消毒剂的毛球洗擦马桶内周边及进出口，洗擦完后用水把清洁剂冲干净。

③用带有清洁剂的湿毛巾将马桶坐板、盖板及马桶外身抹干净。

（3）马桶大洗。

①每天上班后对洗手间设备设施全面检查一次，并按要求做好清洁保养工作。

②先检查、清洁坑位、马桶、垃圾桶，及时补充卷纸。

（4）洗擦完后，用3勺水冲洗干净马桶、垃圾桶、地面，再用干毛巾把水箱、马桶坐板、垃圾桶外、墙身、地面的水迹抹干。

（5）坐厕水箱清洁。

①关闭进水箱的阀门，按下水掣，放走水箱内的水。

②小心地打开水箱盖，并放在安全的地方。

③将少量的酸性清洁剂倒入水箱内。

④用手刷将水箱内壁四周洗刷干净。

⑤打开进水阀门，用清水将箱内污水冲洗干净。

 **巩固练习**

单选题

1. 客房服务员应正确掌握选择清洁剂的要素，（　　）是清洁剂最重要的指标，直接影响清洁的功效。

　　A. pH值　　　　　　B. 泡沫　　　　　C. 黏度　　　　　　D. 去污力

2. 一般的清洁剂在完成其特定的功能后，应能被完全冲离基质表面，好的产品应有较好的（　　）。

　　A. 漂洗性　　　　　B. 包装　　　　　C. 感观　　　　　　D. 黏度

第三节　楼层对客服务

考纲解读

1. 掌握楼层迎送服务。
2. 熟悉会客服务。
3. 掌握洗衣服务。
4. 熟悉托婴服务。
5. 熟悉擦鞋服务。
6. 熟悉租借物品服务。
7. 熟悉小酒吧服务。
8. 掌握遗留物品处理方法。

知识点 1　迎送客人服务

知识点分析

1. 楼层迎客服务的操作内容及标准

（1）了解客人的姓名、国籍、身份。

（2）按照不同的规格布置房间。

（3）在指定的楼层（地点）迎候客人。

（4）站在服务处面带微笑，表示欢迎。

2. 楼层代客开门的操作内容及标准

（1）服务员为客人开门，应先礼貌地请客人出示欢迎卡。

（2）如客人没有房卡，应礼貌地向客人道歉，然后请客人到前台领取欢迎卡，办理开门手续。

（3）如客人已持有房卡，应核对房号，核对卡上的日期和时间，有无住客姓名。

（4）如以上各项中任何一项不符，应请客人稍等，用电话与前台查询核实。

（5）欢迎卡确认后，前台为客人开门。

（6）服务员在工作表上记录开门的情况。

3. 楼层送客服务的操作内容及标准

（1）掌握客人离店的准确时间。

（2）检查代办的事项是否还有未完成的工作。

（3）征求即将离店客人的意见，并提醒客人检查自己的行李和物品，不要遗留物品在房间。

（4）客人走后迅速检查房间设备有无损坏，物品有无丢失，客人有无使用小酒吧内的酒水，有无客人遗留物品，并在3分钟内报告前台收银处。

（5）处理客人委托或交办事项。

（6）客人离店后要迅速清洁（整理）房间，并通知前台。

（7）填写"客房情况日报表"。

知识点2 客人遗留物品的处理

知识点分析

1. 客人物品丢失时的处理

（1）安抚客人的情绪。

（2）详细问清物品名称、外观、数量等，然后帮助客人寻找。

（3）提醒客人回忆。

（4）找到后及时归还；找不到的应向客人说明情况，并表示同情，同时留下客人联系方式，便于找到后联系。

（5）丢失原因不明的，饭店不负责赔偿。

（6）将客人丢失物品的情况详细记录，以备核对。

2. 楼层客人遗留物品处理操作内容及标准

（1）及时查房。客人退房时，服务员要及时查房。

（2）详细填单。发现遗留物品后应填写在工作单上，详细记录拾到物品的地点、时间、物品名称、客房号码、客人姓名、拾获人姓名。

（3）当天上交。

（4）妥善保管。

（5）认领。

巩固练习

单选题

1. 客人丢失物品后，客房服务员首先（　　）。

　　A. 提醒客人回忆　　　　　　　　　　B. 安慰客人，使客人情绪稳定

C. 避免遗漏死角，节省体力　　　　　D. 遵守操作规范

2. 客人前来认领遗留物品时，客房服务员应首先（　　）。

　　A. 致电客房服务中心　　　　　　　B. 将物品交给客人

　　C. 验明客人证件　　　　　　　　　D. 详细填单

知识点 3　会客服务

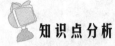 知识点分析

1. 楼层微笑迎客操作内容及标准

（1）使用敬语问候客人。

（2）问清访客的姓名和住客的姓名及房号。

（3）办理访客登记手续，请访客稍等。

2. 楼层联系回复操作内容及标准

（1）与住客联系，经同意后请访客进入房间，并提供茶水服务。

（2）若住客不接待访客，则应婉言谢绝。

（3）若住客外出，则请访客留言，记录准确，即时转告住客。

3. 楼层送客服务操作内容及标准

（1）超过饭店规定的探访时间，要请访客离开。

（2）访客走时热情相送。

（3）留心访客所带走的物品。

（4）收拾整理房间，撤走多余的杯具和热水瓶等物品。

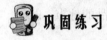 巩固练习

单选题

1. 客人住店期间会有访客前来看望住客，访客应在（　　）离开。

　　A. 饭店规定时间　　　　　　　　　B. 晚上 12：00 以前

　　C. 第二天　　　　　　　　　　　　D. 任意时间

2. 客房服务员带领访客进入客人房间时必须（　　）。

　　A. 查验访客证件　　　　　　　　　B. 征得住客同意

　　C. 报告主管　　　　　　　　　　　D. 亲自带领

知识点 4 生活服务

知识点分析

1. 楼层洗衣服务操作内容及标准

（1）收取客人衣服。

客人将要洗的衣服装入洗衣袋内，连同已填好的洗衣单一起交给服务员，或放在房间内的床上或挂在门把手上，或直接告知服务员收取。

（2）核对、检查。

①按照客人填写的洗衣单内容逐项核对，若有差误，则应在洗衣单上注明并向客人说明。

②对客人衣服进行检查，属于衣服的问题要向客人说明，口袋内的钱物要交给客人或领班，妥善保管，做好记录。

（3）认真登记。

按照客人填写的洗衣单内容进行登记。

（4）分送客人衣服。

①清点完洗衣服务处送回的客人衣服后，当面送交客人并请客人当面清点。

②如果客人不在房间，待客人回到房间后及时送交。

③如遇门外有"请勿打扰"标志，可由门缝塞入说明纸条，告知衣物已洗烫好，请客人与房务中心联系。

（5）交送账单。

①当日客人衣服的账单要当日结算和转交。

②对自费散客付现金的要当面清点，并在账单上加盖"现金收讫"印章。

③签单客人在账单上签字后，将账单转财务部。

2. 楼层租借物品服务操作内容及标准

（1）客人电话要求或向楼层服务员要求借用物品：向客人详细介绍租借用品程序及注意事项。

（2）仔细询问租借物品的名称及时间。

（3）将物品准备好并送到客人房间。对一些电器类用品，提醒客人注意使用安全，必要时介绍使用方法。

（4）请客人在租借物品登记表上签名。

（5）客人归还物品时做好详细记录。若客人超过租借时间未归还，则可主动询问。

3. 托婴（幼）服务

（1）接受申请。

①客人需要提前3小时跟房务中心联系。

②对18个月以下的婴幼儿不提供此项服务。

（2）报告上级。

①报告客房部主管，安排专门人员看护婴幼儿。

②安排有照看婴幼儿经历的人员看护。

③员工应着干净制服或挂上工牌。

（3）看护婴幼儿。

①一般不能将婴幼儿带出客房或酒店。

②不能随意给婴幼儿吃东西。

③不得随便将婴幼儿托给他人看管。

④不得将尖利或有毒的器物给婴儿充当玩具。

⑤若婴儿突发疾病，则应请示客房部经理，以便得到妥善处理。

（4）后续工作。

①请客人签单确认。

②立即将"婴幼儿看护申请表"送总台收银处入账，避免漏账。

4. 小酒吧服务

（1）酒吧补充。

注意检查酒水质量和饮料的有效保质期。

（2）客账处理。

5. 擦鞋服务

当要擦的皮鞋很多时，服务员应在事先做好的纸条上写上客人的房号，并将其放入客人的皮鞋中。

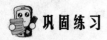 **巩固练习**

单选题

1. 去除（　　）污迹可以使用软毛刷蘸少量汽油轻轻擦拭。

    A. 衣物上的圆珠笔字迹 　　　　　B. 白色织物上的鞋油

    C. 衣物上的食用油 　　　　　　　D. 衣物上的瓜果渍

2. 租、借物品是两个不同的概念，以下物品（　　）是要加收费用的。

    A. 熨斗 　　　　B. 充电器 　　　　C. 影碟机 　　　　D. 电源线板

3. 客房服务内容包括托婴服务，饭店应安排（　　）看护。

    A. 客房服务员 　　　　　　　　　B. 客房主管

    C. 有照看婴儿经历的人员 　　　　　　　D. 酒店清洁工

4. 由饭店为客人照看婴儿的服务，一般规定对（　　）的婴儿不提供此项服务。

    A. 12 个月以下 　　　　　　　B. 18 个月以下

    C. 2 岁以下 　　　　　　　　D. 半个月以下

5. 客房服务员为旅客提供擦鞋服务，当要擦的皮鞋很多时，服务员应（　　），这样皮鞋太多时才不会弄乱。

　　A. 拿皮鞋时记住房号

　　B. 在纸条上写上客人的房号，并将其放入客人的皮鞋中

　　C. 擦完一双及时放入客人房间

　　D. 在客人房间中将鞋擦好

 **单元训练**

一、单选题

1. 客房服务员在对客服务中要讲求语言规范，下列选项中表达不正确的是（　　）。

　　A. 与客人谈话时要准确、简洁、清楚、表达明白

　　B. 当客人提出的问题服务员不知道该如何回答时，服务员可以直接说："对不起，我不知道。"

　　C. 不要与同事在客人面前说家乡话

　　D. 与客人谈话时目光应该注视对方，表情自然，保持微笑

2. 客房服务员在工作中不规范的举止是（　　）。

　　A. 客人赠送礼物时，为了不显失礼，服务员可以接受自己使用

　　B. 在客人面前任何时候都不可有剔牙、伸懒腰、吹口哨等不礼貌的举止

　　C. 在客人面前不得经常看手表

　　D. 在工作间、客房或走廊时，都应该做到走路轻、说话轻和动作轻

3. 在收取清点客人衣服时，若发现衣物件数与洗衣单不符，服务员应（　　）。

　　A. 在洗衣单上注明　　　　　　　　B. 立即向客人说明、核对

　　C. 以客人所填为准　　　　　　　　D. 交给洗衣房清点

4. 饭店提供托婴服务，一般应（　　）。

　　A. 免收服务费　　　　　　　　　　B. 只收伙食费

　　C. 收外出游玩费　　　　　　　　　D. 收取一定的服务费

二、多选题

1. 由饭店为客人照看婴儿的服务描述中，下列选项中表达正确的是（　　）。

　　A. 一般不能将婴幼儿带出客房或酒店

　　B. 不能随意给婴幼儿吃东西

　　C. 不得随便将婴幼儿托给他人看管

　　D. 若婴儿突发疾病，则应请示客房部主管，以便得到妥善处理

2. 在关于楼层洗衣服务操作内容及标准的描述中，下列选项中表达正确的是（　　）。

　　A. 收取客人衣服　　　　　　　　　B. 核对、检查

C. 认真登记　　　　　　　　　D. 分送客人衣服

E. 交送账单

3. 下列关于楼层租借物品服务操作内容及标准的描述中，正确的是（　　）。

　　A. 客人电话要求或向楼层服务员要求借用物品时，服务员应向客人详细介绍租借用品程序及注意事项

　　B. 仔细询问租借物品的名称及时间

　　C. 对一些电器类用品，提醒客人注意使用安全，必要时介绍使用方法

　　D. 客人超过租借时间未归还，可主动询问

第四章　餐饮服务知识技能

 考纲解读

1. 了解托盘的种类和用途，了解托盘行走的步伐和方法分类，熟练地使用托盘。
2. 了解餐巾折花服务。
3. 理解斟酒的方法以及斟酒的顺序和时机，熟练掌握斟酒服务操作内容及标准。
4. 掌握摆台的基本要求，熟练掌握中西餐摆台操作内容及标准。
5. 了解上菜服务。
6. 了解分菜服务。

知识点 1　托盘

 知识点分析

1. 餐饮服务的特点

①无形性；②一次性；③同步性；④差异性。

2. 托盘的种类

（1）按制作材料分。

（2）按形状分。

（3）按尺寸分。

3. 托盘行走的 4 种步伐

常步、快步、碎步、垫步。

4. 托盘方法分类

轻托和重托。

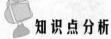

巩固练习

一、单选题

1. 轻托所托重量为（　）。

    A. 5 千克　　　　　　B. 8 千克　　　　　C. 10 千克　　　　D. 15 千克

2. 在运送（　）时，需使用长方形或圆形大托盘。

    A. 摆台所需餐具　　　　　　　　B. 传菜和托运较重的物品

    C. 客人所点的咖啡　　　　　　　D. 收拾餐具

3. 在托送汤类菜肴时使用的步伐是（　）。

    A. 快步　　　　　　　B. 垫步　　　　　　C. 常步　　　　　D. 碎步

4. 重托又称为（　）。

    A. 胸前托　　　　　　B. 腰托　　　　　　C. 肩上托　　　　D. 手臂托

5. 重托装盘时需重叠摆放，其叠放方法是（　）。

    A. 方形　　　　　　　　　　　　B. "金字塔"形

    C. "倒三角"形　　　　　　　　D. 矩形

二、多选题

1. 托盘按托送方式不同，分为（　）。

    A. 轻托　　　　　　　B. 手臂托　　　　　C. 重托　　　　　D. 端托

2. 托盘行走常用的步伐有（　）。

    A. 快步　　　　　　　B. 碎步　　　　　　C. 常步　　　　　D. 小跑步

知识点 2　餐巾折花

知识点分析

1. 餐巾折花手法

折叠、推折、卷、翻拉、捏、穿。

2. 餐巾折花的摆设要求

突出主花，餐巾花的观赏面朝向宾客席位，注意花式及其高低、大小的搭配，餐巾花不要遮挡台上用品。

3. 餐巾花的种类

（1）按折叠方法与摆放工具的不同。

（2）按造型外观分。

（3）为区别宴会参与者的不同身份。

 巩固练习

一、单选题

1. 餐巾花按造型外观可分为动物造型、实物造型和（   ）。

    A. 杯花造型　　　　B. 主位造型　　　　C. 环花造型　　　　D. 植物造型

2. 主花应摆插在（   ）。

    A. 主宾位置　　　　B. 副主宾位置　　　　C. 主人位置　　　　D. 副主人位置

3. 做鸟与其他动物的头所使用的折花手法是（   ）。

    A. 折叠　　　　　　B. 卷　　　　　　　C. 穿　　　　　　　D. 捏

4. 折叠餐巾花时，操作选择在（   ）。

    A. 餐盘中　　　　　　　　　　B. 客人的餐桌旁

    C. 托盘反面　　　　　　　　　D. 备餐台面

5. 插花入杯时，操作应持（   ）。

    A. 杯口部分　　　　　　　　　B. 杯壁的下 1/3 处

    C. 杯子的中部　　　　　　　　D. 杯子的内壁

二、多选题

1. 餐巾的作用有（   ）。

    A. 客人用餐的保洁方巾　　　　B. 标志宾主席位

    C. 擦拭餐具　　　　　　　　　D. 擦拭桌面

2. 餐巾花按折叠方法与摆放工具的不同分为（   ）。

    A. 杯花　　　　　　B. 壁花　　　　　　C. 盘花　　　　　　D. 环花

知识点 3　斟酒

知识点分析

1. 酒品的最佳饮用温度及杯具选配

（1）白葡萄酒、葡萄汽酒、玫瑰露酒、啤酒和一些软饮料饮用温度要求低于室温。如啤酒的最佳饮用温度为 8℃ ~10℃，白葡萄酒的最佳饮用温度为 8℃ ~12℃，葡萄汽酒的最

54

佳饮用温度为 6℃ ~8℃。

（2）中国的黄酒和日本的清酒需要提高温度饮用才更有滋味。

2.斟酒的方法

桌斟：桌斟是指顾客的酒杯放在餐桌上，餐厅服务员右手持瓶向杯中斟倒酒水。此种方法又分为托盘斟酒和徒手斟酒，是餐厅斟酒最常使用的一种方法。

3.斟酒的顺序和时机

（1）中餐斟酒的顺序与时机：从主宾开始，按顺时针方向进行。如有两个服务员同时为一桌客人斟酒，则一个从主宾开始，另一个从副主宾开始，按席位绕台斟酒。当客人杯中酒液不足 1/3 杯时，应及时添斟，每上一道新菜后也要添斟酒水。在客人互相敬酒时，应尾随敬酒的宾客及时添斟。

（2）西餐斟酒的顺序与时机：西餐宴席用酒较多，几乎每道菜都跟有一种酒，讲究什么菜配什么酒，应先斟酒后上菜。斟酒时，应先斟女主宾、女宾、女主人，后斟男主宾、男宾、男主人。续酒时，可不拘次序。

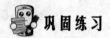 **巩固练习**

一、单选题

1.斟倒各种饮料时，无论是中餐还是西餐，其斟倒标准是（　　）。

　　A. 与杯口齐平　　　　B. 三分满　　　　C.五分满　　　　D.八分满

2.西餐斟酒时，最先服务的第一位客人是（　　）。

　　A. 女主人　　　　　　B. 男主人　　　　C.女主宾　　　　D.男主宾

3.啤酒的最佳饮用温度为（　　）。

　　A.2℃ ~5℃　　　　　B.8℃ ~10℃　　　　C.15℃ ~20℃　　　D.25℃左右

4.中餐斟酒时，最先服务的第一位客人是（　　）。

　　A. 主人　　　　　　　B. 副主人　　　　C. 主宾　　　　　D. 副主宾

5.西餐中，红葡萄酒的斟酒量为杯子的（　　）。

　　A. 1/2　　　　　　　B. 1/3　　　　　　C. 3/4　　　　　　D. 与杯口平齐

二、多选题

1.饮用前需要冰镇的酒品有（　　）。

　　A. 白葡萄酒　　　　　B.香槟酒　　　　C.红葡萄酒　　　　D.黄酒

2.酒水示瓶的作用有（　　）。

　　A. 告知客人酒水的价格　　　　　　　B. 表示对客人的尊重

　　C. 核实酒水有无误差　　　　　　　　D. 证明酒水质量的可靠性

知识点 4   铺台布

 **知识点分析**

1. 常见的台布规格

· 180 厘米 ×180 厘米的台布，用于 4~6 人餐桌；

· 220 厘米 ×220 厘米的台布，用于 8~10 人餐桌；

· 240 厘米 ×240 厘米的台布，用于 12 人餐桌；

· 260 厘米 ×260 厘米的台布，用于 14~16 人餐桌；

· 165 厘米 ×200 厘米和 180 厘米 ×360 厘米的台布，用于长方桌及西餐各类餐桌。

2. 铺台布的方法

推拉式、撒网式、抖铺式。

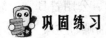 **巩固练习**

一、单选题

1. 按照质地，台布分为纯棉台布、绒质台布和（　　）。

    A. 异形台布　　　　　B. 图案台布　　　　　C. 素色台布　　　　　D. 化纤台布

2. 180 厘米 ×180 厘米的台布，适用于餐桌的尺寸为（　　）。

    A. 4~6 人进餐的餐桌　　　　　　　　B. 8~10 人进餐的餐桌

    C. 20 人进餐的餐桌　　　　　　　　D. 西餐长型餐桌

3. 用于铺设 12 人进餐的餐桌的台布尺寸为（　　）。

    A. 180 厘米 ×180 厘米　　　　　　　B. 220 厘米 ×220 厘米

    C. 240 厘米 ×240 厘米　　　　　　　D. 260 厘米 ×260 厘米

4. 撒网式铺设台布的方法，多用于（　　）。

    A. 小型零点餐厅　　　　　　　　　B. 宽大餐厅或技术比赛场所

    C. 进餐人数较多的餐厅　　　　　　D. 酒吧

5. 台布定位时，凸缝朝向（　　）。

    A. 正、副主人位　　B. 正、副主宾位　　C. 次宾席位　　　D. 没有具体要求

二、多选题

1. 台布铺设的方法主要有（　　）。

    A. 推拉式　　　　　B. 合作式　　　　　C. 撒网式　　　　　D. 抖铺式

2. 台布铺设的整体效果要求（　　）。

    A. "十"字偏向主人位　　　　　　　B. "十"字居中

    C. 凸缝朝向正、副主人位　　　　　D. 凸缝朝向次宾席位

知识点 5　摆台

知识点分析

1. 摆台的基本要求

·摆台前，操作人员要洗手消毒，检查有无破损或不洁的餐具，如发现要及时更换。

·摆台时，要求餐具图案对正，距离匀称，符合标准，整齐美观。

·摆放餐具既要做到清洁卫生，又要有艺术性；既要方便宾客使用，又要便于服务人员服务。

·折叠餐巾花要注意客人的风俗习惯，避其忌讳。

2. 中、西餐摆台所需用具

·中餐摆台所需用具：防滑托盘、台布、桌裙或装饰布、餐巾、餐碟、味碟、汤勺、口汤碗、长柄勺、筷子、筷架、牙签、水杯、葡萄酒杯、白酒杯、桌号牌、公用餐具。

·西餐摆台所需用具：防滑托盘、台布、餐巾、装饰盘、面包盘、黄油碟、主菜刀叉、鱼刀叉、开胃品刀叉、汤勺、甜品勺、甜品叉、黄油刀、水杯、红葡萄酒杯、白葡萄酒杯、花瓶、花坛或其他装饰物、烛台、盐瓶、胡椒瓶、牙签盅。

巩固练习

一、单选题

1. 中餐摆台席椅定位的位置首先在（　　）。

　　A. 主人位　　　　　　B. 副主人位　　　　　C. 主宾位　　　　　　D. 副主宾位

2. 中餐摆放葡萄酒杯、白酒杯、水杯时，呈斜直线，向右与水平线角度为（　　）。

　　A. 15°　　　　　　　B. 30°　　　　　　　C. 45°　　　　　　　D. 60°

3. 西餐花瓶的摆放高度不超过（　　）。

　　A. 10 厘米　　　　　B. 15 厘米　　　　　C. 20 厘米　　　　　D. 30 厘米

4. 西餐摆台席椅定位的位置首先在（　　）。

　　A. 主人位　　　　　　B. 副主人位　　　　　C. 主宾位　　　　　　D. 副主宾位

5. 西餐装饰盘定位时盘边距离桌边为（　　）。

　　A. 0.5 厘米　　　　　B. 1 厘米　　　　　　C. 2 厘米　　　　　　D. 3 厘米

二、多选题

1. 中餐桌号牌摆放在（　　）。

　　A. 花瓶正前方　　　　　　　　　　B. 花瓶右边

　　C. 面对主人位　　　　　　　　　　D. 面对副主人位

2. 西餐盘花摆放时，需要突出（　　）。

　　A. 主人　　　　　　　B. 副主人　　　　　　C. 主宾　　　　　　D. 副主宾

知识点 6　上菜与分菜

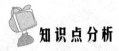

知识点分析

1. 中餐上菜

（1）上菜原则：先冷后热，先咸后甜，先菜后点，先浓后淡，先高档后一般。

（2）上菜顺序：冷菜→海鲜名贵菜肴→肉类、禽类→蔬菜→汤→点心→面饭→甜菜→水果。

（3）几种特殊菜肴的上菜方法：拔丝菜应放在热汤碗上端送上席，可防止糖汁凝固，保持拔丝菜的风味；易变形的炸爆炒菜肴应快速上桌；原盅炖品菜要当着客人的面撕去封盖纸，以便保持炖品的原味。泥包、荷叶包的菜要先上台让客人观赏后，再拿到操作台上当着客人的面打破或启封，以保持菜肴的香味和特色。

2. 中餐分菜

（1）分菜顺序：先宾后主，按顺时针方向依次分让。

（2）分菜的方法：餐位分菜法是用左手托菜盘（菜盘下垫口布），右手拿分菜叉、勺，从主宾左侧开始，按顺时针方向绕台进行；转台分菜法是操作时，服务员先将干净餐具有序地摆放在转台上，菜上桌后介绍菜名，服务员左手执长柄汤勺，右手执公筷将菜肴均匀地分到各个餐碟中，然后从主宾右侧开始，按顺时针方向绕台进行；撤前一道菜的餐碟后，从转盘上取菜端送给客人；旁桌分菜法是先将菜肴送上桌面，向客人介绍后，放到落台上进行分派，按程序把小盘和碟碗中派好的菜从右侧递给客人食用。

（3）几种特殊菜肴的分菜方法：①鱼：首先要剔除鱼骨；②鸭：先用公筷压住鸭身，用公用餐具将腿肉和鸭脯切扒成若干均匀的鸭块，再按宾主次序分派。鸭头、鸭翅、鸭尾不分，留在碟上，随客人自行食用；③肘子：用公筷压住肘子，用公用餐具将肘子切成若干块，再按宾主次序分派；④冬瓜盅：冬瓜盅是夏令名菜，带皮的炖品。由于瓜身高，一般要进行两次分派。第一次用公勺将上段冬瓜肉和盅内配料汤汁均匀分派给客人，第二次先用餐叉叉住瓜皮，后用餐刀从上向下切，横削去皮，一般分四刀切削完。

3. 西餐上菜

西餐上菜顺序：开胃品→汤→海鲜→主菜→甜点→咖啡或茶。

4. 西餐派菜

（1）西餐派菜顺序：按先宾后主、先女后男的顺序进行。

（2）西餐派菜方法：西餐的上菜与派菜方法按法式、英式、美式、俄式等会有所不同。具体将在西餐服务程序中详细讲解。

巩固练习

一、单选题

1. 中餐上菜顺序为（　　）。

    A. 海鲜名贵菜肴→冷菜→肉类、禽类→蔬菜→汤→点心→面饭→甜菜→水果

    B. 冷菜→海鲜名贵菜肴→肉类、禽类→蔬菜→汤→点心→面饭→甜菜→水果

    C. 水果→海鲜名贵菜肴→肉类、禽类→蔬菜→汤→点心→面饭→甜菜→冷菜

    D. 肉类、禽类→海鲜名贵菜肴→冷菜→蔬菜→汤→点心→面饭→甜菜→水果

2. 西餐分菜的顺序，首先是（　　）。

    A. 男主宾　　　　　　B. 男主人　　　　　　C. 女主人　　　　　　D. 女主宾

3. 中餐分菜的方法有餐位分菜法、转台分菜法和（　　）。

    A. 旁桌分菜法　　　　B. 自助分菜法　　　　C. 零点分菜法　　　　D. 厨师分菜法

4. 西餐上菜顺序为（　　）。

    A. 开胃品→汤→海鲜→主菜→甜点→咖啡或茶

    B. 海鲜→汤→开胃品→主菜→甜点→咖啡或茶

    C. 开胃品→汤→甜点→主菜→海鲜→咖啡或茶

    D. 咖啡或茶→汤→海鲜→主菜→甜点→开胃品

5. 中餐宴会上菜位置选择在（　　）。

    A. 主人与主宾之间　　　　　　　　B. 副主人与副主宾之间

    C. 陪同之间　　　　　　　　　　　D. 儿童之间

二、多选题

1. 中餐上菜原则是（　　）。

    A. 先冷后热　　　　　　　　　　　B. 先咸后甜

    C. 先高档后一般　　　　　　　　　D. 先淡后浓

2. 中、西餐分菜时都应注意（　　）。

    A. 手法卫生　　　　B. 动作利索　　　　C. 分量均匀　　　　D. 跟上佐料

第二节　中餐服务流程及操作训练

考纲解读

1. 熟悉迎宾服务。
2. 熟悉餐前准备。
3. 掌握餐中服务。
4. 了解餐后结账服务。

知识点 1　预订服务

知识点分析

1. 预订的方式

· 当面预订。
· 电话预订。

2. 预订的内容

· 客人预订的用餐日期及时间。
· 客人用餐人数及标准。
· 客人的特殊要求。
· 订餐客人的姓名、单位、联系电话。
· 餐标、菜单与酒单的确定。

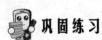

一、单选题

1. 餐厅预订的方式主要有当面预订和（　　）。

　A. 电话预订　　　　　B. 网络预订　　　　C. 担保预订　　　　D. 电传预订

2. 接受电话预订时，拿起电话的时机是（　　）。

　A. 铃响三声以内　　　　　　　　B. 铃响六声以内

　C. 不理会电话铃声　　　　　　　D. 忙完手头的工作再接听

3. 预订服务的主要作用体现在有助于酒店对外开发客源市场、宣传酒店和（　　）。

　A. 提高员工职业道德水准　　　　B. 提高烹饪水平

C. 延长服务时间　　　　　　　　D. 营销酒店餐饮产品

4. 接受预订时，通常需记下订餐客人的姓名、单位和（　　）。

　　A. 职位　　　　　　B. 联系电话　　　　C. 身份证号码　　　D. 银行卡号

5. 受理客人预订后，首先需要（　　）。

　　A. 预留座位　　　　　　　　　　B. 通知厨房准备原料

　　C. 对客人复述预订信息　　　　　D. 把预订信息存档

二、多选题

1. 预订的内容包括（　　）。

　　A. 客人预订的用餐日期及时间

　　B. 客人用餐人数、标准及客人的特殊要求

　　C. 订餐客人的姓名、单位、联系电话

　　D. 用餐标准、菜单与酒单的确定

2. 预订流程包括（　　）。

　　A. 接待客人并受理预订　　　　　B. 确认与感谢预订

　　C. 落实预订　　　　　　　　　　D. 准备开餐

知识点 2　零点餐服务

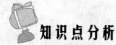

知识点分析

1. 零点餐服务的特点

· 客人多而杂，人数不固定。

· 口味需求不一致。

· 到达时间交错，接待的波动性较大。

· 客人的个性化需求较多。

2. 零点餐餐前准备的内容

· 报到。

· 接受任务。

· 清洁工作。

· 准备用餐用具。

· 摆台。

· 了解情况。

· 全面检查。

· 就位。

3. 零点餐迎宾服务的内容

· 热情迎宾。

· 明确客人是否预订。

· 引领。

· 安排就座。

· 送上菜单、酒单。

· 回到岗位。

4. 零点餐迎宾员的引位要领

· 带位者首先要注意客人的人数以及到来的先后次序，根据客人人数的多少，安排大小合适的餐桌；

· 带领客人至座位时，除非客人另作选择，带位者千万不可改变主意，更不要犹豫不决，变换桌座；

· 带位以不拼桌为原则，即不同组或互不认识的客人不安排共桌而食；

· 吵吵嚷嚷的大批客人尽可能安排在餐厅的单间里或餐厅靠里面的地方，以避免干扰其他客人；

· 老年人或残疾人尽可能安排在靠餐厅门口的地方，这样就可以避免多走动；

· 年轻的情侣喜欢被引到安静而又有优美景色的餐桌旁；

· 服饰漂亮的客人可以渲染餐厅的气氛，可以将其安排在餐厅中心引人注目的位置，不过若出现两组衣着相互竞艳的客人，不可安排在相邻的餐桌上。

5. 零点餐入席服务的内容

· 送巾、敬茶。

· 上开胃菜。

· 开席巾、抽筷套。

6. 零点餐点菜、推销饮品服务的内容

· 接受点菜。

· 提供建议。

· 记录内容。

· 复述确认。

· 礼貌致谢。

7. 零点餐转单入厨服务的内容

· 银台转单。

· 核单送单。

· 打单。

8. 零点餐餐中服务的内容

· 上菜服务。

· 撤换脏盘。

· 分菜。

9. 零点餐结账送客服务的内容

· 结账。

· 送客。

· 检查。

· 撤桌。

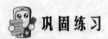 **巩固练习**

一、单选题

1. 迎宾员引领客人入席时，走在客人（　　）。

    A. 前方 1~1.5 米处   B. 前方 3 米处

    C. 并排而行   D. 后方 1~1.5 米处

2. 安排客人就座时，先服务的客人是（　　）。

    A. 男主人   B. 女主人   C. 男宾客   D. 儿童来宾

3. 通常开席巾、抽筷套的服务，应注意（　　）。

    A. 站在宾客左侧   B. 站在宾客右侧

    C. 站在宾客后侧   D. 请来宾自己服务

4. 转单入厨服务的内容包括银台转单、核单送单和（　　）。

    A. 出菜品   B. 结账   C. 出酒水   D. 打单

5. 零点餐点菜服务的内容包括接受点菜、提供建议、记录内容、（　　）和礼貌致谢。

    A. 出品菜肴   B. 取拿酒水   C. 复述确认   D. 收银结账

二、多选题

1. 零点餐服务的特点有（　　）。

    A. 客人多而杂，人数不固定

    B. 口味需求不一致

    C. 到达时间交错，接待的波动性较大

    D. 客人的个性化需求较多

2. 巡台服务时应做到（　　）。

    A. 勤换烟缸   B. 勤上小方巾

    C. 勤换餐碟   D. 勤巡视

知识点3 宴会服务

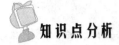
知识点分析

1. 宴会预订服务的"八知五了解"

· "八知"是指知主人身份，知宾客国籍，知宴会标准，知开餐时间，知菜肴品种及烟酒茶果，知主办人单位或主办宾客姓名，知收费办法，知邀请对象。

· "五了解"是指了解宾客的风俗习惯，了解宾客的生活忌讳，了解宾客的特殊需要，了解宾客的进餐方式，了解宾客和主客的特殊爱好。

2. 中餐宴会的桌次安排

· 餐桌的排列应根据餐厅的形状、大小以及赴宴人数的多少来安排。

· 主桌应放在面向餐厅主门、能够纵观全厅的位置。

· 若是由两桌组成的小型宴会，则可将排列成横排或竖排的形式。

· 3桌或3桌以上的桌数组成的宴请。在大型宴会中，除主桌外，所有的桌子都应编号（用阿拉伯数字书写），并在宴会厅入口处摆放桌次示意图，以方便客人就座。台号必须符合客人风俗习惯和生活禁忌，例如欧美客人参加的宴会必须取消台号13等。

3. 餐前准备的内容

（1）参加班前会，了解宴会的具体任务，必须知晓出席宴会人数、桌数、主办单位、邀请对象，知宾主身份（主办主人），知宴会的标准及开宴时间、菜式品种、出菜顺序、收费办法；还要了解客人的宗教信仰、风俗习惯，了解客人的生活忌讳，了解宾客的特殊需要，了解会议、客房的安排等。

（2）做好准备工作，熟悉菜单，计算餐具的用量，备足酒水、饮料，准备特色佐料；选配器皿、用具，餐具要多备20%；酒水按要求擦干净并在工作台摆放整齐；根据宴会的类别、档次进行合理布置，确保灯光、室温、音响、家具、设施完好；搞好宴会厅的卫生，按摆台标准摆好餐台，做好摆台后检查，要摆放整齐，符合要求。

（3）进行自查，检查个人仪容仪表，复查餐台、台布、台面餐具、各种调味品、烟缸、牙签等放置是否齐全、整洁、符合要求，椅子与所铺的席位是否对应等；菜单、托盘、备用餐具、小毛巾、工作台内储存物品等是否齐全、清洁；接受领班检查。

宴会开始前8分钟，按要求摆上冷盘。若知宴会酒水，也提前5分钟斟上红酒和白酒（按斟酒要求）；准备就绪后，开餐前30分钟，站立在餐厅门口，迎候宾客。

4. 宴会就餐服务的内容

（1）迎客入座：客人进入餐厅，迎宾员按迎宾规范进行服务，领至宴会厅，值台员应面带微笑，热情迎接，躬身行礼，问好；主动接挂衣物，挂衣时，应握衣领，避免衣袋里物品滑出或碰坏；热情地为客人拉椅让座（将椅子拉开，当客人坐下时，用膝盖顶一下椅背，双手同时送一下，让客人坐在离桌子合适的距离10~15厘米为宜），并用手势示意："您请坐。"

（2）宾客坐好后，可致开场白：站在副主人处，面带微笑至所有宾客："各位先生、小姐（领导）：中午（晚上）好，欢迎光临本店，我是×号服务员，今天由我为诸位服务，祝大家就餐愉快，谢谢！"

（3）撤花瓶（席位签），为客人铺餐巾、去筷子套，从主宾右侧开始顺时针转，撤去冷菜的保鲜膜（用服务夹操作）；送香巾，席间送香巾三次，客人入座后一次，上完热菜后一次，客人用餐完毕再送一次（上特殊的手剥菜时，应再跟一次），并及时收回。送香巾时，要从客人右侧提供服务，并说："请用香巾。"斟茶，斟七八成即可，为宾客斟茶时，不得用手触摸杯口。

（4）斟酒服务：按斟酒服务规范操作，第一次斟倒时，用托盘斟酒，席间服务时可徒手斟酒；开餐前若已斟上红酒和白酒，则从主宾开始斟倒饮料，征求客人意见："请问您喜欢喝哪种饮料？"宴会若未提前定好酒水，客人入座后，应先问："请问今天用什么酒，我们这有……"客人选定后，按规范进行操作；在宴会过程中，应注意随时添酒，不使杯子空了。

（5）上菜服务：依菜单顺序上菜，按上菜、分菜的规范进行上菜、分菜；上菜时，每道菜都要报菜名，并做适当介绍，特色菜要重点介绍："各位来宾，这是本店特色菜，请品尝。"如客人表现出对此菜的较大兴趣，可适当介绍此菜的特点；放菜时要轻，有造型的菜注意看面朝向主宾；要掌握好上菜的时机，快慢要适当；菜上齐后，视情况可轻声告诉主人，也可说："您的菜已上齐了。"

巩固练习

一、单选题

1. 宴会期间，如遇到客人的特殊要求时，应（　　）。
   A. 直接满足　　　　　　　　　　　B. 不予理会
   C. 直接说"不行"　　　　　　　　　D. 说"对不起，请稍等"，然后向上级汇报

2. 在宴会上，宾客讲话、祝酒时，服务员应（　　）。
   A. 暂停一会儿服务工作　　　　　　B. 继续进行服务
   C. 不予理会　　　　　　　　　　　D. 离开宴会

3. 宴会预订服务要了解宾客的风俗习惯，了解宾客的特殊需要，了解宾客的进餐方式，了解宾客和主客的特殊爱好和（　　）。
   A. 了解宾客的家庭情况　　　　　　B. 了解宾客的工作情况
   C. 了解宾客的生活忌讳　　　　　　D. 了解宾客的教育背景

4. 中餐宴会酒水斟倒顺序是（　　）。

　　A. 葡萄酒→烈性酒→啤酒和软饮料

　　B. 烈性酒→葡萄酒→啤酒和软饮料

　　C. 啤酒和软饮料→烈性酒→葡萄酒

　　D. 葡萄酒→啤酒和软饮料→烈性酒

5. 中餐宴会客人就餐期间，至少撤换小毛巾的次数是（　　）。

　　A. 一次　　　　　B. 两次　　　　　C. 三次　　　　　D. 四次

二、多选题

1. 中餐宴会服务时应注意"三轻"，即（　　）。

　　A. 说话轻　　　　B. 走路轻　　　　C. 操作轻　　　　D. 眼神轻

2. 宴会中，当客人正在与人交谈，服务员又找客人有急事时，正确做法是（　　）。

　　A. 打断客人的谈话　　　　　　　　B. 礼貌地等候

　　C. 不打断客人的谈话　　　　　　　D. 寻找机会向客人传达

知识点 4　团体包餐服务

 知识点分析

1. 团体包餐的特点

· 用餐标准统一，消费水平一般低于宴会和零点餐。

· 菜式品种统一，但要注意每天不重复。

· 用餐时间统一，人数集中，准备工作要充分。

· 服务方式统一，经常会出现特殊情况。

2. 团体包餐的种类

· 按就餐形式分为圆桌聚餐式、份饭包餐式。

· 按团体的性质分为会议包餐、旅游包餐、其他团队包餐。

3. 团体包餐的服务应做到的"六掌握"

· 掌握包餐标准。

· 掌握就餐人数。

· 掌握就餐方位。

· 掌握包餐时间。

· 掌握包餐性质。

· 掌握包餐顾客的特殊需要。

巩固练习

一、单选题

1. 团体包餐的特点有用餐标准统一、菜式品种统一、用餐时间统一和（　　）。

　　A. 客人要求统一　　　　　　　　B. 客人口味统一

　　C. 服务方式统一　　　　　　　　D. 服务态度统一

2. 团体包餐按团体的性质分为会议包餐、其他团队包餐和（　　）。

　　A. 旅游包餐　　　　　　　　　　B. 份饭包餐

　　C. 圆桌包餐　　　　　　　　　　D. 自助包餐

3. 团体包餐中一些顾客需要特殊照顾，餐厅服务人员应（　　）。

　　A. 不予理睬　　　　　　　　　　B. 敷衍对待

　　C. 收取多的服务费　　　　　　　D. 灵活服务

4. 团体包餐的消费水平相比宴会和零点餐要（　　）。

　　A. 高　　　　　B. 低　　　　　C. 相当　　　　D. 持平

5. 团体包餐撤台顺序应是（　　）。

　　A. 先撤酒杯　　　B. 先撤餐巾　　　C. 先撤餐具　　　D. 先撤台布

二、多选题

1. 团体包餐的服务应做到（　　）。

　　A. 掌握就餐人数　　　　　　　　B. 掌握包餐顾客的特殊需要

　　C. 掌握包餐性质　　　　　　　　D. 掌握包餐标准

2. 团体包餐按就餐形式分为（　　）。

　　A. 圆桌聚餐式　　　　　　　　　B. 会议包餐式

　　C. 自助包餐式　　　　　　　　　D. 份饭包餐式

第三节　西餐服务流程及操作训练

考纲解读

1. 了解英式服务方式。

2. 熟悉美式服务方式。

3. 了解俄式服务方式。

4. 熟悉法式服务方式。

5. 掌握自助餐式服务。

6. 熟悉大陆式服务方式。

知识点 1　零点餐服务

 **知 识 点 分 析**

1. 美式服务方式

美式服务又称为"盘子服务"，是餐厅服务中最普遍、最有效的服务方式之一。

美式服务的端托技能：端盘，也称"徒手低托"，一般使用左手单手端盘。此方法主要用于西餐上菜和撤盘。

·一个盘子端法。

·两个盘子端法。

·三个盘子端法。

2. 法式服务方式

法式服务源于法国宫廷，由西查·里兹改良用于豪华饭店的服务方式，又称"里兹服务"、"餐车服务"。

法式服务方式注重于服务程序和礼节，注重服务表演，注重吸引客人的注意力，服务周到，每位顾客都能得到充分的照顾。但是，法式服务节奏缓慢，需要较多的人力，用餐费用高，餐厅空间利用率和餐位周转率都比较低。

传统的法式服务相当烦琐。

3. 俄式服务的方式

俄式服务源于俄国的沙皇时代，食物全部在厨房准备好，装在大银盘中，由服务员进行分派。服务周到、简单，又称"大银盘"服务。

俄式服务注重实效，讲究优美文雅的风度。

俄式服务由一名服务员完成整套服务程序。

4. 英式服务方式

英式服务也称家庭式服务，主要适用于私人宴席。英式服务的特点是家庭味很浓，气氛也很活跃，许多服务工作由客人自己动手，节省人力，但节奏较慢，很少在大众化的餐厅里使用。

5. 西餐零点综合服务方式

西餐零点综合式服务是一种融合了法式服务、俄式服务和美式服务的综合服务方式。餐厅可根据菜肴的特点选择相应的服务方式。

巩固练习

一、单选题

1. 目前，许多餐厅的美式服务上菜、撤盘都采用（ ）。

　　A. 右上右撤　　　　　B. 左上右撤　　　　C. 右上左撤　　　　D. 左上左撤

2. 注重服务表演，服务周到，但服务节奏缓慢，用餐费用高，餐厅空间利用率和餐位周转率较低的服务方式是（ ）。

　　A. 俄式服务　　　　　B. 美式服务　　　　C. 法式服务　　　　D. 英式服务

3. 家庭味很浓，许多服务工作由客人自己动手，节省人力，但节奏较慢，很少在大众化的餐厅里使用的服务方式是（ ）。

　　A. 英式服务　　　　　B. 法式服务　　　　C. 美式服务　　　　D. 俄式服务

4. 美式服务是餐厅服务中最普遍、最有效的服务方式之一，又称为（ ）。

　　A. 家庭式服务　　　　B. 盘子服务　　　　C. 快餐服务　　　　D. 餐车服务

5. 俄式服务是服务员用左手垫餐巾托着银盘，右手持服务叉勺给宾客派菜，服务方位是（ ）。

　　A. 从客位的右侧按顺时针方向绕台　　　　B. 从客位的左侧按顺时针方向绕台

　　C. 从客位的右侧按逆时针方向绕台　　　　D. 从客位的左侧按逆时针方向绕台

二、多选题

1. 西餐零点综合式服务融合了以下服务方式，主要有（ ）。

　　A. 英式服务　　　　　B. 法式服务　　　　C. 俄式服务　　　　D. 美式服务

2. 法式服务源于法国宫廷，又称（ ）。

　　A. 里兹服务　　　　　B. 餐车服务　　　　C. 盘子服务　　　　D. 银盘服务

知识点 2　西餐宴会服务

知识点分析

1. 西餐宴会的台形设计

·餐桌的主次以离主桌远近而定，右高左低，高近低远，每桌都要有主人作陪。

·一般使用方台或长方台，异形餐台由小餐台拼成，常见的有"一"字形、马蹄形、"V"字形、"E"字形、正方形等。

2. 西餐宴会的席位安排

·家庭、朋友式宴会考虑两点：男女宾客穿插落座；夫妇穿插落座。

·西式宴会的上位席与下位席。

·席位安排的方法：

法国式（也称"欧陆式"）长方桌排法；英美式长桌排法。

巩固练习

一、单选题

1. 服务甜品叉勺时，摆放要求是（　　）。

    A. 叉勺均放左边　　　　　　　　　　B. 叉勺均放右边

    C. 左勺右叉　　　　　　　　　　　　D. 左叉右勺

2. 西餐宴会餐桌的主次定位标准是（　　）。

    A. 以离备餐台远近而定　　　　　　　B. 以离主桌远近而定

    C. 以离厨房远近而定　　　　　　　　D. 以离窗户远近而定

3. 法国式长方桌排法，餐桌的摆设为横向，面向门的座位是（　　）。

    A. 女主人位　　　　　　　　　　　　B. 男主人位

    C. 第四女宾位　　　　　　　　　　　D. 第三男宾位

4. 西餐宴会，上主菜时如果配有色拉，应摆放在（　　）。

    A. 餐桌中心　　　　　　　　　　　　B. 客人正前面

    C. 客人右边　　　　　　　　　　　　D. 客人左边

5. 英美式长桌排法，餐桌的摆设为直向，男、女主人各坐餐桌的（　　）。

    A. 同一边位置　　　　　　　　　　　B. 两个顶端位

    C. 两边中间位　　　　　　　　　　　D. 两边对角位置

二、多选题

1. 西餐宴会中，家庭式宴会席位安排应考虑（　　）。

    A. 男女宾客穿插落座　　　　　　　　B. 同性宾客就座安排一起

    C. 夫妇穿插落座　　　　　　　　　　D. 夫妻就座安排一起

2. 西餐宴会开始前，服务员应做的工作有（　　）。

    A. 将账单放在主人位上　　　　　　　B. 面包摆放在面包盘里

    C. 黄油放在黄油碟中　　　　　　　　D. 为客人斟好冰水或矿泉水

知识点 3　自助餐服务

知识点分析

1. 自助餐的特点

·菜肴种类丰盛，选择余地大。

· 不受时间限制，随来随吃。

· 客人自我服务，服务人员只提供简单的服务，节省劳力，降低服务成本。

· 进餐速度较快，餐位周转率高。

· 用餐标准一般固定，价格便宜，经济实惠。

2. 自助餐的分类

· 按就餐形式可分为坐式和立式两种，通常为坐式。

· 按就餐地点可分为室内和室外两种。

3. 自助餐餐厅布置原则

· 个性鲜明，突出主题。

· 方便客人和服务，合理分区。

4. 自助餐餐台布置

· 根据场地和就餐人数设计餐台形状。

· 进行餐台装饰。

5. 菜肴陈列

自助餐上所备的食物在品种上应当多多益善。具体来讲，一般的自助餐上所供应的菜肴大致应当包括冷菜、汤、热菜、点心、甜品、水果以及酒水等几大类型。通常，常上的冷菜有沙拉、泥子、冻子、香肠、火腿、牛肉、猪舌、虾松、鱼籽、鸭蛋等，常上的汤类有红菜汤、牛尾汤、玉黍汤、酸辣汤、三鲜汤等，常上的热菜有炸鸡、炸鱼、烤肉、烧肉、烧鱼、土豆片等，常上的点心有面包、菜包、热狗、炒饭、蛋糕、曲奇饼、克力架、三明治、汉堡包、比萨饼等，常上的甜品有布丁、果排、冰淇淋等，常上的水果有香蕉、菠萝、西瓜、木瓜、柑橘、樱桃、葡萄、苹果等，常上的酒水则有牛奶、咖啡、红茶、可乐、果汁、矿泉水、鸡尾酒等。在准备食物时，务必要注意保证供应。同时，还须注意食物的卫生以及热菜、热饮的保温问题。

6. 自助餐服务注意事项

（1）所有服务人员面带微笑，迎接宾客用餐，收餐券时注意会议名称、餐别等。

（2）在餐中服务时，服务人员语言到位，各负其责，分工明确。

（3）巡台：清理桌面杂物，添加酒水，注意观察酒精是否烧完，及时更换（注意食品的保温），用餐宾客集中时疏导客人和添加菜品，当自助盘内菜点剩下 1/3 左右时及时添加（注意保持菜型），保证自助餐台上菜肴丰盛，同时要保持自助餐台面清洁，如有汤汁洒落在自助餐台面时，应及时清理干净，菜夹随时归位，自助餐盘及粥碗、筷子、餐巾纸等及时补充。

（4）客人就餐完毕，服务员及时将餐盘撤下，并将各种餐具分开放置（筷子、小勺、烟缸等），注意避免餐具破损。

（5）经会务组负责人同意方可闭餐，撤菜品。

（6）自助餐结束后，将自助餐台清理干净，打扫餐厅地面卫生。

（7）收尾工作结束后，关闭所有电源。

巩固练习

一、单选题

1. 自助餐负责照顾餐台，向客人介绍、推荐和分送菜肴的员工一般是（ ）。

    A. 迎宾员   B. 厨师   C. 收银员   D. 值台员

2. 自助餐服务对象主要针对酒店散客和（ ）。

    A. 酒店普通员工   B. 酒店高层员工

    C. 贵宾客人   D. 团队客人

3. 自助餐餐台的圆台形，通常摆在（ ）。

    A. 餐厅大门处   B. 厨房进出口处

    C. 餐厅角落   D. 餐厅中央

4. 自助餐菜肴陈列时，菜肴的配料（ ）。

    A. 由服务员分派   B. 与菜肴一起摆放

    C. 摆放在客人的进餐桌上   D. 单独摆放在另一个餐台上

5. 自助餐菜肴摆放时，一般靠前放的菜肴是（ ）。

    A. 成本低的菜   B. 成本中等的菜

    C. 成本高的菜   D. 成本昂贵的菜

二、多选题

1. 自助餐餐厅布置原则主要有（ ）。

    A. 个性鲜明，突出主题

    B. 厨房与开餐区融为一体

    C. 方便客人和服务，合理分区

    D. 老年人与儿童进餐，单独分区

2. 自助餐的特点有（ ）。

    A. 菜肴种类丰盛，选择余地大

    B. 不受时间限制，随来随吃

    C. 进餐速度较快，餐位周转率高

    D. 客人自我服务，服务人员只提供简单的服务，节省劳力，降低服务成本

第五章 导游基础知识

第一节 旅游知识简介

考纲解读

1. 了解旅游活动的产生，理解旅游的概念及本质特征，熟悉现代旅游活动的基本要素。
2. 理解旅游活动的分类和旅游者的概念。
3. 了解旅游资源及其功能、分类。
4. 掌握旅游业的构成与特点，认识旅游业对社会的影响。
5. 熟悉主要国际旅游组织。
6. 了解中国旅游业的发展简况，掌握中国旅游业的图形标志。

重点掌握

近代旅游发端的标志；世界最早的旅游企业；世界旅游日；中国旅游业图形标志。

知识点 1 旅游活动及分类

知识点分析

1. 旅游活动的产生

（1）旅游活动是人类社会经济发展到一定阶段的产物。

（2）人类有意识地外出旅行最初是由商品或商品交换引起的，且与人类历史上的三次社会大分工紧密相联。

（3）封建社会产生的旅行游览方式有：帝王巡游、文人漫游、贵族子弟求学和宗教朝圣。

（4）蒸汽机技术用于交通工具，使人们大规模的远距离流动成为可能。

（5）近代旅游和旅游业由产业革命催生而成。

（6）近代旅游开端的标志：1841 年，英国人托马斯·库克组织 500 多人包租火车参加禁酒大会。

（7）1845 年成立的托马斯·库克父子旅游公司是近代最早的旅游企业。

（8）第二次世界大战后，旅游进入了现代发展阶段。旅游成为"大众旅游"活动，从而标志着现代旅游的产生。

2. 旅游的概念及本质特征

（1）世界旅游组织（UNWTO）对旅游的定义：旅游是指人们出于休闲、商务或其他目的，到惯常环境以外的地方连续不超过一年的旅行和逗留活动。

（2）惯常环境通常包括：常住地及周围地区、常去的地方、第二住宅。游客不在访问地从事维持谋生性的活动。

（3）旅游在本质上是一种追求审美愉悦、体验生理和心理快感的活动。旅游在本质上属于人类文化活动。

（4）旅游活动的基本属性：消费属性、休闲属性、社会属性。

（5）旅游活动最显著的外部特征是：空间上的异地性、时间上的暂时性和在运行过程中呈现的综合性。

3. 现代旅游活动的基本要素

现代旅游活动的基本要素是旅游主体、旅游客体、旅游媒介。旅游主体是旅游者，旅游客体是旅游资源，旅游媒介是旅游服务业。

4. 旅游活动的分类

（1）按地理范围划分：国际旅游（分为入境旅游和出境旅游）和国内旅游。

（2）按出游目的划分：休闲娱乐度假、探亲访友、商务及专业访问、健康医疗、宗教和其他。

（3）按组织形式划分：团队旅游（分为全包价和半包价）、散客旅游。

（4）按费用来源划分：自费旅游、公费旅游。

（5）按旅行方式划分：航空旅游、铁路旅游、汽车旅游、游船旅游、徒步旅游。

巩固练习

一、单选题

1.（　　）年成立的托马斯·库克父子旅游公司是近代最早的旅游企业。

　　A. 1843　　　　　　B. 1844　　　　C. 1845　　　　　　D. 1846

2.（　）年，英国人托马斯·库克组织 500 多人包租火车参加禁酒大会。

    A. 1840　　　　　　　　B. 1841　　　　　　　　C. 1842　　　　　　　　D. 1843

3. 团队旅游、散客旅游是按照（　）标准分类。

    A. 地理范围　　　　　　B. 出游目的　　　　　　C. 组织形式　　　　　　D. 旅行方式

二、判断题

1. 旅游活动的基本属性：消费属性、休闲属性、社会属性。　　　　　　　　　　（　）

2. 近代旅游开端的标志：第二次世界大战后，旅游进入了现代发展阶段，旅游成为"大众旅游"活动。　　　　　　　　　　　　　　　　　　　　　　　　　　　　（　）

3. 旅游在本质上属于人类文化活动。　　　　　　　　　　　　　　　　　　　　（　）

4. 外出打工属于旅游活动。　　　　　　　　　　　　　　　　　　　　　　　　（　）

5. 旅游活动最显著的外部特征是：空间上的异地性、时间上的暂时性和在运行过程中呈现的综合性。　　　　　　　　　　　　　　　　　　　　　　　　　　　　　（　）

知识点 2　旅游活动的主体、客体与媒介

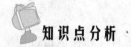

知识点分析

1. 旅游活动的主体

（1）旅游活动的主体是旅游者，简称游客。游客在旅游活动中处于中心地位。

（2）游客是指因为休闲、观光、度假、探亲访友、就医疗养、购物、参加会议或从事经济、文化、体育、宗教活动，离开常住国（或常住地）到其他国家（或地方），其连续停留的时间不超过 12 个月，并且在其他国家（或地方）的主要目的不是通过所从事的活动获取报酬的人。

（3）游客按照出游地分为国际游客（即入境游客）和国内游客。按出游时间分为旅游者（过夜游客）和一日游旅者（不过夜游客）。

（4）游客与旅行者的区别：

游客是统计旅游人次数时使用的基本概念和基本单位。旅游者是游客的一部分。旅行者是指在两地之间进行旅行的人。旅行者包括游客和非游客。

游客属于旅行者，但旅行者不一定是游客。区分游客和一般旅行者的一个重要标准是看其是否离开惯常环境。惯常环境：既包括常住地，也包括常住地以外经常去的地方。国家旅游局对"游客"的解释中"游客不包括因工作或学习在两地有规律往返的人"，就是这一标准的具体化和可操作性表述。常住地：是指一个人在近一年的大部分时间所居住的城镇或虽然在这个城镇（或乡村）之居住了较短的时期，但在 12 个月内仍将返回的这个城镇（或乡村）。

区分游客和其他旅行者的另一重要标准是其前往该地的主要目的是否为通过所从事的活动从该地获取报酬。这一点实际上是从统计的角度对旅游活动消费属性的确认。

区分一个游客是国际游客还是国内游客并不依据该游客的国籍，而是依据他的常住国或常住地。常住国（常住地）：是指一个人在近一年的大部分时间所居住的国家（或地区），虽然在这个国家（或地区）只居住了较短的时期，但在 12 个月内仍将返回的这个国家（或地区）。

2. 旅游活动的客体

（1）旅游活动的客体主要是指旅游吸引物，即游客进行旅游活动的对象。旅游客体主要表现为旅游目的地的旅游资源。

（2）旅游资源是指自然界和人类社会凡能对游客产生吸引力，可以为发展旅游业开发利用，并能产生经济效益、社会效益和环境效益的各种事物与因素。

（3）旅游资源的本质特征是对游客具有吸引力。旅游吸引力的大小表现为在一定时期内来访的游客的数量多少。

（4）旅游资源的功能指的是它对人类社会所具有的效用和价值。

（5）旅游资源的功能主要表现为观赏休闲、娱乐健身和增知益神三个方面，其中观赏休闲是旅游资源最基本的功能。

（6）按照旅游资源的形成条件，可将旅游资源分为：自然旅游资源和人文旅游资源。

（7）自然旅游资源分为三大类：地文景观类、水域风光类、生物景观类。

（8）人文旅游资源分为三大类：古迹与建筑类、休闲求知健身类、购物类。

3. 旅游活动的媒介

（1）旅游业通常被称作旅游活动的媒介，它是连接旅游主体和客体的纽带。

（2）旅游业是直接为旅游活动提供便利条件和服务的综合性产业，它由旅行社、饭店、交通运输等行业（即三大支柱产业）复合而成。

（3）旅游业具有综合性、服务性和劳动密集型的特点。旅游业涉及食、宿、行、游、购、娱各个方面。

（4）旅游业经济发展中的正面作用主要表现在：国际旅游能够增加接待地的外汇收入，平衡国际收支；国内旅游能够有效刺激国内消费，回笼货币；旅游业可以为接待地提供就业机会，促进基础设施的建设，提高当地居民的生活质量。此外旅游业的发展还会刺激其他相关行业的发展，并为落后地区经济的发展提供新的机遇。

（5）旅游业的发展给接待地带来负面影响：大量游客涌入，超出接待地承受能力，有可能对当地经济、社会、文化、环境造成巨大压力，从而引发各种问题。

巩固练习

一、单选题

1. （　　）在旅游活动中处于中心地位。
  A. 旅游者　　　　　B. 旅游资源　　　　　C. 旅游业　　　　　D. 导游

2. （　　）是旅游资源最基本的功能。
  A. 观赏休闲　　　　B. 娱乐健身　　　　　C. 增知益神　　　　D. 经济消费

3. 自然旅游资源和人文旅游资源是按照（　　）标准分类。
  A. 形成条件　　　　B. 资源价值　　　　　C. 资源功用　　　　D. 经济意义

4. 旅游活动的客体是（　　）。
  A. 旅游者　　　　　B. 旅游资源　　　　　C. 旅游业　　　　　D. 导游

5. 旅游资源的本质特征是（　　）。
  A. 对游客具有吸引力　　　　　　　B. 产生经济效益
  C. 增长知识　　　　　　　　　　　D. 开阔眼界

二、判断题

1. 旅游业是直接为旅游活动提供便利条件和服务的综合性产业，它由旅行社、饭店、景区等行业（即三大支柱产业）复合而成。　　　　　　　　　　　　　（　　）

2. 区分一个游客是不是国际游客，关键看他的国籍。　　　　　　　　　　（　　）

3. 游客不包括因工作和学习在两地有规律往返的人。　　　　　　　　　　（　　）

4. 旅游业具有综合性、服务性和劳动密集型的特点。旅游业涉及食、宿、行、游、购、娱各个方面。　　　　　　　　　　　　　　　　　　　　　　　　　　（　　）

知识点 3　旅游组织

知识点分析

1. 国际旅游组织

（1）世界旅游组织（简称 UNWTO）是全球最大的、唯一的政府间的国际旅游组织，也是联合国下属的一个执行机构，总部设在西班牙首都马德里，成立于 1975 年。中国于 1983 年 10 月 5 日成为其正式成员。

（2）1979 年 9 月，世界旅游组织正式确认每年 9 月 27 日为"世界旅游日"，并且每年提出一个宣传口号。

（3）确定 9 月 27 日为"世界旅游日"的原因是为纪念 1970 年 9 月 27 日墨西哥代表大会通过了世界旅游组织的章程，同时这一天恰好是北半球旅游旺季刚过，南半球旅游季节又刚到之际，是世界各国人民度假的好时节。

（4）亚洲及太平洋旅游协会（简称 PATA）是地区性非政府国际旅游组织，总部设在美国旧金山。我国于 1993 年加入该协会。

（5）世界旅行社协会联合会（简称 UFTAA）是最大的民间性国际旅游组织，总部设在比利时布鲁塞尔。

2. 我国旅游行政管理机构

（1）我国旅游行政管理机构主要由国家旅游局以及各省、直辖市、自治区和地方旅游行政组织构成。

（2）国家旅游局是国务院主管全国旅游业的直属机构，是我国最高的旅游行政组织。

3. 我国的旅游行业组织

（1）我国的旅游行业组织是非政府机构。

（2）目前全国性旅游行业组织有：中国旅游协会、中国旅游饭店协会、中国旅行社协会、中国旅游车船协会，均属于非政府机构。

 巩固练习

一、单选题

1. 世界旅游组织的总部设在（　　）。

 A. 美国旧金山　　　　　　　　　B. 西班牙马德里

 C. 加拿大蒙特利尔　　　　　　　D. 比利时布鲁塞尔

2. 中国（　　）年正式加入世界旅游组织。

 A. 1981　　　　B. 1982　　　　C. 1983　　　　D. 1984

3. 世界旅游日为（　　）。

 A. 6 月 18 日　　B. 7 月 23 日　　C. 8 月 8 日　　D. 9 月 27 日

4. （　　）是最大的民间性国际旅游组织。

 A. UNWTO　　　B. PATA　　　C. UFTAA　　　D. ICO

二、判断题

1. 我国的旅游行业组织是非政府机构。　　　　　　　　　　　　（　　）

2. 省级旅游局是国务院主管全国旅游业的直属机构，是我国最高的旅游行政组织。

                （　　）

3. 世界旅行社协会联合会（简称 UFTAA）是地区性非政府国际旅游组织，总部设在美国旧金山。我国于 1993 年加入该协会。　　　　　　　　　　（　　）

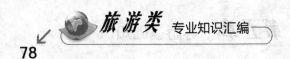
知识点4　中国的旅游业发展概况

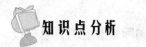

1. 中国旅游业发展简况

（1）1923年8月，上海商业储蓄银行设立的旅游部是我国第一个旅游企业。1927年6月，该部曾单独挂牌注册，更名为中国旅行社。

（2）1949年11月，厦门的华侨服务社是新中国第一家旅行社。

（3）1954年，中国国际旅行社（CITS）正式成立。

（4）1974年，中国旅行社（CTS）正式成立。

（5）1980年，中国青年旅行社（CYTS）正式成立。

（6）1998年，中央经济及工作会议上将旅游业定为"国民经济新的经济增长点"。

2. 中国旅游业的图形标志

（1）1985年，中国国家旅游局确定"马超龙雀"作为中国旅游业的图形标志。

（2）"马超龙雀"，曾被称为"马踏飞燕"，是1969年在甘肃武威出土的东汉时期的一件青铜制品。

（3）"马超龙雀"作为中国旅游业的图形标志，其含义如下：

①天马行空，无所羁绊，象征着前程似锦的中国旅游。

②马是古代旅游的重要工具，奋进的象征，旅游者可以在中国尽兴旅游。

③"马超龙雀"青铜制品，象征着中国数千年光辉灿烂的文化历史，表示中国古代的伟大形象，并以此吸引全世界的旅游者。

3. 中国主题旅游年及名称

中国国家旅游局每年推出一个旅游主题口号：

2010年，"中国世博旅游年"。

2011年，"2011中华文化游"（经国务院批准，自2011年起，《徐霞客游记》开篇日——5月19日被正式断定为"中国旅游日"）。

2012年，"中国欢乐健康游"。

2013年，"休闲惠民，美丽中国"。

2014年，"美丽中国之旅——2014智慧旅游年"。

巩固练习

一、单选题

1.新中国成立后成立的第一家旅行社在（　　）。

　　A.上海　　　　　　B.厦门　　　　　　C.广州　　　　　　D.北京

2. 中国国际旅行社成立于（　　）年。

　　A. 1954　　　　　　B. 1974　　　　　　C. 1980　　　　　　D. 1998

3. 2014 年中国旅游年的主题是（　　）。

　　A. 中华文化游　　　　　　　　　B. 欢乐健康游

　　C. 休闲惠民，美丽中国　　　　　D. 智慧旅游年

4. 中国旅游日是（　　）。

　　A. 4 月 13 日　　　B. 5 月 19 日　　　C. 9 月 27 日　　　D. 10 月 10 日

二、判断题

1. 1923 年 8 月，上海商业储蓄银行设立的旅游部是新中国第一家旅行社。　（　　）

2. 1985 年，中国国家旅游局确定"马超龙雀"作为中国旅游业的图形标志。　（　　）

单元训练

一、选择题

1. （　　）年托马斯·库克组织的禁酒大会被认为是近代旅游开端的标志。

　　A. 1841　　　　　　B. 1845　　　　　　C. 1847　　　　　　D. 1849

2. 旅游活动的基本属性有（　　）。

　　A. 消费属性　　　B. 社会属性　　　C. 休闲属性　　　D. 生活属性

3. 自然旅游资源分为（　　）。

　　A. 地文景观类　　　B. 古迹建筑类　　　C. 水域风光类　　　D. 生物景观类

4. 中国（　　）年加入亚洲及太平洋旅游协会。

　　A. 1991　　　　　　B. 1993　　　　　　C. 1995　　　　　　D. 1997

5. 国际旅游组织按照组织的地位划分，可分为（　　）。

　　A. 政府间组织　　　B. 全球性组织　　　C. 地区性组织　　　D. 非政府间组织

6. "马超龙雀"，曾被称为"马踏飞燕"，是 1969 年在甘肃武威出土的（　　）时期的一件青铜制品。

　　A. 东汉　　　　　　B. 西汉　　　　　　C. 秦末　　　　　　D. 夏朝

二、判断题

1. 国际旅游包括入境旅游、出境旅游、边境旅游。　　　　　　　　　　　　（　　）

2. 在现代旅游业中，处于核心地位的是旅行社。　　　　　　　　　　　　　（　　）

3. 旅游业在经济发展中无负面影响。　　　　　　　　　　　　　　　　　　（　　）

4. 人文旅游资源分为三大类：古迹与建筑类、休闲求知健身类、购物类。　　（　　）

三、综合题

1. "马超龙雀"作为中国旅游业的图形标志，其含义是什么？

2. 简述游客与旅行者的区别。

3. 为何将 9 月 27 日定为"世界旅游日",其原因是什么?

4. 旅游业经济发展中的正面作用主要表现在哪些方面?

第二节　中国历史与文化

考纲解读

1. 了解中国历史发展的重大事件和重要历史人物。

2. 掌握王朝更替的顺序、重大历史事件的年代以及文化科技成就。

3. 了解湖北名称的由来及行政区划变迁、湖北历史演进、湖北历史文化名人、楚文化概述、湖北地方文学、湖北曲艺文化。

重点掌握

湖北名称由来;湖北行政区划;湖北历史进程中的典型事件与文化科技成就;楚文化概述、湖北地方文学、湖北曲艺文化。

知识点 1　中国历史发展概况

知识点分析

1. 原始社会时期

(1)我国境内已知最早的猿人化石:"巫山猿人",距今 204 万 ~200 万年。

(2)直立猿人:云南元谋人(距今约 170 万年)、蓝田人(距今约 70 万 ~20 万年)、北京人(距今约 50 万年)。

(3)早期智人:广东马坝人、山西丁村人、湖北长阳人、陕西大荔人。

(4)晚期智人(旧石器时代):广西柳江人、四川资阳人、北京山顶洞人。

(5)母系氏族公社的代表:浙江余姚河姆渡文化、黄河流域仰韶文化。父系氏族公社的代表:山东章丘龙山文化、山东泰安大汶口文化、浙江良渚文化。具体如表 5-1 所示。

表 5-1　母系氏族和父系氏族的代表

母系	山顶洞人	磨制骨针、兽骨兽牙装饰品,人工取火
	浙江余姚河姆渡	定居,打井,饲养牲畜,种植水稻
	西安半坡(仰韶文化)	房屋、彩陶、刻画符号

续表

	大汶口文化中晚期	手工从农业中分离出来
父系	河南龙山文化	已经能制作精美玉器
	浙江良渚文化	晚期出现贫富差别

（6）河姆渡遗址中发现了大量的稻谷遗存，说明我国是世界上最早种植水稻的国家。当时人们学会建筑房子（流行干栏式建筑），会打井、饲养牲畜，大量使用磨制工具。

（7）西安半坡氏族是仰韶文化的典型代表。半坡人过着定居的生活，能制作精美的彩陶。

（8）"三皇"：燧人、伏羲、神农；"五帝"：黄帝、颛顼、喾、尧、舜。

（9）尧、舜、禹时期，部落联盟首领是民主推选，称为"禅让制"。

2. 夏、商、周时期

（1）夏是中国历史上第一个王朝，标志着阶级、国家的确立，并开始长达几千年的王位世袭制度。

（2）夏代经济以农业为主，青铜器和玉器已出现，并制定了历法，以定农时。

（3）商朝，又称殷朝。商代经济以农业、畜牧业为主。手工业中青铜器的冶炼技术已达到相当水平。

（4）司母戊大方鼎重875千克，是迄今发现的世界上最大的青铜器。

（5）商代已有成形的文字，殷墟中出土的甲骨文与青铜器铭文，开始了中国文字有史可考的信史。商代拥有世界上最早的关于日食的记录。

（6）《诗经》中关于公元前776年9月6日的日食记录，是我国历史上第一次有确切日期的日食记录。

（7）周推行"井田"，青铜工具出现，手工业分工更细，号称"百工"。

3. 春秋战国时期

（1）从公元前770年周平王东迁洛邑到公元前476年周敬王卒，因鲁史《春秋》记录了这段历史，而称"春秋"时期。

（2）春秋五霸：齐桓公、宋襄公、晋文公、秦穆公、楚庄王。

（3）战国七雄：齐、楚、燕、韩、赵、魏、秦。

（4）春秋时期古代科学文化大发展，出现了"百家争鸣"的景象，各学术流派、代表人物及代表著作如表5-2所示。

表5-2 春秋时期学术流派、代表人物及代表著作

学术流派	代表人物	代表著作
儒家	孔子、孟轲、荀况	《论语》、《孟子》、《荀子》
道家	李耳、庄周	《老子》、《庄子》
墨家	墨翟	《墨子》
法家	韩非	《韩非子》
兵家	孙武、孙膑	《孙子兵法》、《孙膑兵法》
阴阳家	邹衍	

学术流派	代表人物	代表著作
纵横家	苏秦、张仪	
农家	许行	
刑名家	惠施、公孙龙	

（5）天文历法方面，测定了冬至、夏至的时期，制定了二十四节气。

（6）《春秋》中留下了关于哈雷彗星的最早记录。

（7）《甘石星经》是世界上最早的天文学著作。

（8）名医扁鹊发明了"四诊法"：望、闻、问、切。

（9）鲁班被木匠尊称为"建筑祖师"。

（10）《诗经》是我国最早的一部诗歌总集。

（11）屈原创造了"楚辞体"，写下了《离骚》等不朽诗篇。

4. 秦汉时期

（1）秦王嬴政统一六国，以咸阳为都城。秦朝的建立标志着我国统一的多民族中央集权国家的建立。

（2）"皇帝"出现，源自三皇五帝的尊号，皇帝自称"朕"。

（3）秦始皇采取了一系列措施：废除分封制，推行郡县制；设立"三公九卿"的中央政府机构；统一文字为小篆；统一货币；统一度量衡；统一法律，加强了政治统治，修筑长城和灵渠，修通了由咸阳至燕、齐、吴、越的驰道和至北方边塞的直道。

（4）陈胜、吴广领导了中国历史上第一次农民大起义。

（5）刘邦定都长安，史称"西汉"。汉文帝、汉景帝时，社会安定，人民富足，史称"文景之治"。

（6）刘秀称帝，定都洛阳，史称"东汉"。刘秀通过调整政策，社会政治稳定，经济得到恢复和发展，史称"光武中兴"。

（7）东汉发明了水排，利用水力鼓风冶铁，比欧洲早1 000多年。

（8）张骞两次出使西域，打通了"丝绸之路"，开辟了中西交通的新纪元。

（9）西汉出现造纸，我国是世界上最早发明纸的国家；东汉蔡伦改进了造纸术。

（10）《周髀算经》提出勾股定理。

（11）张衡发明浑天仪、地动仪。

（12）《黄帝内经》是我国现存最早的一部医书。

（13）医圣"张仲景"的《伤寒杂病论》奠定了中医医疗学的基础。

（14）《神农本草经》是我国第一部完整的药物学著作。

（15）华佗发明了"麻沸散"，是世界医学史上的创举。

（16）《史记》是我国第一部纪传体史书，被誉为"史家之绝唱，无韵之离骚"。

（17）《汉书》是我国第一部断代体史书。

（18）乐府诗有《孔雀东南飞》、《十五从军行》等。赋的名家有贾谊（《吊屈原赋》、《鸟赋》）、司马相如（《子虚赋》、《上林赋》）、班固（《两都赋》）、张衡（《二京赋》、《归田赋》）。哲学上最有名的是王充的《论衡》。

（19）秦始皇陵兵马俑被称为世界第八大奇迹。

5. 三国、两晋、南北朝时期

（1）三国时期：魏国，建国时间公元 220 年，国都洛阳，建国者曹丕。

蜀国，建国时间公元 221 年，国都成都，建国者刘备。

吴国，建国时间公元 229 年，国都建业，建国者孙权。

（2）三国时期，经济都有所发展。魏国马钧发明了翻车，蜀锦非常有名，吴国造船业发达，卫温曾率船队到达台湾。

（3）司马炎废魏自立，建立晋朝，定都洛阳，史称"西晋"。

（4）晋皇族司马睿在江南重建政权，定都建康（今江苏南京），史称东晋。

三国、两晋、南北朝时期代表人物及成就如表 5-3 所示。

表 5-3　三国、两晋、南北朝时期代表人物及成就

学科	代表人物	成就
数学	祖冲之	第一次将圆周率精确到小数点后第七位
农业	贾思勰	《齐民要术》是我国现存最早、最完整的农书
地理	郦道元	《水经注》
医学	王叔和	《脉经》是我国现存第一部脉学专著
文学理论	刘勰	《文心雕龙》
书法	王羲之	《兰亭序》（天下第一行书）
绘画	顾恺之	《女史箴图》、《洛神赋图》
无神论	范缜	《神灭论》
佛教	法显	《佛国记》

6. 隋唐时期

（1）隋文帝建立隋朝，定都长安，其统治期间，社会安定，经济发展，史称"开皇之治"。

（2）隋代开凿的大运河全长四五千里，以洛阳为中心，成为南北交通的大动脉。

（3）隋朝李春设计的赵州桥是世界上最早的敞肩式石拱桥。

（4）唐太宗李世民在位期间，国力逐渐强盛起来，史称"贞观之治"。

（5）唐玄宗开元年间，唐朝达到全盛时期，也是中国封建社会的鼎盛阶段，史称"开元盛世"。玄宗后期，政治腐败，引发了"安史之乱"。

（6）绘画：吴道子被称为"画圣"，所画人物衣带漂浮异动，人称"吴带当风"。阎立本擅长政治人物画。

（7）书法：唐代书法大盛，欧阳询、虞世南、褚遂良、颜真卿、柳公权都是著名书法家。颜真卿、柳公权分别创造了"颜体"、"柳体"。

（8）文学：李白称为"诗仙"，杜甫称为"诗圣"，韩愈居"唐宋八大家"之首。

（9）868年印刷的《金刚经》卷子，是现存世界上最早的、有确切日期的雕版印刷品。

（10）唐代天文学家僧一行在世界上第一次测量出地球子午线长度，他主持编定的《大衍历》是当时最精密的历法。

（11）《唐本草》是世界上第一部由国家编定颁布的药典。"药王"孙思邈著药典《千金方》。

（12）陆羽被称为"茶圣"，他写的《茶经》是世界上第一部茶叶专著。

（13）玄奘历时18年，前往印度取经，著有《大唐西域记》。鉴真6次东渡日本。

7. 五代十国、宋辽西夏金、元时期

（1）唐之后，中国政治失去重心，分裂割据再次出现，历史进入"五代十国"时期。

（2）赵匡胤发动"陈桥兵变"，建立宋朝。宋太祖通过"杯酒释兵权"削弱节度使的权力、设置转运使、建禁军、文官治政等措施加强了皇权。

（3）宋辽签订"澶渊之盟"，此后辽宋维持了相对和平的局面。

（4）宋代，中国是当时世界上造船水平最先进的国家，船上已安装指南针。

（5）"交子"是最早的纸币，在四川地区出现。

（6）各领域成就如表5-4所示。

表5-4　各领域成就

领域	代表人物	成就
印刷	毕昇	活字印刷
科普笔记	沈括	《梦溪笔谈》
历法	郭守敬	《授时历》
建筑	李诫	《营造法式》
法医	宋慈	《洗冤录》

（7）宋代理学大盛，代表人物有周敦颐、程颐、程颢、张载等，朱熹是集大成者。

（8）《资治通鉴》是一部编年体通史。

（9）宋词达到极盛，著名词人有苏轼、欧阳修、柳永、李清照、黄庭坚等。

（10）《清明上河图》的创造者是张择端。

（11）宋徽宗创造了"瘦金体"书法。

（12）书法"宋四家"：苏轼、黄庭坚、米芾、蔡襄。

（13）元代的"行中书省"是现今省级区域的基础。

（14）元代，散曲和杂剧成为主流。关汉卿的代表作《窦娥冤》。

8. 明清时期

（1）明朝是中国历史上最后一个由汉族人建立的封建王朝。由明太祖朱元璋建立，定都南京。而后，明成祖朱棣迁都至北京。

（2）明代采用科举取士，实行八股文，以"四书五经"命题。

（3）燕王朱棣发起兵变，史称"靖难之役"。

（4）明朝的文化成就如表5-5所示。

表5-5 明朝的文化成就

	罗贯中	《三国演义》
小说	施耐庵	《水浒传》
	吴承恩	《西游记》
	曹雪芹	《红楼梦》
	吴敬梓	《儒林外史》
	蒲松龄	《聊斋志异》
戏曲	程长庚	京剧
	汤显祖	《牡丹亭》
	孔尚任	《桃花扇》
	洪昇	《长生殿》
绘画书法	沈周、文徵明、唐寅	吴派
	徐渭	泼墨花卉
	董其昌、陈洪绶	人物见长

（5）明成祖派郑和前后七次下西洋。

（6）《永乐大典》是我国最大的一部类书。

（7）李时珍的《本草纲目》是著名的药物学著作。

（8）《天工开物》被誉为"17世纪的工艺百科全书"。

（9）《徐霞客游记》第一次提到并研究了岩溶地貌。

（10）康熙至乾隆年间，社会经济呈现繁荣景象，史称"康乾盛世"。

（11）1839年，林则徐进行"虎门销烟"。1840年，英国对中国发动"第一次鸦片战争"。以《南京条约》为标志，中国进入半殖民地半封建社会。

（12）清代《古今图书集成》是现存规模最大的类书。《四库全书》分经、史、子、集四部，是我国最大的一部丛书。

（13）明末清初四大名镇：江西景德镇、湖北汉口镇、广东佛山镇、河南朱仙镇。

9. 半殖民地半封建社会时期

（1）1856英法等国发动第二次鸦片战争，签订《天津条约》。

1911年，辛亥革命爆发。

1912年，中华民国建立，清统治宣告结束。

1919年，反帝反封建"五四运动"爆发，标志着中国进入新民主主义革命时期。

（2）1921年7月，中国共产党成立。

1924年1月，中国共产党和中国国民党开始第一次合作。

1927年8月1日，南昌起义。

1949年10月1日，新中国成立。

 **巩固练习**

一、单选题

1. 我国境内已知最早的猿人化石是（　　）。

    A. 巫山猿人 　　　　B. 蓝田人 　　　　C. 北京人 　　　　D. 元谋人

2.（　　）是中国历史上第一个王朝，标志着阶级、国家的确立，并开始长达几千年的王位世袭制度。

    A. 西周 　　　　B. 商 　　　　C. 夏 　　　　D. 秦

3.（　　）是我国最早的一部诗歌总集。

    A.《文心雕龙》 　　B.《诗经》 　　C.《尔雅》 　　D.《春秋》

4.《史记》是我国第一部（　　）史书，被誉为"史家之绝唱，无韵之离骚"。

    A. 编年体 　　　　B. 断代体 　　　　C. 论述体 　　　　D. 纪传体

5. 魏国，建国时间公元 220 年，国都（　　），建国者曹丕。

    A. 洛阳 　　　　B. 成都 　　　　C. 燕京 　　　　D. 建业

6.《清明上河图》的创造者是（　　）。

    A. 苏轼 　　　　B. 张择端 　　　　C. 唐寅 　　　　D. 文征明

7.（　　）李春设计的赵州桥是世界上最早的敞肩式石拱桥。

    A. 隋朝 　　　　B. 唐朝 　　　　C. 宋朝 　　　　D. 元朝

二、判断题

1. 书法"宋四家"：苏轼、黄庭坚、米芾、唐伯虎。　　　　　　　　　　（　　）

2.《永乐大典》是我国最大的一部类书。　　　　　　　　　　　　　　（　　）

3.《资治通鉴》是一部纪传体通史。　　　　　　　　　　　　　　　　（　　）

4. 李白称为"诗仙"，杜甫称为"诗圣"，李白居"唐宋八大家"之首。（　　）

5.《四库全书》分经、史、子、集四部，是我国最大的一部丛书。　　（　　）

知识点 2 　湖北省历史发展概况

知识点分析

1. 湖北名称由来及行政区划变迁

（1）湖北省地处长江中游洞庭湖之北，故称"湖北"，别称"鄂"、"荆楚"。

（2）康熙六年，湖广左司改为"湖北省"，是湖北省历史上第一次定名，并沿用至今。

2. 湖北历史概况

（1）1970 年，湖北建始县高坪乡龙骨洞发现了 3 颗南方古猿下白齿化石。这表明湖北是全国首次发现这种化石，且化石地质年代早的省份。

（2）新石器时代的村落遗址，可以概括为3种类型的文化：大溪文化、屈家岭文化和湖北龙山文化。大溪文化所反映的社会形态是原始社会母系氏族社会繁荣时期。

（3）目前湖北境内发现了一些殷商文化遗址，最典型的是武汉市黄陂区发掘的盘龙城遗址。盘龙城约建于公元前15世纪，是我国迄今在长江流域发现最早的商代古城之一，也是目前我国发现的第二座最早的商城。

（4）楚宣王和楚威王时期，楚国空前强盛，史称"宣威盛世"。

（5）公元前600年，楚令尹孙叔敖修建了著名的期思陂，这是我国最早的水利工程。

（6）云梦睡虎地秦墓竹简是商鞅变法以来秦法唯一的文字依据，也是世界上至今最早的法律文本。

（7）公元222年，东吴孙权改鄂县为武昌，取"因武而昌"之意。

（8）南宋时南宋三大都会：江夏城（今武汉市武昌）、建康（今南京）和临安（今杭州）。

（9）朱元璋建立明朝后，首先在鄂西南地区推行土司制度，直到清雍正年间，清政府废除土司制度，设置"流官"，史称"改土归流"。

3. 湖北历史文化名人

湖北历史文化名人如表5-6所示。

表5-6 湖北历史文化名人

古代著名人物	炎帝神农氏	春秋五霸之一的楚庄王	楚国名相孙叔敖
	春秋时期军事家伍子胥	戏剧鼻祖优孟	浪漫主义诗人屈原
	战国晚期文学家宋玉	四大美女之一的王昭君	汉光武刘秀
	茶圣陆羽	唐代高僧弘忍（佛教禅宗五祖）	北宋活字排版印刷术的发明人毕昇
	著名书法家米芾	明代杰出政治家张居正	明代著名医学药学家李时珍
	明代"公安派"文学的代表人物"三袁"：袁宗道、袁宏道、袁中道		
近代著名历史人物	清末民初年初的历史地理学家杨守敬	辛亥革命武昌起义组织者邓玉麟、吴兆麟、孙武	北洋军阀政府总统黎元洪
现代著名人物	无产阶级革命家董必武、陈潭秋、恽代英、李先念、张浩、林育南、萧楚女		
	著名军事家林彪	中国人民解放军将领陈再道、陈锡连、韩先楚、王树声、秦基伟等	
	著名地质学家李四光	著名诗人、学者闻一多等	

巩固练习

一、单选题

1. （ ）我国最早的水利工程。

　　A. 期思陂　　　　　B. 都江堰　　　　　C. 灵渠　　　　　D. 隋唐大运河

2. 盘龙城遗址是目前我国发现的第（ ）座最早的商城。

　　A. 一　　　　　　　B. 二　　　　　　　C. 三　　　　　　　D. 四

3. 大溪文化、屈家岭文化和湖北龙山文化属于（　　）时代。

  A. 新石器   B. 旧石器

  C. 奴隶社会早期   D 奴隶社会晚期

二、判断题

1. 大溪文化所反映的社会形态是原始社会父系氏族社会繁荣时期。　　　　　　　（　　）

2. 云梦睡虎地秦墓竹简是商鞅变法以来秦法唯一的文字依据，也是世界上至今最早的法律文本。　　　　　　　　　　　　　　　　　　　　　　　　（　　）

3. 明代"公安派"文学的代表人物"三袁"是袁中道、袁忠道、袁宏道。　（　　）

知识点 3　湖北特色文化

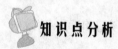

知识点分析

1. 楚文化概述

（1）楚文化内容概括为六大支柱：青铜冶炼、丝织刺绣、木竹漆器、美术、音乐、老庄哲学、屈原文学。

（2）按楚文化不同时期的特点可分为以下四个时期。

滥觞期（楚人建国丹阳至周平王三十一年）：特点是崇火崇凤好巫、开拓进取、不拘礼法，爱标新立异。

勃兴期（春秋时期）：特点是楚人尚赤，楚人尚东，楚人尚左，楚人念祖、爱国、忠君比周人更突出。楚国建城不建池。

鼎盛期（战国时期）。

转变期（秦汉之际）。

（3）楚文化特点。

民族精神层面：表现为积极进取、开放融合、革新鼎故、至死不屈。

民族心理层面：崇火尚凤、亲鬼好巫、天人合一；力主浪漫，与中原文化崇土尚龙、敬鬼远神、天人相分、力主现实形成鲜明对照。

物质层面：漆器、木器和青铜器，丝织、刺绣及工艺品等。

2. 湖北地方文学

（1）汉民族创世史诗——《黑暗传》，共四部分，第一部《先天》，第二部《后天》，第三部《泡天》，第四部《治世》。

（2）屈原代表作：《离骚》、《九章》、《九歌》、《天问》。

（3）宋玉代表作：《九辩》、《高唐赋》、《神女赋》、《风赋》。

（4）公安派代表人物袁宗道、袁宏道、袁中道并称为"公安三袁"，反对复古文风，强调"独抒性灵，不拘格套"。

（5）四个国家级非物质文化遗产：董永传说、伍家沟民间故事、下堡坪民间故事、清林寺谜语。

3. 湖北曲艺文化

（1）汉剧：国家级非物质文化遗产。本名"汉调"，又名"楚调"、"黄腔"，是在结合西皮、二黄的演唱艺术基础上发展起来的。

楚剧：国家级非物质文化遗产。原称"黄孝花鼓"，又称"西路花鼓"。

黄梅戏：国家级非物质文化遗产。

（2）国家级非物质文化遗产：汉川善书、荆州鼓盆歌。另有湖北大鼓和湖北评书（只说不唱）。

（3）南剧：又名施南调，新中国成立前是恩施唯一能在庙台上演出的大剧种。

（4）花鼓戏：湖北重要的地方戏曲之一。

（5）湖北渔鼓：渔鼓以唱为主。

巩固练习

一、单选题

1. 在颜色上，楚人喜欢（   ）。

    A. 黄色　　　　　　　B. 紫色　　　　　　　C. 红色　　　　　　　D. 白色

2. 湖北只说不唱的艺术形式是（   ）。

    A. 湖北大鼓　　　　　B. 湖北评书　　　　　C. 汉川善书　　　　　D. 南剧

3. 新中国成立前是恩施唯一能在庙台上演出的大剧种是（   ）。

    A. 南剧　　　　　　　B. 花鼓戏　　　　　　C. 湖北渔鼓　　　　　D. 黄梅戏

二、判断题

1. 汉剧是在结合西皮、二黄的演唱艺术基础上发展起来的。　　　　　　　　（   ）

2. 汉民族创世史诗——《黑暗传》，共四部分，第一部《先天》，第二部《泡天》，第三部《后天》，第四部《治世》。　　　　　　　　　　　　　　　　　　　（   ）

3. 楚文化民族精神层面表现为积极进取、开放融合、革新鼎故、至死不屈。（   ）

单元训练

一、选择题

1. 司母戊大方鼎重（   ）千克，是迄今发现的世界上最大的青铜器。

    A. 758　　　　　　　　B. 875　　　　　　　　C. 587　　　　　　　　D. 857

2. 湖北地方文学的国家级非物质文化遗产有（　　）。

    A. 董永传说   B. 伍家沟民间故事

    C. 下堡坪民间故事   D. 清林寺谜语

3. 屈原的代表作有（　　）。

    A.《离骚》   B.《九章》   C.《九歌》   D.《九辩》

4. （　　）被称为"画圣"，所画人物衣带漂浮异动，人称"吴带当风"。

    A. 阎立本   B. 米芾   C. 吴道子   D. 黄庭坚

5. （　　）的《脉经》是我国现存第一部脉学专著。

    A. 王树和   B. 王书合   C. 王叔和   D. 王竖和

6. （　　）被誉为"药王"。

    A. 孙思邈   B. 张仲景   C. 李时珍   D. 刘勰

7. （　　）表达了楚文化的民族精神。

    A. 积极进取   B. 开放融合   C. 革新鼎故   D. 至死不屈

9. 湖北曲艺的国家级非物质文化遗产有（　　）。

    A. 汉川善书   B. 荆州鼓盆歌   C. 湖北大鼓   D. 湖北评书

10. （　　）被誉为"17世纪的工艺百科全书"。

    A.《天工开物》   B.《文心雕龙》

    C.《水经注》   D.《齐民要术》

二、判断题

1.《天工开物》第一次提到并研究了岩溶地貌。 （　　）

2. 北宋出现了世界上最早的纸币"银票"。 （　　）

3. 公元前600年，楚国令尹孙叔敖修建了著名的灵渠，这是我国最早的水利工程。

                                                 （　　）

4. 清代《古今图书集成》是现存规模最大的类书。《四库全书》分经、史、子、集四部，是我国最大的一部丛书。 （　　）

5.《永乐大典》是我国最大的一部类书。 （　　）

6. 朱元璋建立明朝后，首先在鄂西南地区推行土司制度，直到明朝末年才废除土司制度，设置"流官"，史称"改土归流"。 （　　）

7. 楚文化在春秋时期的特点：楚人尚赤，楚人尚西，楚人尚左，楚人念祖、爱国、忠君。

                                                 （　　）

三、综合题

1. 解释"春秋五霸"与"战国七雄"。

2. 完成表格。

		《三国演义》
小说	施耐庵	《水浒传》
	吴承恩	
		《红楼梦》
		《聊斋志异》
	程长庚	京剧
戏曲		《牡丹亭》
	孔尚任	
	洪昇	《长生殿》
	徐渭	泼墨花卉

3. 完成表格。

学术流派	代表人物	代表著作
儒家	孔子、孟轲、荀况	
道家	李耳、庄周	
墨家		《墨子》
法家	韩非	
兵家	孙武、孙膑	

第三节　地理环境与自然旅游资源

考纲解读

1. 了解中国地理环境及湖北地理环境。

2. 熟悉花岗岩名山、岩溶景观、丹霞风光的景观特征和形成规律。

3. 熟悉江河景观、湖泊景观、山泉、瀑布、海洋的景观特征和形成规律。

4. 熟悉观赏植物的类型及其代表。

重点掌握

湖北四大山地的走向；不同类型景观的代表；湖泊的成因与代表。

知识点 1　地理环境

知识点分析

1. 中国地理环境概述

中国位于亚洲大陆东部，太平洋西岸，国土面积仅次于俄罗斯、加拿大，居世界第三。

中国大陆濒临的海洋从北到南，依次是渤海、黄海、东海和南海，其中南海面积最大。台湾是我国第一大岛，南沙群岛是我国最南的岛屿群。

中国与 14 个国家相邻，海岸线全长约 1.8 万千米。

2. 湖北地理环境概述

（1）湖北省国土面积为 18.59 万平方千米，居全国第 14 位。

（2）湖北全省地势大致为西高东低，东、西、北三面环山，呈现"七山一水二分田"的特征。

（3）全省山地有西北、西南、东北、东南四大部分：

①西北山地为秦岭东延部分和大巴山的东段。秦岭东延部分呈北西—南东走向，最高处为武当山天柱峰，海拔 1 621 米。大巴山东段的神农架最高峰为神农顶，海拔 3 105 米，素有"华中第一峰"之称。荆山呈北西—南东走向。

②西南山地呈北东—南西走向，最高处狮子垴海拔 2 152 米。

③东北山地呈北西—南东走向，大别山主峰天堂寨海拔 1 729 米。

④东南山地略呈西南—东北走向，主峰老鸦尖海拔 1 656 米。

（4）丘陵主要有鄂中丘陵与鄂东北丘陵两大区域。平原主要有江汉平原和鄂东沿江平原。

（5）湖北总体属于亚热带季风性气候，呈现复杂性、过渡性和季节性的特点。梅雨季节从每年 6 月中旬至 7 月中旬。

（6）湖北的水域总面积占我国内陆水域面积的 5%。汉江是长江中游最大的支流，流经省内 13 个县市。

（7）省内湖泊属于平原浅水类型，呈现水浅、低平、淤泥沉积、湖岸线不稳定的特征。

（8）全省 12 个地级市、1 个自治州、1 个林区、3 个直管市、103 个县（市、区），省会武汉市。

（9）湖北植物资源：森林植被呈现普遍性、多样化的特点；鄂西山地被誉为第三纪植物的"避难所"；有 51 种植物被列为国家重点保护植物，其中国家一级保护树种有水杉、珙桐、银杏等。

（10）湖北动物资源：有 112 种野生动物被列为国家重点保护，其中国家一类保护的有金丝猴、白鳍豚、华南虎、白鹳等 23 种。

（11）湖北水资源：境内可供开发的水力资源居全国第4位。

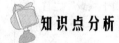 **巩固练习**

一、单选题

1. 中国位于亚洲大陆东部，太平洋西岸，国土面积居世界第（ ）。
  A. 一   B. 二   C. 三   D. 四

2. 湖北总体属于（ ），呈现复杂性、过渡性和季节性的特点。
  A. 亚热带季风性气候   B. 亚热带海洋性气候
  C. 温带季风性气候   D. 温带海洋性气候

3. 湖北水资源丰富，境内可供开发的水力资源居全国第（ ）位。
  A. 一   B. 二   C. 三   D. 四

二、判断题

1. 湖北全省地势大致为西高东低，东、西、北三面环山，呈现"七山二水一分田"的特征。   （ ）

2. 神农架最高峰为神农顶，海拔3 105米，素有"华中第一峰"之称。   （ ）

3. 湖北的水域总面积占我国内陆水域面积的5%。   （ ）

4. 全省13个地级市、1个自治州、1个林区、3个直管市、103个县（市、区），省会武汉市。   （ ）

知识点2　自然旅游景观资源

知识点分析

1. 地貌景观

（1）我国南方多丘陵、平坝、河湖等纤巧秀丽的地貌，北方多山脉、高原、平原与盆地等雄浑博大的地貌。

（2）地文景观中最著名的是山地景观。

（3）我国按山地的海拔高度分为极高山（5 000米）、高山（3 500米）、中山（1 000米）、低山（500米）。我国海拔超过8 000米的高峰有14座。

（4）花岗岩名山：花岗岩在自然界分布广泛，属酸性侵入的岩浆岩。特点是主峰明显，群峰簇拥，峭拔危立，雄伟险峻。花岗岩地貌分为山地、丘陵、石块三种景观。

花岗岩山地，如黄山、九华山、泰山、大别山等；

花岗岩丘陵，如普陀山、鼓浪屿、清源山等；

花岗岩石块，以海南、福建沿海景观特征最为典型。

（5）喀斯特地貌。喀斯特地貌又称岩溶地貌，在碳酸盐类岩石（包括石灰岩、白云岩等）地区，主要由于地表、地下水的溶融以及外力的崩坍、搬移作用形成的地貌称岩溶地貌。特点是山地高度不大，石峰林立或孤峰突起，造型丰富，地下溶洞遍布。

（6）我国岩溶地貌面积大、分布广、类型全，广西、贵州和云南东部是世界岩溶地貌分布最典型的集中区，也是世界上面积最大的岩溶风光区。

（7）丹霞地貌。丹霞地貌是指由巨厚的红色砂岩，在内外营力作用下形成的以赤壁丹崖为特色的特殊地貌。特点是丹山碧水，精巧玲珑。以广东韶关仁化丹霞山最为典型，还有齐云山、龙虎山、冠豸山。

（8）其他地貌景观。熔岩地貌包括流纹岩和玄武岩两种造型地貌，雁荡山被称为我国"造型地貌博物馆"；海螺沟、喀纳斯冰川湖、玉龙雪山都属于冰川地貌；雅丹地貌是干旱区的一种风蚀地貌，最有名的是乌尔禾的"魔鬼城"。

（9）我国的五岳名山是指东岳泰山、西岳华山、南岳衡山、北岳恒山、中岳嵩山，具体如表5-7所示。

表5-7 我国的五岳名山

东岳泰山	位于山东省泰安市；五岳独尊、五岳之长；名山之首；主峰玉皇顶海拔1 545米，岱庙的天贶殿、故宫的太和殿、孔庙大成殿为三大古建筑殿宇。泰山四大自然景观：云海玉盘、黄河金带、晚霞夕照、旭日东升
西岳华山	位于陕西西安阴市；古称太华山；海拔2 160米，国家级风景区；以"险"著名，"自古华山一条道"，华山五峰以东峰（朝阳）、西峰（莲花）、南峰（落雁）较高，有玉泉院、真武宫等
中岳嵩山	位于河南省登封市北，嵩山有"中国六最"之说；"汉三阙"；中岳庙为河南最大庙宇，嵩岳寺塔是我国最古老的砖砌佛塔
北岳恒山	位于陕西省浑源县，主峰天峰岭，海拔2 017米，有"绝塞名山"之称，有杨家将大战洪州的动人故事；徐霞客也曾到恒山一游；举世闻名的悬空寺为"恒山十八景"之首
南岳衡山	位于湖南衡阳市，绵亘于湖南中南部的一系列花岗岩断块山；五岳中唯一位于南方的山；"五岳独秀"著称；"七分山水三分云"

（10）黄山四绝：奇松、怪石、温泉、云海。

2. 水域风光

（1）水是自然环境形成和发展中最活跃的因素之一。地球水体的自然形态表现为点、线、面，即泉、江河和湖、海。

（2）长江是我国最大、最长的河流，长度仅次于尼罗河和亚马逊河；发源于唐古拉山主峰各拉丹东雪山西南侧，全长6 300千米，经青海、西藏、云南、四川、重庆、湖北、湖南、江西、安徽、江苏、上海，最后注入东海。

长江三峡西起重庆奉节白帝城，东至湖北宜昌南津关，全长193千米。瞿塘峡居西，以雄伟壮丽著称；巫峡居中，以幽深秀丽著称；西陵峡居东，以险著称。

（3）黄河是中国第二长河，发源于青海省青藏高原的巴颜喀拉山脉北麓，全长约5 464千米，自西向东分别流经青海、四川、甘肃、宁夏、内蒙古、陕西、山西、河南及山东9个省、市、自治区，最后流入渤海。

（4）湖泊。按照湖泊的成因可分为如表5-8所示类型。

表5-8　湖泊的类型

类型	特点	代表
构造湖	地质活动形成的，湖岸平直，岸坡陡峻，湖形狭长，深度较大	云南滇池、洱海、洞庭湖、鄱阳湖、巢湖
火山口湖	火山喷发后遗留的火山口积水成湖，湖泊外形近圆形或马蹄形，深度较大	广东湛江湖光岩、吉林长白山天池、云南腾冲大龙潭火山口湖
堰塞湖	由山崩、滑坡、泥石流、火山熔岩流等阻塞河流形成，东北地区多	黑龙江镜泊湖是我国最大的火山堰塞湖
冰川湖	冰川冲击作用形成凹地，积水成湖；位于高山高原或高纬度地区	新疆阿尔泰山喀纳斯湖、陕西太白山大爷海
喀斯特湖	石灰岩地区溶蚀洼地积水而成；无一定排列方向，面积不大，水不深，圆形或椭圆形	肇庆星湖、贵州咸宁草海、云南中甸拉帕海
河迹湖	河流改道而在废弃的河道中积水成湖，位于大河中游平原地区，湖形似弯月，视野开阔，水产丰富	惠州西湖、湖北洪湖、内蒙古乌梁素海
海迹湖	也称泻湖，沿岸沙嘴沙洲不断向外扩展，最后封闭成湖	杭州西湖、太湖
风蚀湖	因强风侵蚀而成洼地积水；面积大小不一，湖水较浅，在沙漠地区	内蒙古西部噶顺诺尔和苏古诺尔湖

（5）我国五大淡水湖排序：鄱阳湖、洞庭湖、太湖、洪泽湖、巢湖。青海湖是我国最大咸水湖。

（6）我国古代四大水利工程：京杭大运河、都江堰（四川）、灵渠（广西）、坎儿井（新疆）。

（7）西湖十景：曲院风荷、平湖秋月、断桥残雪、柳浪闻莺、雷峰夕照、南屏晚钟、花港观鱼、苏堤春晓、双峰插云、三潭印月。

（8）泉水可分为冷水泉（低于20℃）、温泉（20℃~37℃）、热泉或高温泉（高于38℃）。

（9）济南四大名泉：趵突泉、黑虎泉、珍珠泉、金线泉。

（10）中国三大瀑布：黄果树瀑布、壶口瀑布、吊水楼瀑布。黄果树瀑布的三大奇景是瀑布、水帘洞、犀牛潭。

（11）庐山的飞瀑最有名；雁荡山的大龙湫以瀑高流长、变化复杂而有名；九寨沟诺日朗瀑布被誉为"森林瀑布"。

3. 生物景观

（1）人们通常把植物分为木本与草本，其中木本又分为乔木与灌木。

（2）我国特有的水杉、银杏、鹅掌楸被誉为"世界三大活化石"。

（3）岁寒三友：松、竹、梅。

花中四君子：梅、兰、竹、菊。

花中二绝：牡丹、芍药。

花木五果：桃、杏、李、梨、石榴。

（4）我国特有的珍稀动物有：大熊猫、金丝猴、白唇鹿、褐马鸡、黑颈鹤、扬子鳄、白鳍豚。

（5）目前，我国自然保护区分为四大类型：综合型自然保护区（长白山、梵净山、鼎湖山）、珍稀植物保护区（清澜港、丰林）、珍稀动物保护区（扎龙、卧龙）、自然遗址保护区（腾冲火山、白山太阳岔）。我国第一个自然保护区：1956年，广东肇庆鼎湖山自然保护区。

（6）我国最早加入人与生物圈的自然保护区：长白山、鼎湖山、卧龙。

（7）"天象六景"是指：雨凇、云海、日出、夕阳、佛光、蜃景。

（8）佛光与蜃景均为大气中的衍射和折射现象所构成的。佛光以峨眉山"金顶佛光"最为著名。

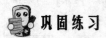 巩固练习

一、单选题

1. 我国的五岳名山中西岳是（　　）。

　　A. 衡山　　　　　　B. 华山　　　　　　C. 恒山　　　　　　D. 嵩山

2. 长江是我国最大、最长的河流，长度仅次于尼罗河和亚马逊河；发源于唐古拉山主峰各拉丹东雪山西南侧，全长（　　）千米。

　　A. 6 200　　　　　　B. 6 300　　　　　　C. 6 400　　　　　　D. 6 500

3. 佛光以（　　）"金顶佛光"最为著名。

　　A. 峨眉山　　　　　B. 黄山　　　　　　C. 衡山　　　　　　D. 华山

4. 主峰明显，群峰簇拥，峭拔危立，雄伟险峻是哪类名山的特点？（　　）

　　A. 花岗岩名山　　　B. 丹霞名山　　　C. 岩溶地貌　　　D. 雅丹地貌

二、判断题

1. 九寨沟诺日朗瀑布被誉为"森林瀑布"。　　　　　　　　　　　　　　（　　）

2. 我国特有的水杉、银杏、鸽子树被誉为"世界三大活化石"。　　　　　（　　）

3. 齐云山是岩溶地貌。　　　　　　　　　　　　　　　　　　　　　　（　　）

4. 我国最早加入人与生物圈的自然保护区：长白山、鼎湖山、卧龙。　　（　　）

 **单元训练**

一、选择题

1. 我国古代四大水利工程是（ ）。

    A. 京杭大运河　　　　B. 都江堰　　　　　　C. 灵渠　　　　　　　D. 坎儿井

    E. 期思陂

2. 中国三大瀑布是指（ ）。

    A. 黄果树瀑布　　　　B. 壶口瀑布　　　　　C. 吊水楼瀑布　　　　D. 诺日朗瀑布

3. 我国海拔超过 8 000 米的高峰有（ ）座。

    A. 12　　　　　　　　B. 13　　　　　　　　C. 14　　　　　　　　D. 15

4. 有"华中屋脊"之称的是（ ）。

    A. 神农顶　　　　　　B. 天柱峰　　　　　　C. 天堂寨　　　　　　D. 老鸦尖

5. 湖北省国家一级保护树种有（ ）。

    A. 鹅掌楸　　　　　　B. 水杉　　　　　　　C. 珙桐　　　　　　　D. 银杏

二、判断题

1. 湖北省丘陵主要有鄂中丘陵与鄂东北丘陵两大区域，平原主要有江汉平原和鄂东沿江平原。（ ）

2. 黄山四绝为：奇松、怪石、云海、飞瀑。（ ）

3. 衡山四绝是指：祝融峰之高、水帘洞之奇、方广寺之深、藏经殿之秀。（ ）

4. 丹霞山被称为我国"造型地貌博物馆"。（ ）

5. 黄河是我国最大、最长的河流，长度仅次于尼罗河和亚马逊河。（ ）

三、综合题

1. 阐述岁寒三友、花中四君子、花中二绝、花木五果。

2. 西湖十景是哪十景？

3. 简述丹霞地貌的成因。

第四节　中国的四大宗教

 **考纲解读**

1. 理解中国的宗教概述及宗教政策。

2. 熟悉佛教的创立、发展过程；了解佛教在世界的传播路线和中国佛教主要派系；掌握佛教创始人、教义、经典、供奉对象。

3. 熟悉汉语系佛教寺院的主要布局、佛教常用礼仪；了解佛教名山。

4. 熟悉道教的创立、发展过程、教义、主要殿堂；掌握道教经典名称、标志、斋醮、供奉的主要对象；了解道教创始人、时间、标记、著名道观、名山。

5. 熟悉伊斯兰教的创始人，伊斯兰、穆斯林的含义；掌握伊斯兰教经典、标记、信奉对象、主要节日；了解伊斯兰教传入中国的时间、路线、伊斯兰教建筑主要特点、中国各地著名的清真寺。

6. 熟悉基督教创始人及基督教发展史上的两次大分裂；掌握基督教传入中国的简况；了解基督教的经典、标记、主要节日以及中国基督教的著名教堂。

重点掌握

少数民族宗教信仰；四大宗教的创始、发展、教派、教义、供奉对象、建筑、主要节日、经典、标记。

知识点 1　中国的宗教及宗教政策

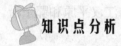

知识点分析

1. 中国的宗教

（1）中国是一个多民族多宗教的国家。

（2）佛教、基督教、伊斯兰教是外来宗教，一经传入，便与中国文化传统相结合，成为独具中国特色的宗教。

（3）道教是本土宗教，与佛教、基督教、伊斯兰教合称为中国四大宗教。

（4）信仰伊斯兰教的少数民族大致有回族、维吾尔族、哈萨克族、柯尔克孜族、塔吉克族、东乡族、撒拉族、保安族等。

（5）信仰藏传佛教的少数民族大致有藏族、蒙古族、裕固族等。

（6）信仰大乘佛教的少数民族大致有白族、壮族、布依族、侗族、畲族、纳西族、彝族、羌族、满族、朝鲜族等。

（7）信仰上座部佛教的少数民族有傣族、德昂族、阿昌族、布朗族、佤族等。

（8）信仰东正教的少数民族有俄罗斯族、鄂温克族等。

2. 中国的宗教政策

（1）公民有信仰宗教和不信仰宗教的自由，有信仰有神论和无神论的自由。

（2）宗教活动必须在宪法、法律和政策规定的范围内进行。国家保护一切在宪法、法律和政策范围内的正常宗教活动。

（3）各宗教一律平等，没有占统治地位的宗教。

（4）宗教和国家政权相分离，和教育、行政、司法相分离。

（5）宗教团体和宗教事务不受外国势力干涉。

 **巩固练习**

一、单选题

1. （　　）是本土宗教。

　　A. 佛教　　　　　　B. 道教　　　　　　C. 基督教　　　　　　D. 伊斯兰教

2. 纳西族信仰的是（　　）。

　　A. 东正教　　　　　B. 大乘佛教　　　　C. 上座部佛教　　　D. 藏传佛教

二、判断题

1. 藏族、蒙古族、土家族信仰藏传佛教。　　　　　　　　　　　　　　（　　）

2. 我国历史上曾屡次将佛教定为国教。　　　　　　　　　　　　　　　（　　）

知识点2　佛教

知识点分析

1. 佛教的产生与传播

（1）佛教的创立。

创始人：乔达摩·悉达多。

创立时间：公元前6世纪。

创立地点：古印度。

佛祖四大圣迹：出生地蓝毗尼花园、成道地菩提伽耶、初转法轮地鹿野苑、涅槃地拘尸那迦。

（2）佛教的传播。

佛教的传播，大致分位三条路线：

南传路线：为上座部佛教，又称巴利语佛教。

北传路线：又称汉语系佛教。

藏传佛教：由古印度传入中国的西藏地区，与西藏原始苯教融合，俗称喇嘛教，又称藏语系佛教。

（3）佛教在中国的传播与发展。

①汉地佛教。

西汉哀帝元寿元年，佛教初传中国，史称"伊存授经"。公元67年，东汉在洛阳修建了中国历史上第一座寺庙——白马寺。

南北朝时期，佛教发展到一个高潮，梁武帝四次舍身入寺，北魏开凿了云冈石窟和龙门石窟。法显等人前往印度取经。

隋唐时期是佛教的鼎盛时期，形成了多个宗派，重要的有天台宗、三论宗、法相宗、律宗、净土宗、禅宗、华严宗、密宗。

北宋时期，理学兴盛，佛教开始吸取儒家思想，进一步中国化。

禅宗是纯粹中国化的佛教，主张用禅定概括佛教的全部修习，以觉悟众生心性的本源为主旨。实际创始人为五祖弘忍。

②藏传佛教。

咒术性、对喇嘛的异常尊敬、活佛转世思想和宗教与政治结合是藏传佛教的四个特征。

藏传佛教有四大派系：宁玛派（红教）、萨迦派（花教）、噶举派（白教）、格鲁派（黄教），加上原始苯教（黑教），合成西藏五大教派。

③云南上座部佛教。

上座部佛教注重原始佛教的精神与教义，崇拜佛牙、佛塔和菩提树等。主要有"戒、定、慧"三学和八正道，特别注重禅定，保持早期某些戒律。

2. 教义

（1）"四谛"是佛教各派共同承认的基本教义。"谛"意为真理或现实。四谛是苦、集、灭、道。

（2）戒是指戒律，防止行为、语言、思想三方面的过失，有五戒、八戒、十戒等，后发展为三藏中的律藏。

（3）定是指禅定，即摒除杂念，专心致志，观悟四谛。

（4）慧是指摒除一切欲望和烦恼，专思四谛、十二因缘，获得解脱。

3. 佛教的经典与标记

（1）佛教经典，包括经藏（释迦牟尼说法的言论汇集）、律藏（佛教戒律和规章制度的汇集）、论藏（阐述其思想、理论的汇集），合称"三藏经"或"大藏经"。

（2）藏传佛教大藏经由《甘珠尔》（佛语部）、《丹珠尔》（论部）两部分组成。

（3）佛教的旗帜为卐，表示吉祥如意。佛教的标志往往以法轮表示，意为催破众生烦恼。

4. 佛教供奉的对象

（1）三身佛：释迦牟尼佛（应身，佛为超度众生来到众生之中呈现的化身）；毗卢遮那佛（法身，佛教真理凝聚所成的佛身）；卢舍那佛（报身，经过修习享有佛国之身）。

（2）三方佛（横三世佛）：东方净琉璃世界药师佛；婆娑世界释迦牟尼佛；西方极乐世界阿弥陀佛。

（3）三世佛（竖三世佛）：过去佛燃灯佛；现在佛释迦牟尼佛；未来佛弥勒佛。

（4）东方三圣（药师三尊）：居中者药师如来；左胁侍是日光菩萨；右胁侍是月光菩萨。

（5）西方三圣：阿弥陀佛居中；左胁侍是观世音菩萨；右胁侍大势至菩萨。

（6）文殊菩萨：手持宝剑（或宝卷），象征智慧锐利，身骑狮子，其道场在山西五台山。

普贤菩萨（大行菩萨）：身骑六牙大象，其道场在四川峨眉山。

观世音菩萨（大悲菩萨）：左手持净瓶，右手持柳枝，其道场在浙江普陀山。

地藏菩萨（大愿菩萨）：其道场在安徽九华山。

大势至菩萨：其道场在江苏南通狼山。

（7）罗汉全称为阿罗汉，即自觉者。

（8）四大天王。

东方持国天王，持琵琶；

南方增长天王，持宝剑；

西方广目天王，手缠绕一龙；

北方多闻天王，持宝伞。

（9）韦驮为护法天神。安置于天王殿弥勒佛之后，面对释迦牟尼佛。

5. 佛教寺院的主要殿堂

（1）山门（三门）：因有空门（中间）、无相门（东）、无作门（西），象征三解脱，又称三门。

（2）钟楼：位于天王殿左前侧，悬有洪钟。有的寺院供地藏菩萨，左为道明，右为闵公。

（3）鼓楼：位于天王殿右前侧，置有大鼓。有寺院供有伽蓝神关羽，左为关平，右为周仓。

（4）天王殿：中间供奉主弥勒佛，两侧供奉四大天王，背后供奉韦驮。

（5）大雄宝殿：为佛寺主殿，有供一佛、三佛、七佛等情况。佛像背面有海岛观音像。殿东西两侧，常供奉十六罗汉或十八罗汉。

（6）东西配殿：供奉对象常有不同，有"西方三圣"或伽蓝关羽神。

（7）法堂：佛教教徒讲经之地，一般在大殿后面。

（8）罗汉堂：上有宝光（成都）；下有西园（苏州）；北有碧云（北京）；中有归元（武汉）。

（9）方丈室：佛寺主持居住、说法、接客之处。

（10）藏经阁：收藏佛教经典之处。

6. 常用称谓

（1）对信徒的称谓。

四众弟子：比丘、比丘尼、优婆塞、优婆夷。

出家四众：比丘、比丘尼、沙弥、沙弥尼。

出家五众：比丘、比丘尼、沙弥、沙弥尼、式叉摩那。

七众：优婆塞、优婆夷、比丘、比丘尼、沙弥、沙弥尼、式叉摩那。

（2）对较高水平僧人的称谓。

法师：通晓佛法并善于讲解及致力于修行传法的僧人；

经师：精通经藏或善于诵读经文的僧人；

论师：精通论藏或论释佛教经的僧人；

律师：通晓律藏的僧人；

三藏法师：精通经、律、论三藏的法师。

7. 常用的礼仪

（1）合掌：普通礼节。

（2）绕佛：顺时针方向走，一圈、三圈、百圈或千圈。

（3）五体投地：两膝两肘和头着地，为佛教最高礼节。

8. 常见的佛事

水陆法会：超度水陆一切鬼魂，普济六道众生，少则 7 天，多则 49 天。

焰口施食：或称放焰口，或称施食会，通常在黄昏进行。

盂兰盆会：又称"盂兰盆节"、"中元节"、"鬼节"。

9. 佛教之旅

（1）佛教名山。

山西五台山、四川峨眉山、浙江普陀山、安徽九华山合称佛教四大名山。

文殊菩萨道场——五台山。五台山是我国唯一兼有汉地佛教和藏传佛教道场的道教圣地。

普贤菩萨道场——四川峨眉山。峨眉山三大奇观：云海、日出、佛光。

观音菩萨道场——浙江普陀山。普济寺、法雨寺、慧济寺并称普陀三大寺。

地藏菩萨道场——安徽九华山。

（2）佛教寺院。

①汉地佛教寺院四大丛林：江苏南京栖霞寺、山东长清灵岩寺、浙江天台国清寺、湖北当阳玉泉寺。白马寺被称为"祖庭"、"释源"。

②藏传佛教寺院：

甘丹寺——拉萨三大寺之一，为格鲁派创始人宗喀巴兴建，是格鲁派第一座寺院和祖庭。

哲蚌寺——拉萨三大寺之一，现为藏传佛教规模最大的寺院，也是中国最大的寺院。

色拉寺——拉萨三大寺之一。

札什伦布寺、拉卜楞寺、塔尔寺（酥油花、堆绣、绘画为"塔尔寺三绝"）。

③云南上座部佛教著名寺院：曼飞龙佛塔、广允缅寺、景真八角亭。

④汉地佛教八宗祖庭。

三论宗祖庭：栖霞寺（江苏南京摄山）。

天台宗祖庭：国清寺（浙江天台山）、玉泉寺（湖北当阳）。

华严宗祖庭：华严寺（陕西西安）、草堂寺（陕西西安）。

法相宗祖庭：慈恩寺（陕西西安）、兴教寺。

律宗祖庭：道宣律师塔（先）、大明寺（江苏扬州）、隆昌寺。

密宗祖庭：大兴善寺（西安）、青龙寺。

净土宗祖庭：东林寺（江西庐山）、玄中寺、香积寺。

禅宗祖庭：少林寺（河南登封嵩山）、五祖寺（湖北梅县）、南华禅寺（广东韶关市）。

中国四大石窟：洛阳龙门石窟、天水麦积山石窟、大同云冈石窟、敦煌莫高窟。新疆克孜尔千佛洞被誉为"戈壁明珠"。

巩固练习

一、选择题

1. 被佛教各派尊为"祖庭"、"释源"的寺庙是（　　）。

　　A. 少林寺　　　　　B. 五祖寺　　　　C. 白马寺　　　　D. 法门寺

2. 佛教经典是（　　）。

　　A.《金刚经》　　　B.《大藏经》　　　C.《华严经》　　　D.《甘珠尔》

3. 藏传佛教的特征是（　　）。

　　A. 咒术性　　　　　　　　　　　B. 对喇嘛的异常尊敬

　　C. 活佛转世思想　　　　　　　　D. 宗教与政治结合

4. 藏传佛教中的红教是（　　）。

　　A. 宁玛派　　　　　　　　　　　B. 噶举派

　　C. 萨迦派　　　　　　　　　　　D. 格鲁派

5. 文殊菩萨道场在（　　）。

　　A. 山西五台山　　　　　　　　　B. 四川峨眉山

　　C. 浙江普陀山　　　　　　　　　D. 安徽九华山

二、判断题

1. 三论宗的祖庭是栖霞寺。　　　　　　　　　　　　　　　　　　（　　）

2. 克孜尔千佛洞被誉为"戈壁明珠"。　　　　　　　　　　　　　（　　）

3. 佛教寺院大门因有空门（中间）、无相门（西）、无作门（东），象征三解脱，又称三门。　　　　　　　　　　　　　　　　　　　　　　　　　　　　（　　）

4. 大乘佛教和小乘佛教的经典中，经藏是佛教戒律和规章制度的汇集。　（　　）

5. 三世佛为东方净琉璃世界药师佛、婆娑世界释迦牟尼佛、西方极乐世界阿弥陀佛。

　　　　　　　　　　　　　　　　　　　　　　　　　　　　　　　（　　）

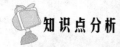
知识点 3 道教

知识点分析

1. 道教的创立与发展

（1）东汉，张陵奉老子为教主，以《道德经》为主要经典，创立"五斗米道"，后世尊张陵为"天师"，五斗米道又称"天师道"。

（2）张角创"太平道"。

（3）金、元以来，全国道教正式分为正一、全真两大教派。

2. 道教的教义

（1）"道"是"万物之母"。道教的基本教义，宣扬道是"万物之母"，是宇宙万物之中最核心的东西。

（2）修养成仙的方术，分为内养和外养。

3. 道教的经典与标记

（1）道教的经典是《道藏》，是对道教经籍的总称。

（2）道教的标记是八卦太极图。

4. 道教供奉的对象

（1）尊神。

①三清。道教最高层次神团：玉清元始天尊居清微天之玉清境，上清灵宝天尊居禹余天之上清境，太清道德天尊居大赤天之太清境。

②四御。玉皇大帝，为总执天道之神；中央紫微北极大帝，协助玉皇大帝执掌天地经纬、日月星辰和四时气候；勾陈上宫天皇大帝，协助玉皇大帝执掌南北极和天地人三才，统御众星，并主持人间兵革之事；承天效法后土皇地祇（女神），执掌地道，掌阴阳生育、万物之美与大地山河之秀（故有人称之为"大地母亲"）。

③四方之神。四方之神，即东方青龙、南方朱雀、西方白虎、北方玄武四神。

（2）神仙。

三官（三元大帝）：指天官、地官、水官。道教称天官为赐福、地官为赦罪、水官为解厄。

八仙：铁拐李、汉钟离、张果老、何仙姑、蓝采和、吕洞宾、韩湘子、曹国舅。

真武大帝：又称玄武。

文昌帝君：又称"文曲星"，主宰功名、禄位。

关帝圣君：道教对关羽的称号。佛教称之为"伽蓝神"。

5. 道观的主要殿堂

山门殿、灵官殿、三清殿、玉皇殿、三官殿。

6. 斋醮

道教的祭祀仪式，以祭告神灵，祈求消灾赐福。

7. 道教之旅

（1）岱庙、北京故宫、曲阜三孔、承德避暑山庄并称为我国四大古建筑群。

（2）中岳嵩山和南岳衡山都是儒释道三教荟萃之地，西岳华山为五岳中唯一一座道教独占的名山。

（3）青城山为道教发祥地之一，相传为张陵结茅处。

（4）终南山草楼观为中国第一道观。重阳宫和北京白云观、山西芮城永乐宫并称为全真道三大祖庭。

（5）白云观为全真道第一丛林，龙门派祖庭。

 **巩固练习**

一、单选题

1. 道教中的"玉清"和"上清"分别是指（   ）。
　　A. 元始天尊和灵宝天尊　　　　　　　B. 元始天尊和道德天尊
　　C. 灵宝天尊和道德天尊　　　　　　　D. 灵宝天尊和元始天尊

2. 道教的标志是（   ）。
　　A. 八卦　　　　　　B. 拂尘　　　　　　C. 桃木剑　　　　　　D. 明镜

3. 五岳中唯一一座道教独占的名山是（   ）。
　　A. 衡山　　　　　　B. 华山　　　　　　C. 恒山　　　　　　D. 泰山

4. 道教中天官为（   ）。
　　A. 赦罪　　　　　　B. 添寿　　　　　　C. 赐福　　　　　　D. 解厄

二、判断题

1. 西汉，张陵奉老子为教主，以《道德经》为主要经典，创立"五斗米道"。（　　）

2. 中岳嵩山和南岳衡山都是儒释道三教荟萃之地。（　　）

3. 道教的经典是《道藏》，是对道教经籍的总称。（　　）

4. 青城山为全真道第一丛林。（　　）

知识点 4　伊斯兰教

知识点分析

1. 伊斯兰教的创立与传播

（1）伊斯兰教于 7 世纪初创立于阿拉伯半岛，创始人穆罕默德。

（2）伊斯兰教教徒称为"穆斯林"。

（3）伊斯兰教在中国的旧称为"回教"、"天方教"、"清真教"。

（4）伊斯兰教主要教派：逊尼派、什叶派。

（5）公元651年，阿拉伯帝国第三任哈里发遣使来华，这是阿拉伯帝国第一次遣使访问。

2. 伊斯兰教的教义

（1）六大信仰：信仰安拉为唯一的神，信使者，信天使，信经典，信前定，信后世。

（2）五功：念功、礼功、斋功、课功、朝功。

3. 伊斯兰教的经典与标记

《古兰经》是伊斯兰教的根本经典。《圣训》是仅次于《古兰经》的伊斯兰教经典，是对《古兰经》的补充。

伊斯兰教的标记是新月。

4. 信奉的主要对象

安拉是伊斯兰教唯一信奉的神。

5. 伊斯兰教的主要节日

三大节日：开斋节、宰牲节、圣纪节。中国新疆地区称开斋节为"肉孜节"，宰牲节又称"古尔邦节"，圣纪节又称"圣忌"。

6. 清真寺建筑的特点

（1）大殿的神龛必须背向麦加（在中国即背向西）。

（2）大殿内不供偶像。

（3）室内装饰常用植物纹、几何纹和阿拉伯文字，不用动物纹。

7. 中国各地著名清真寺

中国各地著名清真寺如表5-9所示。

表5-9　中国各地著名清真寺

泉州清净寺	位于福建泉州，与广州怀圣寺、杭州真教寺、扬州仙鹤寺合称为中国沿海伊斯兰教四大古寺，建于北宋祥符年间，是我国现在最古老的典型阿拉伯清真寺
西安化觉寺	是我现存规模最大、保存最完整的清真寺
喀什艾提尕清真寺	是新疆地区最大的清真寺，也是新疆伊斯兰教最高学府所在地

巩固练习

一、单选题

伊斯兰教的标志是（　　）。

　　A. 光　　　　　B. 新月　　　　　C. 清真寺　　　　　D. 圆月

二、判断题

1. 福建泉州清净寺与广州怀圣寺、杭州真教寺、扬州仙鹤寺合称为中国沿海伊斯兰教四大古寺。　　　　　　　　　　　　　　　　　　　　　　　　　　　（　）

2. 伊斯兰教在中国的旧称为"回教"、"天方教"、"清真教"。　　　　（　）

3.《古兰经》是伊斯兰教的根本经典。《圣训》是仅次于《古兰经》的伊斯兰教经典，是对《古兰经》的补充。　　　　　　　　　　　　　　　　　　　　（　）

4. 喀什艾提尕尔清真寺是新疆地区最大的清真寺，也是新疆伊斯兰教最高学府所在地。
　　　　　　　　　　　　　　　　　　　　　　　　　　　　　　　　　（　）

知识点 5　基督教

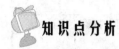

知识点分析

1. 基督教的创立与发展

（1）基督教起源于公元 1 世纪左右，由耶稣所创，信奉者称耶稣为"基督"，指上帝派遣的救世主。

（2）基督教在历史上出现过两次大的分裂，分裂的结果是出现了天主教、东正教、基督教新教三大派别。

（3）11 世纪，以君士坦丁堡为中心的东部教会和以罗马为中心的西部教会发生分裂，产生天主教和东正教。

（4）16 世纪，马丁·路德·金开始倡导宗教改革，形成新的宗派，统称为"基督教新教"。

（5）基督教、佛教、伊斯兰教并称为世界三大宗教。

2. 基督教在中国的传播

（1）基督教一传中国：唐贞观年间，大秦国主教阿罗本来到中国，唐太宗准其传教。

（2）基督教二传中国：元朝建立后，基督教再次进入中国，并向南北各方扩展。

（3）基督教三传中国：明清之际，西方传教士在中国沿海一带传教，最终引发中国礼仪之争。

（4）基督教四传中国：鸦片战争后，在不平等条约的保护下，传教士强行传教，并获得成功。

3. 基督教的教义、经典、标志

（1）基督教的教义：上帝创世说、原罪救赎说、天堂地狱说。

（2）基督教的经典为《圣经》，包括旧约和新约。

（3）基督教标志为十字架。

4. 主要节日

（1）圣诞节是基督教各教派共同遵守的第一大圣节，每年公历 12 月 25 日举行。

（2）复活节为每年春分月圆后的第一个星期日，为纪念耶稣的复活。

（3）感恩节为每年 11 月的第四个星期四举行，为感谢上帝恩赐丰收。

5. 中国著名基督教堂

中国著名基督教堂如表 5-10 所示。

表 5-10　中国著名基督教堂

天主教教堂	北京南堂	北京最古老的天主教堂，利玛窦所建，为巴洛克式建筑
	北京北堂	北京最大的天主教堂，为哥特式建筑
	徐家汇天主教堂	远东地区最大教堂，哥特式建筑
	圣心大教堂	位于广州，仿巴黎圣母院建造，为法国哥特式建筑
新教教堂	上海国际礼拜堂	德国哥特式建筑
	上海圣三一堂	英国在华建造的最大教堂，哥特式钟塔由司考特爵士设计
东正教教堂	上海圣母大教堂	属俄罗斯拜占庭式建筑
	圣索菲亚教堂	是哈尔滨市现在最大的东正教堂，属俄罗斯拜占庭式建筑

 巩固练习

一、单选题

1. 下列对应关系正确的是（　　）。

    A. 上海圣母大教堂——东正教　　　　　B. 上海圣三一堂——天主教

    C. 北京北堂——新教　　　　　　　　　D. 上海国际礼拜堂——东正教

2.（　　）是基督教各教派共同遵守的第一大圣节。

    A. 复活节　　　　　B. 圣诞节　　　　　C. 感恩节　　　　　D. 春节

二、判断题

1. 基督教起源于公元 1 世纪左右，由耶稣所创，信奉者称耶稣为"基督"，指上帝派遣的救世主。　　　　　　　　　　　　　　　　　　　　　　　　　　　　　（　　）

2. 基督教在历史上出现过一次大的分裂，分裂的结果是出现了天主教、东正教、基督教新教三大派别。　　　　　　　　　　　　　　　　　　　　　　　　　　　（　　）

3. 圣心大教堂是北京最古老的天主教堂。　　　　　　　　　　　　　　　（　　）

单元训练

一、选择题

1. 我国四大古建筑群是（　　）。

　　A. 岱庙、北京故宫、曲阜三孔、承德避暑山庄

　　B. 颐和园、岱庙、北京故宫、圆明园

　　C. 颐和园、北京故宫、曲阜三孔、承德避暑山庄

　　D. 沈阳故宫、北京故宫、曲阜三孔、承德避暑山庄

2. 基督教的基本教义可以归纳为（　　）。

　　A. 信仰上帝说　　　　B. 上帝创世说　　　　C. 原罪说　　　　D. 天堂地狱说

3. 五岳中唯一一座道教独占的名山是（　　）。

　　A. 衡山　　　　　　　B. 华山　　　　　　　C. 恒山　　　　　　D. 泰山

4. 道教中天官为（　　）。

　　A. 赦罪　　　　　　　B. 添寿　　　　　　　C. 赐福　　　　　　D. 解厄

5. 藏传佛教中历史最悠久的一派是（　　）。

　　A. 葛举派　　　　　　B. 萨迦派　　　　　　C. 格鲁派　　　　　D. 宁玛派

6. 格鲁派的创立人是（　　）。

　　A. 朗达玛　　　　　　B. 宗喀巴　　　　　　C. 八思巴　　　　　D. 达赖

7. 骑狮子的是（　　）菩萨。

　　A. 大势至　　　　　　B. 普贤　　　　　　　C. 文殊　　　　　　D. 地藏

8. 塔尔寺的"艺术三绝"是指（　　）。

　　A. 酥油花　　　　　　B. 堆绣　　　　　　　C. 壁画　　　　　　D. 织锦

　　E. 绘画

9. 下列关于四大天王的概述正确的是（　　）。

　　A. 四大天王的东方持国天王，手持琵琶

　　B. 西方广目天王，手持龙或蛇

　　C. 北方多闻天王，右手持宝伞，左手握银鼠

　　D. 四大天王就是指四大金刚

二、判断题

1. 中天紫微北极大帝，协助玉皇大帝执掌南北极和天地人三才，统御众星，并主持人间兵革之事。　　　　　　　　　　　　　　　　　　　　　　　　　　（　　）

2. 基督教、佛教、伊斯兰教并称为世界三大宗教。　　　　　　　　　　（　　）

3. 关帝圣君是道教对关羽的称号。佛教称之为"迦蓝神"。　　　　　　（　　）

4. 汉地佛教寺院四大丛林：江苏南京栖霞寺、山东长清灵岩寺、浙江天台国清寺、湖北武汉归元寺。　　　　　　　　　　　　　　　　　　　　　　　　　（　　）

5. 哲蚌寺现为藏传佛教规模最大的寺院。　　　　　　　　　　　　　　（　　）

三、综合题

1. 简述中国的宗教政策。

2. 简述全真道的三大祖庭。

3. 清真寺建筑的特点有哪些?

4. 请写出三方佛、三世佛、三身佛。

第五节　民族民俗

考纲解读

1. 了解民族的含义。

2. 熟悉中国民族数量、分布、语言。

3. 了解汉族概述。

4. 掌握主要少数民族的语系、宗教信仰、节日、习俗、禁忌。

5. 熟悉湖北少数民族民俗。

重点掌握

　　主要少数民族的语系、建筑、节日;湖北土家族、苗族、侗族的婚俗、传统节日和宗教信仰。

知识点 1　民族民俗概况

知识点分析

1. 民族的概念

民族是具有共同语言、共同地域、共同经济生活、共同文化特点、共同心理素质的稳定共同体。

2. 中国民族概况

我国共有 56 个民族。截至 2000 年,人数达到千万以上的少数民族有壮族、满族。

3. 中国民族的分布

民族分布格局以汉族为主体的大杂居、小聚居、交错居住。

4. 中国民族的语言文字

(1) 语言是民族文化的重要组成部分,也是民族文化的表现形式。

（2）我国除汉族、回族、满族共用语言外，其他民族都有自己的民族语言，分属汉藏、阿尔泰、南亚、印欧、南岛五大语系。

5. 中国的民俗

（1）民俗是创造于民间、传承于民间的传承性事象，包括思想和行为。

（2）民俗的四大特性为社会性和集体性、类型性和模式性、稳定性和变异性、传承性和播布性。

（3）民俗主要内容有经济民俗、社会民俗、精神民俗和游艺民俗。

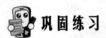 巩固练习

一、单选题

1.（　）是民族文化的重要组成部分，也是民族文化的表现形式。

    A. 语言 　　　　　　B. 地域 　　　　　　C. 经济生活 　　　　　　D. 文化特点

2. 人数达到千万以上的少数民族有（　）。

    A. 土家族、蒙古族 　　　　　　B. 土家族、壮族

    C. 壮族、满族 　　　　　　D. 蒙古族、满族

二、判断题

1. 民族分布格局以汉族为主体的大杂居、小聚居、交错居住。　　　　　　（　　）

2. 民俗是创造于民间、传承于民间的传承性事象，并不包括包括思想和行为。

                              （　　）

知识点 2　汉族

汉族的概况如表 5-11 所示。

表 5-11　汉族的概况

概述		是以先秦华夏为核心，在秦汉时形成统一的、稳定的民族
分布地		先秦时，多居住在黄河中下游带，西晋末年，开始大量南迁
语言文字		语言属汉藏语系，有 7 种方言。汉字是一种表意兼表音的文字
宗教信仰		没有全民族必须信奉的完全意义上的宗教，对各种宗教采取兼容并蓄
传统节日	春节	俗称新年，农历正月初一，是汉族最隆重的传统节日
	元宵节	农历正月十五，是春节活动的高潮和结束，从宋朝开始有吃元宵的习俗
	清明节	每年农历三月间，主要习俗有寒食、扫墓、踏青祭祖、荡秋千
	端午节	农历五月初五，纪念屈原，赛龙舟、吃粽子、喝雄黄酒、悬艾和菖蒲
	中秋节	农历八月十五，又称团圆节，习俗是吃月饼、赏月、祭月
	重阳节	农历九月初九，主要习俗有登高、赏菊、插茱萸、吃重阳糕

巩固练习

一、单选题

1. 在汉族的传统节日中，既是节气又是节日的有（　　）。

    A. 端午节   B. 清明节   C. 重阳节   D. 中秋节

2. 汉语属于（　　）语系。

    A. 汉藏   B. 阿尔泰   C. 南亚   D. 南岛

二、判断题

1. 汉族是以先秦华夏为核心，在秦汉时形成统一的、稳定的民族。   （　　）

2. 汉族普遍信仰大乘佛教。   （　　）

知识点 3　满族、蒙古族、维吾尔族、回族、朝鲜族

1. 满族

满族的概况如表 5–12 所示。

表 5–12　满族的概况

主要分布地区	主要分布在东北三省，以辽宁省最多
所属语系	阿尔泰语系
宗教信仰	曾信仰萨满教，后来信奉佛教
特色民居	过去一般院内有影壁，立有供神用的"索伦杆"，传统住房一般为西、中、东三间，大门朝南开，西间称西上屋，设南、西、北三面炕，西炕为尊，供祖宗神位
特色服饰	旗袍
特色饮食	喜欢吃黏食、白肉血肠和猪肉酸菜炖粉条；特色小吃"萨其玛"
传统节日	均与汉族相同
丧葬习俗	土葬
主要禁忌	不准杀狗、吃狗肉、戴狗皮帽子；不准打喜鹊、乌鸦；西炕忌年轻人坐和妇女生孩子；忌在索伦杆上拴牲口等

2. 蒙古族

蒙古族的概况如表 5–13 所示。

表 5–13　蒙古族的概况

主要分布地区	主要分布在内蒙古自治区、东北三省、新疆、甘肃、青海等
主要经济生活方式	畜牧业
所属语系	阿尔泰语系
宗教信仰	信奉藏传佛教
特色文化	马头琴；民间舞蹈萨吾尔登
特色民居	蒙古包
特色服饰	长袍、腰带、长筒皮靴

续表

特色饮食	以牛、羊和奶食为主；嗜饮砖茶
传统节日	白节、祭敖包、那达慕大会（赛马、摔跤、射箭三项游艺）
丧葬习俗	土葬、火葬、野葬
主要禁忌	骑马、坐车接近蒙古包要轻骑、慢行；忌带马鞭进蒙古包；接奶茶应欠身双手；睡觉时禁忌脚伸向西北方；锅灶不能用脚踩；进蒙古包从左边进，坐主人的右边

3. 维吾尔族

维吾尔族的概况如表 5-14 所示。

表 5-14　维吾尔族的概况

主要分布地区	主要分布在新疆维吾尔自治区，少数分布在湖南桃源、常德等县
所属语系	阿尔泰语系
宗教信仰	信仰伊斯兰教
特色文化	口头文学《阿凡提的故事》；音乐舞蹈史诗《十二木卡姆》
特色民居	泥土建筑，顶平，用天窗采光，墙壁开壁龛，墙挂壁毯
特色服饰	男子穿"袷袢"式服饰；妇女爱穿裙装；男女老少都爱戴"尕巴"
传统节日	肉孜节、古尔邦节、初雪节
丧葬习俗	土葬、快葬
主要禁忌	住宅大门禁朝西开；禁食猪肉、驴肉、狗肉、骆驼肉；禁食一切动物的血；睡觉忌头东脚西；禁止在住地附近、水源旁、清真寺周围遗弃不洁之物

4. 回族

回族的概况如表 5-15 所示。

表 5-15　回族的概况

主要分布地区	散居全国、分布最广的少数民族，宁夏回族自治区为主要聚居区
宗教信仰	伊斯兰教
特色服饰	女人戴盖头，男人戴白帽
特色饮食	只吃反刍类偶蹄食草动物牛、羊、驼肉和食谷类的禽肉及带鳞的鱼类
传统节日	开斋节、古尔邦节
丧葬习俗	速葬、薄葬、土葬
主要禁忌	忌食猪肉；不吃非经阿訇念经宰杀的牲畜；不吃马、驴、骡、狗肉；忌在用餐时开玩笑；非穆斯林禁在回族水塘取水，更禁在水井、水塘附近洗涤物品；忌说"杀"字

5. 朝鲜族

朝鲜族的概况如表 5-16 所示。

表 5-16　朝鲜族的概况

主要分布地区	主要分布在东三省，以吉林最多
主要经济生活方式	主要从事农业，以擅长在寒冷的北方种植水稻著称
所属语系	使用朝鲜语，语系尚未确定，多数观点认为属于阿尔泰语系
宗教信仰	信仰宗教的较少
特色文化	长鼓舞、扇舞、农乐舞

续表

特色民居	以木台架，有瓦房和草房；室内有平炕；屋顶四面有坡，墙壁多为泥墙刷白灰
特色服饰	爱穿白衣素服，有"白衣民族"之称
特色饮食	米饭为主食，以汤、酱、咸菜和泡菜为副食；爱吃狗肉、冷面和打糕
传统节日	与汉族基本相同
丧葬习俗	土葬、火葬
主要禁忌	忌婚丧或佳节杀狗、吃狗肉；晚辈忌在长辈面前喝酒、吸烟；与长者同路时，年轻人必须走在长者后面，若有急事非超前不可，须向长者恭敬地说明理由；路遇长者须致礼问安并让路；晚辈对长辈说话必须用敬语，平辈之间初次见面也要用敬语

 巩固练习

一、单选题

1. 院内设有索伦杆的是（ ）。

    A. 满族   B. 蒙古族   C. 朝鲜族   D. 汉族

2. 马头琴是（ ）的传统乐器。

    A. 满族   B. 蒙古族   C. 朝鲜族   D. 汉族

3. 《十二木卡姆》是（ ）的音乐舞蹈史诗。

    A. 满族   B. 蒙古族   C. 维吾尔族   D. 汉族

4. 被称为"白衣民族"的是（ ）。

    A. 朝鲜族   B. 蒙古族   C. 满族   D. 汉族

二、判断题

1. 朝鲜语属于汉藏语系。   （ ）

2. 蒙古族禁忌：骑马、坐车接近蒙古包要轻骑、慢行；忌带马鞭进蒙古包；接奶茶应欠身双手；睡觉时禁忌脚伸向西北方；锅灶不能用脚踩；进蒙古包从左边进，坐主人的右边。   （ ）

3. 萨其玛是蒙古族传统特色小吃。   （ ）

4. 维吾尔族语言属于阿尔泰语系。   （ ）

知识点 4　苗族、侗族、壮族、黎族、藏族、纳西族、傣族

1. 苗族

苗族的概况如表 5-17 所示。

表 5-17　苗族的概况

主要分布地区	贵州、云南、湖南、重庆、广西、湖北、海南等省市，黔东南和湘鄂渝黔的交界地带有较大的聚居地

续表

主要经济生活方式	以农业为主
所属语系	汉藏语系
宗教信仰	信仰万物有灵，崇拜自然，祀奉祖先；少数信仰天主教、基督教
特色文化	飞歌；芦笙舞、板凳舞
特色民居	木制的平房和楼房，楼房一般分两层，建筑形式为"吊脚楼"，屋顶为双斜面
特色服饰	妇女穿大领对襟短衣和长短不同的百褶裙，多将银饰钉在衣服上，成为"银衣"；男子着大襟或对襟衣，下穿长裤，束大腰带，头裹青色长巾，缠裹腿
特色饮食	喜食醋味、腊味，嗜酒；酸菜、酸菜鱼有名
传统节日	苗年、春节、三月三、四月八、禾斋节、赶秋节、芦笙节
主要禁忌	禁食羊肉，忌煮蛇肉、狗肉；忌刀口向上；忌用凶器指人；家里和夜间忌吹口哨

2. 侗族

侗族的概况如表5-18所示。

表5-18 侗族的概况

主要分布地区	贵州、湖南和广西的交界处，湖北恩施也有部分侗族
主要经济生活方式	主要从事农业，兼营林木
所属语系	汉藏语系
宗教信仰	信仰多神，崇拜自然物，古树、巨石、水井、桥梁均属崇拜对象。以女神"萨岁"（意为创立村寨的始祖母）为至高无上之神，每个村寨都要建立"萨岁庙"
特色文化	侗戏、侗族大歌；有"诗的家乡，歌的海洋"之美誉
特色民居	侗寨鼓楼、风雨桥
特色服饰	男穿对襟短衣，有的右衽无领，包大头巾；女子上着大襟、无领、无扣衣，下着裙或短裤；喜戴银饰
特色饮食	以大米为主要食物；普遍喜食辣椒和酸味；用油茶待客
传统节日	侗年、春节、祭牛神、吃新节
丧葬习俗	土葬、停葬
主要禁忌	户内供奉祖先的神龛，为最神圣之处；一切凶器，都不准放置其上。寨内举行祭礼活动期间，禁忌外人入寨；禁忌标志为用斑茅草打四个十字结悬于寨子口处

3. 壮族

壮族的概况如表5-19所示。

表5-19 壮族的概况

主要分布地区	广西壮族自治区、云南、湖南、广东、贵州等省；是人口最多的少数民族
主要经济生活方式	农业为主
所属语系	汉藏语系
宗教信仰	自然崇拜和祖先崇拜；信仰多神
特色文化	原始崖壁画；铜鼓，素有"铜鼓之乡"的誉称；壮歌、壮锦
特色民居	干栏式；楼上住人，楼下堆放杂物
特色服饰	男装有右襟与对襟两种；女装多穿无领、左衽的衣服
特色饮食	主食大米、玉米；喜吃糯米和腌制的酸食，以生鱼片为佳肴；妇女有嚼槟榔的习俗

续表

传统节日	春节、三月三歌墟节
丧葬习俗	土葬、二次葬
主要禁忌	忌用脚踏锅灶；忌蛙肉；忌生孩子未满月的妇女到家里串门；忌用嘴把饭吹凉，更忌把筷子插到碗里；夜间行走忌吹口哨；忌坐门槛中间

4. 黎族

黎族的概况如表 5-20 所示。

表 5-20　黎族的概况

主要分布地区	主要分布在海南省
所属语系	汉藏语系
宗教信仰	原祖先崇拜和自然崇拜，现有少数信仰基督教
特色文化	不落夫家的婚俗
特色民居	住茅草泥房，有船形、金字塔形等，属于干栏式
特色服饰	男子穿无领对襟上衣，下穿吊襜，结鬃缠头；女子穿对襟敞胸上衣，下穿筒裙
特色饮食	以大米、番薯、玉米为主食；习惯腌制食品；吃竹筒饭，爱嚼槟榔
传统节日	春节、三月三
丧葬习俗	独木棺葬，不设坟立碑
主要禁忌	忌头朝门睡；妇女纹身忌男人偷看

5. 藏族

藏族的概况如表 5-21 所示。

表 5-21　藏族的概况

主要分布地区	西藏自治区以及青海、甘肃、四川、云南等省
主要经济生活方式	以牧业为主，也从事农业
所属语系	汉藏语系
宗教信仰	信仰藏传佛教，少数信仰原始苯教
特色文化	藏历；踢踏舞
特色民居	农业区多垒石建碉房，多建于向阳高地或水源处；牧区多为帐房
特色服饰	长袖、宽腰、大襟；藏袍是主要服装款式
特色饮食	主食糌粑，牧区主食是牛、羊肉；喜饮酥油茶、奶茶和青稞酒
传统节日	藏历新年、雪顿节、那曲赛马节、望果节
丧葬习俗	通行天葬，还有火葬、水葬、土葬和塔葬
主要禁忌	忌随便触摸佛寺的经书、钟鼓及活佛的身体和念珠；转经筒、转寺院不能逆时针转动；忌别人用手触摸头顶；忌触摸藏服；忌踩踏门槛；忌跨越法器、火盆

6. 纳西族

纳西族的概况如表 5-22 所示。

表 5-22　纳西族的概况

主要分布地区	云南省丽江纳西族自治县和滇川间的泸沽湖畔
所属语系	汉藏语系
宗教信仰	普遍信仰东巴教；少数信仰藏传佛教
特色文化	东巴文、《东巴经》、长篇史诗《创世纪》、丽江古乐、丽江壁画、丽江古城

续表

特色民居	三坊一照壁
特色服饰	七星披肩
特色饮食	玉米、大米和小麦为主食，喜吃酸、辣、甜味食品；火腿粑粑、琵琶猪
传统节日	三朵节、正月农具节、三月龙王庙会、七月骡马会
丧葬习俗	火葬、土葬
主要禁忌	忌触摸大门两旁的石头"门神"；忌脚踏做饭的三脚架；忌砍伐水源林；进房忌靠神位就座

7. 傣族

傣族的概况如表 5-23 所示。

表 5-23 傣族的概况

主要分布地区	云南省西双版纳、德宏两个自治州
所属语系	汉藏语系
宗教信仰	信奉上座部佛教
特色文化	孔雀舞和"赞哈"（歌手），演唱民间叙事长诗和民歌
特色民居	傣家竹楼属干栏式建筑
特色服饰	男子一般上穿无领对襟袖衫，下穿长管裤，以白布或蓝布包头；妇女的服饰各地有较大差异，但基本上都以束发、筒裙和短衫为共同特征
特色饮食	傣族以大米为主食，最具特色的是竹筒饭
传统节日	泼水节、火把节、关门节、开门节
丧葬习俗	土葬，僧侣火葬
主要禁忌	忌外人骑马进寨子；进竹楼时，要把鞋脱在门外，屋内走路要轻；忌坐火塘上方或跨越火塘；不能进主人内室，不能坐门槛；不能移动火塘上的三脚架，也不能用脚踏火；忌在家里吹口哨、剪指甲；进佛寺要脱鞋，忌摸小和尚的头、佛像等一系列佛家圣物

巩固练习

一、单选题

1. 船形屋是（ ）的民居。

    A. 侗族   B. 壮族   C. 黎族   D. 藏族

2. 傣家竹楼属（ ）式建筑。

    A. 干栏   B. 吊脚楼   C. 船形   D. 碉楼

3. 素有"铜鼓之乡"誉称的是（ ）。

    A. 侗族   B. 壮族   C. 黎族   D. 藏族

4. 三朵节是（ ）的节日。

    A. 黎族   B. 傣族   C. 纳西族   D. 傈族

5. 过雪顿节的民族是（ ）

A. 侗族   B. 壮族   C. 黎族   D. 藏族

二、判断题

1. 苗族的语言属于汉藏语系。   （ ）

2. 侗族多将银饰钉在衣服上，成为"银衣"。   （ ）

3. 侗族以大米为主要食物；普遍喜食辣椒和酸味；用油茶待客。   （ ）

4. "三坊二照壁"是纳西族的民居特色。   （ ）

5. 傣族禁忌：忌在家里吹口哨、剪指甲；进佛寺要脱鞋，忌摸小和尚的头、佛像等一系列佛家圣物。   （ ）

知识点5 湖北民族民俗

1. 湖北民族概况

土家族、苗族和侗族为世居湖北省的少数民族，其中土家族文化最具特色，土家族主要居住在恩施土家族苗族自治州和宜昌市的长阳、五峰两个土家族自治县，神农架等也有少量分布。

2. 湖北特色民俗

（1）苗族。

苗族服饰：上衣无领或矮领，大袖满胸，围脖、袖头四周绣有花边；百褶裙。

苗族婚俗："高亲陪过门"。

苗族节日：苗年；腊月三十过"送年"，正月逢"午"过"祭年"，正月初七过"人年"；牛王节。

苗族信仰与禁忌：崇拜祖先，祭祀鬼神，供家神。

（2）侗族。

侗族服饰：男子盛装带"银帽"；女子穿裙时，上衣以开襟紧身衣相配，胸部围"兜领"。

侗族婚俗："玩山"和"走寨"是流行于侗族聚居区的恋爱社交习俗。

侗族节日：重年。

（3）土家族。

土家族的概况如表5-24所示。

表5-24　土家族的概况

服饰		喜穿青蓝色衣服，出嫁时，要穿露水裙
建筑		吊脚楼
婚俗	哭嫁	婚前半月至一月开始哭唱
	陪十姊妹	女孩出嫁前，请一些未婚女陪坐叙情

续表

节日	赶年	比汉族提前一天过年
	女儿会	东方情人节,每年农历七月七日至七月十二日,以歌为媒,自主择偶
	牛王节	四月初八,感谢牛的耕种之恩
	摆手舞节	土家庆祝丰收、欢庆胜利的舞蹈,"舍巴"每年的正月初三到正月十五,舍米湖
宗教信仰		信仰族神,向王、端公、土地神(土地公姓肖、土地婆姓柳)、梅山神
曲艺与歌舞	摆手歌	摆手舞时唱的歌,土家族创世纪的史诗之歌
	肉连响	东方迪斯科,起源于利川,国家非物质文化遗产
	傩戏	是旧时迎神赛会、驱逐役鬼的仪式,面具又称脸子壳壳,是傩戏的标志
	撒尔嗬	跳丧,野三关是发源地,为清江土家独有
工艺		土家族织锦——西兰卡普,"通经断纬",国家非物质文化遗产

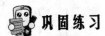 **巩固练习**

一、单选题

1.土家族、苗族共同的节日是( )。

    A. 赶年   B. 重年   C. 牛王节   D. 女儿会

2.在湖北的少数民族中,( )的文化最具特点。

    A. 土家族   B. 苗族   C. 侗族

3.被称为"东方情人节"的节日是( )。

    A. 女儿会   B. 苗年   C. 赶年   D. 摆手舞节

二、判断题

1.土家族织锦西兰卡普采用"通经断纬"的方法,属于国家非物质文化遗产。 ( )

2."高亲陪过门"是侗族特有的婚俗。 ( )

 **单元训练**

一、选择题

1.民族分布格局以汉族为主体的( )。

    A. 大杂居   B. 小聚居   C. 交错居住   D. 按民族划分

2.清明节的前两日是( )。

    A. 端午节   B. 寒食节   C. 重阳节   D. 中秋节

3.竹筒饭是( )的饮食特色。

    A. 黎族   B. 傣族   C. 纳西族

4.三月三歌墟节是( )的节日。

    A. 侗族   B. 壮族   C. 黎族   D. 藏族

5. 以干栏式为主要建筑形式的有（　　）。

　　A. 傣族　　　　　　B. 纳西族　　　　　C. 壮族　　　　　D. 侗族

6. 火把节是（　　）的传统节日。

　　A. 傣族　　　　　　B. 纳西族　　　　　C. 壮族　　　　　D. 侗族

7. 属于侗族婚俗的有（　　）。

　　A. 高亲　　　　　　B. 玩山　　　　　　C. 过礼　　　　　D. 走寨

二、判断题

1. 牛皮船是藏族特有的水上交通工具。　　　　　　　　　　　　　　　　（　　）

2. 民族是具有共同语言、共同地域、共同经济生活、共同文化特点、共同心理素质的
稳定共同体。　　　　　　　　　　　　　　　　　　　　　　　　　　　　（　　）

3. 荡秋千是重阳节的习俗。　　　　　　　　　　　　　　　　　　　　　（　　）

4. 陪十姊妹是土家族婚俗。　　　　　　　　　　　　　　　　　　　　　（　　）

5. 七星披肩是纳西族的特色服饰。　　　　　　　　　　　　　　　　　　（　　）

三、综合题

简述民俗的四大特性。

第六节　历史遗址遗迹与古建筑

考纲解读

1. 了解古人类、古文化遗址的概念和相关知识点。

2. 了解中国古代建筑的发展历程、特点及基本结构。

3. 了解宫殿建筑布局特征、外部陈设；礼制建筑；陵墓建筑。

4. 掌握著名的楼阁、古塔和古桥。

5. 重点掌握中国古代建筑的特点和基本构建；陵墓封土类型与代表；古塔类型与代表。

知识点 1　古人类、古文化遗址的概念

知识点分析

古人类遗址：是指古代人类各种活动留下的痕迹。既包括人类为不同用途所营建的群
体，以及范围更大的村寨、城堡、烽燧等各类建筑残迹；也包括人类对自然环境利用和加

工而遗留的一些场所。

古文化遗址：是指古代人类的建筑废墟以及在对自然环境改造利用后遗留下来的痕迹，如居民、村落、都城、宫殿、官署、寺庙、作坊等。

1. 旧石器时代

以使用打制石器为标志的人类物质文化发展阶段。巫山猿人遗址、元谋猿人遗址、周口店北京猿人遗址、蓝田猿人遗址、山西丁村猿人遗址等属于旧石器时代遗址。

周口店北京猿人遗址是世界上迄今为止人类化石材料最丰富、最生动、植物化石门类最齐全而又研究最深入的古人类遗址。

2. 新石器时代

在考古学上，新石器时代是石器时代的最后一个阶段，以农耕和畜牧的出现为标志，出现了磨制石器、制陶和纺织技术。代表性的新石器时代遗址有河南仰韶村遗址、陕西半坡遗址、浙江河姆渡遗址、湖北屈家岭遗址、山东大汶口遗址等。

新石器文化的面貌大致分为三大经济文化区：旱地农业经济文化区、水田农业经济文化区、狩猎采集经济文化区。

新石器时代的三个基本特征：①开始制造和使用磨制石器；②发明了陶器；③出现了原始农业、畜牧业和手工业。

新石器时代的主要产物：彩陶钵、彩陶漩涡纹双耳罐、红陶、黑陶刻纹盖罐。

（1）西安半坡遗址。

西安半坡遗址位于西安市以东，是一个典型的母系氏族公社村落遗址，属于新石期时代仰韶文化的村落遗址。

出土文物：人面鱼纹、尖底瓶。该遗址于1953年春发现，遗址面积5万平方米。1958年建有我国第一座史前遗址博物馆——半坡博物馆，陈列展览面积约4 500平方米，分为出土文物陈列、遗址大厅和辅助陈列三部分。

（2）河姆渡遗址（公元前5 000年~公元前3 000年）。

河姆渡遗址是长江流域母系氏族繁荣时期的遗址，出土了人工栽培水稻遗物、干栏式建筑构件。中国南方早期新石期时代遗址，全国重点文物保护单位，是中国已发现的最早的新石器文化遗址之一。

3. 古手工业遗址

我国在东汉完成了由原始瓷器向真正瓷器的转化；唐代有"南青北白"的越窑和邢窑，宋代有官窑、定窑、汝窑、钧窑、哥窑五大名窑以及耀州窑、磁州窑和景德镇的影青瓷窑，元明清时代景德镇"瓷都"地位确立，瓷窑密布。

4. 古矿冶遗址

我国在春秋时期就能开采地下矿藏，战国时期已有效地采用井巷结合、竖斜共用的方法，解决了井下通风、排水、提升、照明、支护等技术问题；湖北省的铜绿山古矿遗址，开采于春秋到汉代，该遗址在西汉已出现煤炭炼铁和球墨铸铁技术。

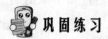 **巩固练习**

1. 距今 1.8 万年的北京山顶洞人最重大的发明是哪个？
2. 我国原始社会时期母系氏族公社阶段的代表文化是什么？
3. 中国早期城市是在什么时期的原始村落的基础上产生的？

知识点2　中国古代建筑的发展历程

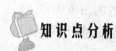 **知识点分析**

世界三大建筑体系：中国建筑、欧洲建筑、伊斯兰建筑。

1. 发展历程

（1）雏形期（夏—春秋）。约在距今六七千年前，中国古代人已知使用榫卯构筑木架房屋（如浙江余姚河姆渡遗址）；夯土技术在夏、商、周三代已广泛适用于筑墙造台，木构架已成为主要的结构方式。

（2）发展期（战国—南北朝）。秦汉时期，建筑具有屋顶、屋身和台基三部分；木构架结构方式抬梁式和穿斗式已发展成熟；演绎着"秦砖汉瓦"的宏阔时代。

（3）成熟期（隋—宋）。唐朝建筑开始体现出封建等级制度；现存最早的木结构建筑的实物为唐代的五台山南禅寺和佛光寺部分建筑；宋扬诚著有《营造法式》。

（4）总结期（元—清）。明代官式建筑已经高度标准化、定型化；明末计成著有《园冶》；北京明清故宫和沈阳故宫是明清宫殿建筑群的实例。

2. 中国古代建筑的特点

（1）使用木材砖瓦作为主要材料。

（2）采用框架式架构。中国古代木构架有台梁、穿斗、井干三种不同的结构方式。

（3）灵活安排空间布局。地震中的丽江古建筑"墙垮屋不毁"。

（4）实行单体建筑标准化。单体建筑外观轮廓均由基座、屋身、屋顶三部分组成。

（5）重视建筑组群平面布局。间、庭院、建筑组群。

（6）运用色彩装饰手段。春秋时期，建筑上已有彩色；明清时期，朱、黄为至尊至贵之色。

3. 中国古代建筑的基本构件

（1）台基。

作用：防潮、防腐，承重建筑物，增强单体建筑的高大雄伟。

类型：普通基座，用素土、灰土或碎砖三合土夯制而成，后也用砖石。

须弥座，又称金刚座，由佛座演变而来，形体比较复杂，用砖或石砌成，束腰并雕有花纹，装饰性很强，建有汉白玉栏杆。

应用：普通基座用于小式建筑，带栏杆基座用于大式建筑、宫殿次要建筑，须弥座用于宫殿寺院、主要建筑。

（2）柱。柱是最重要的承重构件。

（3）开间。间：四根柱围合成的空间。

开间：或称面阔，是指木构建筑正面两檐柱间的水平距离。

通面阔：各开间宽度的总和。

进深：建筑的纵深间数。

（4）大梁。横梁：架于木头圆柱上的一根最主要的木头，以形成屋脊，是我国传统木结构建筑中骨架的主件之一。

（5）斗拱。特点：我国木构架建筑特有的结构构件。方形木块称为斗，弓形木块称为拱，斜置木块称为昂，总称斗拱。

组成：斗形木块和弓形的肘木纵横交错层叠构成。

位置：置于柱头或额枋于屋面之间。

作用：

①支撑巨大的屋顶出檐，减小梁的跨度；

②将屋顶及上层构架的重力逐步集中传递到柱子上；

③起装饰作用；

④封建等级制度的象征和重要建筑的尺度衡量标准。

（6）彩画。

①和玺彩画（最高级）。

特征：龙凤图案，沥粉贴金。

用途：宫殿、坛庙主殿和堂门。

②旋子彩画（次高级）。

特征：藻头内使用卷涡纹的花瓣，即旋子有的贴金，有的不贴金。

用途：宫殿、坛庙，次要殿堂和寺庙。

③苏式彩画（普通级别）。

特征：山水风景、人物故事、花鸟鱼虫、博古器物等，基本不贴金。

用途：住宅和园林（包括皇家园林）。

（7）屋顶。

庑殿顶：四面斜坡，有一条正脊和四条斜脊，屋面稍有弧度，又称四阿顶。用于皇宫、庙宇中最主要的大殿。

歇山顶：是庑殿顶和硬山顶的结合，由四个倾斜的屋面、一条正脊、四条垂脊、四条戗脊和两侧倾斜屋面上部转折成垂直的三角形墙面组成，形成两坡和四坡屋顶的混合形式。用于宫殿中主要建筑和住宅园林。

悬山顶：屋面双坡，两侧伸出山墙之外，屋面上有一条正脊和四条垂脊，又称挑山顶。用于我国一般建筑（如民居）。

硬山顶：屋面双坡，两侧山墙与屋面齐平，或略高于屋面。用于居住建筑。

攒尖顶：平面为圆形或多边形，上为锥形的屋顶，没有正脊，有若干屋脊交于上端。一般用于面积不太大的建筑，如亭、阁、塔。

卷棚顶：屋面双坡，没有明显的正脊，即前后坡相接处不用脊，而砌成弧形曲面。

盝顶：梁架结构多用四柱，加上枋子抹角或扒梁，形成四角或八角形屋面，顶部是在平顶的屋顶四周加上一圈外檐。

等级（由高到低）：重檐庑殿顶、重檐歇山顶、单檐庑殿顶、单檐歇山顶、悬山顶、硬山顶、攒山顶、盝顶。

（8）山墙。即房子两侧上部呈山尖形的墙面。常见的山墙还有风火山墙，其特点是两侧山墙高出屋面，随屋顶的斜坡面而呈阶梯形。

（9）藻井。中国传统建筑中天花板上的一种装饰。名为"藻井"，含有五行以水克火，预防火灾之意。一般都在寺庙佛坐上或宫殿的宝座上方。

 **巩固练习**

1. 中国古代建筑的特点和基本构件是什么？

2. 中间的画面由各种不同的龙或凤的图案组成，间补以花卉图案的一般是什么彩画？

知识点 3 宫殿建筑、礼制建筑、陵墓建筑

知识点分析

1. 宫殿建筑

中国建筑成就最高、规模最大的就是宫殿。唐长安宫殿是历史上最宏伟的宫殿，现存宫殿主要有北京明清紫禁城（故宫）和沈阳故宫（明末清初）两座，以紫禁城最大也最完整。

（1）宫殿建筑的布局特征。

①严格的中轴对称。为表现君权受命于天和以皇权为核心的等级观念。

②左祖右社，或称左庙右社。反映礼制思想，崇敬祖先和提倡孝道。

③三朝五门。"三朝"是指大朝、内朝、外朝；"五门"由内向外依次为朝门、宫门、宫城前导门、皇城门和皇城前导门。

④前朝后寝。宫室（或称宫殿）自身的布局；反映家、国天下的理念。

（2）宫殿外陈设。

①华表。起源于墓碑（木制），后作为识别道路的标志，称"华表木"或"恒表"，

又演变为"诽谤木",后成为皇家建筑的特殊标志。

②石狮。有辟邪的作用,并有显示"尊贵"和"威严"的作用。

③日晷。即日影,利用太阳的投影和地球自转的原理,借指针所生阴影的位置来显示时间。

④嘉量。我国古时的标准量器。全套量器从大到小依次为:斛、斗、升、合、龠。含有统一度量衡的意义,象征着国家统一和强盛。

⑤吉祥缸。古代称之为"门海",比喻缸中水似海可以扑灭火灾,故又被誉之为吉祥缸。

⑥鼎式香炉。有盖为鼎,无盖为炉,是古代的一种礼器,举行大典时用来燃檀香和松枝。

⑦铜龟、铜鹤。龟和鹤是中国文化中的神灵动物,用来象征长寿,庆贺享受天年。最有名的被称之为龙头龟、仙鹤。

2. 礼制建筑

(1)天、地、社稷坛。

①天坛。始建于明永乐十八年,即1420年。位于北京老城区以南,由四组建筑组成:祭天的圜丘(坛呈圆形,以象征天),祈求丰收的祈年殿,皇帝斋宿的斋宫,为祭祀服务的神乐署、牺牲所。天坛是中国礼制建筑中地位最高、规模最大、等级最高、艺术成就最突出、保存最完好的建筑群。1998年12月被正式列入《世界遗产名录》。

②地坛。始建于明嘉靖九年,即1530年。地坛与天坛相对应,坛呈正方形,以象征古人"天圆地方"的观念,所以又名方泽坛。主体建筑为两层方台,尚有皇祇室(供皇帝祇神牌位)、神库、神府、斋宫等建筑。

③社稷坛。源自"以农为本"的治国思想。1982年改名为中山堂,现为中山公园。

(2)太庙、岱庙、孔庙。

①太庙是帝王祭奠祖先的建筑群;

②岱庙位于山东泰安泰山,是古代帝王到泰山封禅告祭时居住和举行大典的地方;

③孔庙与孔府、孔林并称"三孔"。

(3)祠、祠堂。

现存名人祠庙有武侯祠、杜甫草堂、岳王庙、妈祖庙、屈子祠、太史公祠等。祠堂为封建宗法制度下,同族人祭祀祖先或先贤的场所,是民间最普遍的礼制建筑。

3. 陵墓建筑

高大的坟丘称为"陵",帝王级的称为"山陵",君王之死称"山陵崩",帝王之死称为"驾崩"。

(1)陵墓封土的类型与代表。

①周代开始,出现"封土为坟"的做法。

②秦汉两代的"方上",如秦始皇陵、汉茂陵。

③唐代为"以山为陵",如唐乾陵、唐昭陵。

④宋代恢复"方上"的形式,但不是简单重复,如北宋陵。

⑤明清两代的"宝城宝顶"形式，如明十三陵、清东陵、清西陵。

（2）陵墓的建筑布局。

帝王陵的地面建筑主要有祭祀建筑区、神道和护陵监三部分。神道又称为"御道"、"甫路"等，是通向祭殿和宝城的导引大道。

（3）墓室结构。

①土穴墓。在原始社会早期，墓穴只是在地下挖一土坑，墓坑一般都小而浅，仅能容纳尸体，无棺椁，尸体也无特殊东西加以包裹。

②木椁墓。进入阶级社会后，墓葬制度中存在着严格的阶级和等级的差别，统治阶段的陵墓有着十分宏大的规模。

③砖石墓。从汉代开始，普遍采用砖石筑墓室，木椁墓室逐渐被取代。

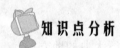 **巩固练习**

1. 简述宫殿建筑的布局特征。

2. 宫殿外陈设有哪些？各有什么含义？

3. 简述陵墓封土的类型与代表。

4. "以山为陵"是哪个朝代陵墓的形式？

5. 陵园的建筑布局主要包括哪几种？

知识点4　楼阁、古塔和古桥

知识点分析

1. 楼阁

早期楼是指重屋，阁是指下部架空、底层高悬的建筑，后来楼阁两字互通；城楼在战国时期即已出现。建于辽代的山西应县佛公寺释迦塔是中国现存最高的古代木构建筑。古代楼阁的构架形式主要形式有井干式、重屋式和通柱式，武汉的黄鹤楼、岳阳的岳阳楼、南昌的滕王阁并称为江南三大名楼。

（1）黄鹤楼。

黄鹤楼始建于三国时代东吴黄武二年（公元223年），位于湖北武汉，其名最早出现在《南齐书》上。新楼五层大厅分别设计了5个主题：一楼表现"神话"；二楼表现"历史"；三楼表现"人文"；四楼表现"传统"；五楼表现"哲理"。

（2）岳阳楼。

岳阳楼始建于三国东吴时期（公元220前后），位于湖南岳阳古城上，岳阳楼之名起源于唐肃宗时。后至北宋滕子京重修岳阳楼，更为时人、后世传为美谈。

（3）滕王阁。

滕王阁始建于唐朝永徽四年（公元 653 年），位于江西南昌西侧，唐高祖李渊之子滕王李元婴出任洪州都督，耗资巨大，营造城阁，故取名为滕王阁。滕王阁历代屡毁屡建，现在的建筑为 1989 年的复制品。

2. 古塔

（1）楼阁式塔。源于中国传统建筑中的楼阁形式，可以登高远眺。著名的有陕西西安大雁塔、山西应县木塔等。

（2）密檐式塔。以外檐层数多且间隔小而得名。著名的有河南登封嵩岳寺塔（建于北魏，是我国现存年代最早的砖塔）、西安小雁塔、云南大理崇圣寺千寻塔等。

（3）覆钵式塔。又称喇嘛塔、白塔，为藏传佛教所常用。著名的有北京妙应寺白塔（建于元朝，是我国建筑年代最早、规模最大的一座喇嘛塔）、山西五台县塔院寺白塔等。

（4）金刚宝座塔。具有浓厚的印度风格。著名的有北京真觉寺金刚宝座塔、湖北襄樊广德寺多宝佛塔等。

3. 古桥

（1）四种基本类型：拱式桥、梁式桥、索桥、浮桥。

（2）拱式桥分为连拱式和单拱式，单拱式又分为敞肩式和实肩式。著名的有河北赵州桥、北京卢沟桥、苏州宝带桥、扬州瘦西湖中的五亭桥等。

（3）梁式桥出现的时间最早，是我国古代桥梁中最基本、最主要的一种形式。著名的有泉州安平桥、泉州洛阳桥、程阳永济桥等。

（4）索桥又称吊桥、绳桥、悬索桥等。著名的有四川泸定桥、云南永平霁虹桥等。

（5）浮桥是用船或浮箱代替桥墩，浮在水面的桥梁。军队采用制式器材拼组的军用浮桥，则称舟桥。

🤖 巩固练习

1. 世界上现存最早的敞肩桥是哪座？
2. 古代江南三大名楼为哪三座？
3. 山西应县木塔、河南登封嵩岳寺塔、北京妙应寺塔、北京真觉寺塔依次属于什么塔？

✒ 单元训练

一、选择题

1. 下列四组帝王陵墓中，采用"方上"、"宝城宝顶"和"以山为陵"封土形制的依次是（　　）。

　　A. 秦始皇陵、明定陵、明昭陵　　　　　　B. 清孝陵、明泰陵、秦始皇陵

C. 秦始皇陵、明长陵、唐乾陵　　　　D. 唐乾陵、清东陵、汉茂陵

2. 北京现存最古老的连拱石桥是（　　）。

　　A. 赵州桥　　　　　B. 卢沟桥　　　　C. 永济桥　　　　D. 宝带桥

3. 古代宫殿布局遵循的原则是（　　）。

　　A. 中轴对称　　　　B. 左祖右社　　　C. 坐北朝南　　　D. 前朝后寝

　　E. 主次分明

4. 属于父系氏族的是（　　）。

　　A. 河姆渡文化　　　　　　　　　　B. 山东大汶口文化

　　C. 山东龙山文化　　　　　　　　　D. 浙江良渚文化

　　E. 仰韶文化

5. 下列关于陵墓封土的朝代和类型正确的是（　　）。

　　A. 秦　封土为坟　　　　　　　　　B. 汉　方上

　　C. 唐宋　以山为陵　　　　　　　　D. 明清　宝城宝顶

　　E. 周代　方上

6. 中国现存古代皇宫（　　）是世界上现存最早、规模最大、最完整的古代建筑群。

　　A. 沈阳故宫　　　B. 布达拉宫　　　C. 颐和园　　　　D. 北京故宫

7. 我国古代宫殿建筑形制左祖右社中的"社"指的是（　　）。

　　A. 天坛　　　　　B. 太庙　　　　　C. 社稷坛　　　　D. 月坛

8. 我国古代宫殿建筑群中体现出等级观念的有（　　）。

　　A. 彩画　　　　　B. 屋顶样式　　　C. 面阔间数　　　D. 台基

　　E. 走兽

二、判断题

1. 斗拱是中国古代建筑的独特构件，方形木块为拱，弓形木块为斗。　　　　（　　）

2. 中国古代建筑的营造必须严格遵循政府制定的等级。　　　　　　　　　（　　）

3. 庑殿顶和歇山顶是皇家专用的屋顶形式，其中又以重檐歇山顶等级最高。（　　）

4. 金色是中国古代建筑的色彩中等级最高的颜色。　　　　　　　　　　　（　　）

5. 秦始皇兵马俑坑是在 1978 年被发现的。　　　　　　　　　　　　　　（　　）

6. 沈阳故宫被列入了世界文化遗产。　　　　　　　　　　　　　　　　　（　　）

三、简答题

1. 中国古代建筑的特点和基本构件是什么？

2. 简述陵墓封土的类型与代表。

3. 简述古塔类型与代表。

四、综合题

1. 中国古代著名建筑工程及建筑成就见下表，请选择正确答案。

时代	人物	名称	历史地位
秦代	秦始皇	长城	（1）
（2）		南北大运河	南北交通、经济交流大动脉
隋朝	李春	赵州安济桥	（3）
隋唐		长安城	（4）
北宋	李诫	（5）	世界上最早最完备的建筑学著作

（1）A. 最早修筑长城，时间约在公元前 7 世纪中叶

　　　B. 连接了秦国、赵国、燕国的长城

　　　C. 抵御了匈奴入侵，并保护了丝绸之路

　　　D. 西起临洮，北傍阴山，东至辽东，俗称万里长城

（2）A. 隋朝　　　　　B. 秦朝　　　　　C. 唐朝　　　　　D. 宋朝

（3）A. 中国现存最古老木结构桥梁　　　B. 中国第一座海港大石桥

　　　C. 我国现存古代第一长桥　　　　　D. 世界现存最早敞肩石拱桥

（4）A. 当时世界上最大的城市城墙建筑

　　　B. 结构严谨，区划整齐，平面为正方形

　　　C. 皇城、宫城、郭城、里坊区布局有序

　　　D. 南北大街和东西大街将城市划分为棋盘式的格局

（5）A.《天工开物》　　　B.《园冶》

　　　C.《营造法式》　　　D.《工部工程做法则例》

2. 根据中国古代建筑的特点，选择正确答案填写下表：

中国古建筑基本构件名称	北京故宫太和殿	山东曲阜孔庙大成殿	哈尔滨文庙大成殿
台基	三层须弥座 最高级台基	（1）	一层须弥座 更高级台基
开间	（2）	9 开间	11 开间
屋顶	重檐庑殿顶	重檐庑殿顶	（3）

（1）A. 三层须弥座　　B. 二层须弥座　C. 更高级台基　D. 最高级台基

（2）A. 5 开间　　　　B. 7 开间　　　　C. 9 开间　　　D. 11 开间

（3）A. 重檐庑殿顶　　B. 重檐歇山顶　C. 单檐庑殿顶　D. 单檐歇山顶

3. 根据古代帝王郊祭的习俗，选择正确答案填写下表：

郊祭的名称	郊祭的地点	郊祭的时间
祭天	南郊、天坛	（1）
祭地	（2）	夏至日

（1）A. 冬至日　　　　B. 夏至日　　　　C. 清明　　　　　D. 立春

（2）A. 北郊　　　　　B. 地坛　　　　　C. 西郊　　　　　D. 方泽坛

第七节 中国古典园林

考纲解读

1. 掌握中国古典园林的发展、特点以及分类。

2. 掌握中国古典园林的组成要素。

3. 重点掌握中国古典园林构景的基本手法。

4. 了解中国现存著名的古典园林。

知识点 1 中国古典园林的发展、特点、分类

知识点分析

1. 中国古典园林的发展

中国古典园林始于商、周，止于清末，具有悠久的历史和丰富的文化，成为中国传统文化不可或缺的一部分。

中国古典园林的发展经历了生成期、转折期、全盛期和成熟期四个阶段。

（1）园林的生成期——商、周、秦、汉（公元前 16 世纪至公元 220 年）。

商朝时期我国就开始了初期的造园活动，初期的形式为囿；春秋战国时期，园林中就有了成组的风景。秦汉时期，园林成为帝王苑囿行宫的主体。

（2）园林的转折期——魏、晋、南北朝（公元 220—589 年）。

魏晋名士在探索宇宙与人生的主体，追求新的思辨哲理过程中，形成了追求自然环境优美，游历名山大川的社会风气，带动了私家园林的勃兴。

（3）园林的全盛期——隋、唐（公元 589—960 年）。

隋唐之后，大批文人、画家参与造园，把我国造园艺术从自然山水园阶段，推进到写意山水园阶段；寺观园林开始蓬勃发展。

（4）成熟期。

①园林的成熟期（一）——宋代（公元 960—1271 年）。

宋代时期，古典园林的建设进入成熟期。以宋徽宗的"艮岳"最为著名，成为后世皇家园林重要的借鉴。

②园林的成熟期（二）——元、明、清初（公元 1271—1736 年）。

元、明、清初是中国古典园林成熟期的第二个阶段，皇家园林、私家园林的建设达到新的高度，著名造园专家计成编写了园林学著作《园冶》；明代中后期资本主义生产关系

在江南一带出现萌芽，带动了大量私家园林的建设，如"沧浪亭"、"拙政园"、"寄畅园"、"留园"等。清代康雍乾年间，社会稳定，经济发达，皇家园林建设无论是规模还是格调均超过了历代，如"畅春园"、"圆明园"、"避暑山庄"等。

③园林成熟后期——清中叶、清末（公元 1736—1911 年）。

清中叶后期，社会发展逐渐衰败，园林建造也停留在原有水平，流传下来的名园也逐渐破败。

2. 中国古典园林的特点

（1）造林艺术手法自然。

（2）分隔空间融于自然。

（3）园林建筑顺应自然。

（4）树木花卉表现自然。

3. 中国古典园林的分类

（1）依据园林的性质，分为皇家园林、私家园林、宗教园林、公共园林。

（2）按照中国古典园林的艺术风格，分为北方园林、江南园林、岭南园林。

这两种分类系统可能会有交叉，如皇家园林多为北方园林，而江南和岭南园林多为私家园林。

 巩固练习

1. 哪本书是我国历史上第一本园林著作？是哪个时代的著作？作者是谁？

2. 简述中国古典园林的特点。

3. 简述中国古典园林的分类。

4. 以下哪组同属岭南园林？

    A. 颐和园、拙政园、留园、网师园   B. 何园、个园、寄畅园、豫园

    C. 清晖园、狮子园、寄畅园、可园   D. 清晖园、可园、十二石斋、余荫山房

知识点 2   中国古典园林的组成要素

知识点分析

中国古典园林的组成要素如下：

（1）叠山。

（2）理水。

方法为掩、隔、破三种。

（3）植物、动物。

竹子象征着人品清逸和气节高尚，松柏象征着坚强和长寿，莲花象征着纯净无瑕，兰花象征着幽居隐士，玉兰、牡丹、桂花象征着荣华富贵，石榴象征着多子多孙，紫薇象征着高官厚禄。

（4）建筑。

园林建筑体系包括厅、堂、馆、亭、台、楼、阁、轩、榭、舫、廊、桥。

（5）匾额楹联。

巩固练习

1. 中国古典园林组成要素是哪些？

2. 理水有哪三种方法？

知识点 3　中国古典园林构景手法

中国古典园林构景基本手法如图 5-1 所示。

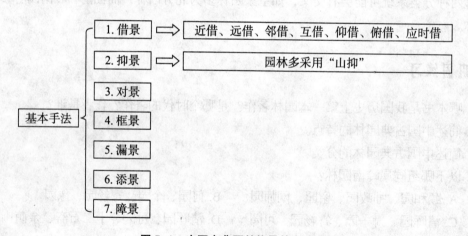

图 5-1　中国古典园林构景基本手法

巩固练习

1. 为造成在有限空间看到无限景致效果的构景手法是什么？

2. "窗含西岭千秋雪，门泊东吴万里船"使用是的什么构景手法？

3. 园林入口处用假山遮掩是什么构景手法？

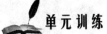

单元训练

一、单选题

1. 植物对园林山石景观既有衬托作用，又有象征意义。下列不正确的有（　　）。

　　A. 松柏象征着坚强和长寿　　　　　　B. 玉兰、牡丹、紫薇象征着荣华富贵

　　C. 莲花象征着洁净无瑕　　　　　　　D. 兰花象征着幽居隐士

2. 园林和宫殿结合是我国古代建筑的特点之一，清代颐和园中的（　　）即是著名的园林中的宫殿。

　　A. 大政殿　　　　　B. 崇政殿　　　　　C. 仁寿殿　　　　　D. 澹泊敬诚殿

3. 中国古代园林的发展在（　　）时期发生较大转折，转向崇尚自然。

　　A. 春秋战国　　　　B. 秦汉　　　　　　C. 魏晋南北朝　　　D. 唐宋

4. 根据文献记载，早在商周时期先人就已经开始了利用自然的（　　）进行造园活动。

　　A. 山泽、水泉、鸟兽、树木　　　　　B. 土山、宫苑、树木、囿

　　C. 鸟兽、山泽、树木、囿　　　　　　D. 山泽、水泉、池沼、台

5. 世界上最大的古代木结构建筑群，我国现有最完整、最典型的皇家园林，我国现存占地面积最大的帝王宫苑分别是（　　）。

　　A. 颐和园、承德避暑山庄、北京故宫

　　B. 北京故宫、承德避暑山庄、沈阳清故宫

　　C. 北京故宫、颐和园、承德避暑山庄

　　D. 承德避暑山庄、北京故宫、沈阳清故宫

6. 在中国古代园林构景手段中，"山重水复疑无路，柳暗花明又一村"的造景手法是（　　）。

　　A. 障景　　　　　　B. 借景　　　　　　C. 抑景　　　　　　D. 对景

7. 颐和园的苏州街主景为两岸起伏的山石和美丽的林带所夹峙，构成了妩媚动人的景色，这是一种（　　）手法。

　　A. 夹景　　　　　　B. 添景　　　　　　C. 对景　　　　　　D. 借景

8. 苏州拙政园、北京颐和园、承德避暑山庄分别属于（　　）园林。

　　A. 私家、私家、皇家　　　　　　　　B. 皇家、自然、皇家

　　C. 皇家、皇家、寺庙　　　　　　　　D. 私家、皇家、皇家

9. 我国第一个被列入《世界遗产名录》的皇家园林是指（　　）。

　　A. 颐和园　　　　　　　　　　　　　B. 承德避暑山庄

　　C. 苏州古典园林　　　　　　　　　　D. 北海公园

二、多选题

1. 水是园林中的血脉，所以为表现自然，理池也是造园最主要的因素之一。正因为如此，园林一定要凿池引水。古代园林理水方法有（　　）。

    A. 隔   B. 漏   C. 破   D. 理

2. 下列表述属于我国古代园林特色的是（   ）。

    A. 总体布局，合乎自然   B. 分割空间，融于自然

    C. 园林建筑，顺应自然   D. 造园艺术，手法自然

3. 下列关于园林的描述不正确的是（   ）。

    A. 皇家园林的特点是规模宏大，建筑体型高大，色彩富丽堂皇

    B. 江南类型园林的代表有无锡寄畅园、顺德的清晖园

    C. 寄畅园因园外惠山的景色而显得更加秀丽，这种构景手法是对景

    D. 透过梅花、竹子等图案的窗隙，看见园外或院外的美景，这种构景手法是框景

4. 下列园林中属于广东四大历史名园的是（   ）。

    A. 个园   B. 何园   C. 可园   D. 清晖园

5. 下列中国古代园林中，依次为皇家园林和私家园林的一组是（   ）。

    A. 颐和园、余荫山房   B. 寄畅园、豫园

    C. 拙政园、北海公园   D. 承德避暑山庄、留园

6. 位于苏州的园林是（   ）。

    A. 留园   B. 个园   C. 拙政园   D. 豫园

7. 园林和宫殿的结合是我国古代宫殿建筑特点之一，我国著名园林中的宫殿有（   ）。

    A. 颐和园中的仁寿殿   B. 承德避暑山庄中的澹泊敬诚殿

    C. 颐和园中的佛香阁   D. 颐和园中的谐趣园

8. 对中国著名古典园林叙述正确的是（   ）。

    A. 拙政园的远香堂、狮子林的荷花厅都是采用了临水筑台、台后建堂的构园手法

    B. 大型的馆，如留园的五峰仙馆、林泉耆石馆实际上是主厅堂

    C. 苏州拙政园的香洲是太平天国王府的遗物

    D. 上海豫园的四条龙墙伏卧龙、穿云龙、双龙戏珠和睡眠龙将其分割成若干院落

9. 植物是中国古典园林中必不可少的要素，下列对于植物的象征意义描述正确的是（   ）。

    A. 桂花象征着荣华富贵   B. 紫薇象征着高官厚禄

    C. 玉兰象征着多子多孙   D. 竹子象征着幽居隐士

三、简答题

1. 简述中国古典园林的起源与重要发展阶段。

2. 中国古典园林可以分成哪几类？它们各有哪些特点？

3. 中国古典园林的组成要素主要有哪些？

4. 中国古典园林常用的构景方法主要有哪些？

第八节　中国烹饪

考纲解读

1. 了解中国菜系的划分。

2. 了解主要菜系的分支、味型特点、代表菜肴、小吃。

3. 掌握湖北特色饮食文化。

4. 重点掌握八大菜系的代表菜肴、小吃；湖北菜的分支、特色菜肴与小吃。

知识点 1　中国菜系的划分

知识点分析

1. 四大菜系

山东（鲁）、淮杨（苏）、四川（川）、广东（粤）。

2. 八大菜系

即"四大菜系"再加上浙江（浙）、安徽（徽）、湖南（湘）、福建（闽）。

3. 十大菜系

即"八大菜系"再加上北京（京）、上海（沪）。

4. 十二大菜系

即"十大菜系"再加上河南（豫）、湖北（鄂）。

知识点 2　地方菜简介

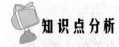

知识点分析

1. 山东菜

（1）菜肴。

①支系。

由以济南菜为代表的齐鲁风味、以青岛菜为代表的胶东风味、以曲阜菜为代表的孔府风味组成。其中孔府菜自成体系、博大精深，是我国最大、最精湛的官府菜。

②特点。

注重当地特产为原料，精于制汤和以汤调味，烹调法以爆、炒、扒、熘最为突出，味型以咸鲜为主，善于用葱香调味。

③传统名菜。

有糖醋鲤鱼、九转大肠、德州扒鸡、葱爆海参、爆双脆、锅塌豆腐、清蒸加吉鱼、熘肝尖等。

（2）面点小吃。

著名的有济南扁食、济南糖酥煎饼、福山抻面、周村酥烧饼、蓬莱小面、潍县杠子头火烧等。

2. 四川菜

（1）菜肴。

①支系。

主要由成都（上河帮）、重庆（下河帮）、自贡（小河帮）三个地方风味组成。

②特点。

川菜的特点是取料广泛，技法中以小炒、小煎、小烧、干烧、干煸见长，调味离不开"三椒"（辣椒、胡椒、花椒），味型丰富，百菜百味，享有"食在中国，味在四川"的美名。

③传统名菜。

有宫保鸡丁（因清末"宫保"丁宝桢偏爱此菜而得名）、麻婆豆腐、鱼香肉丝、水煮鱼片、怪味鸡块、干煸牛肉丝、锅巴肉片、樟茶鸭子、干烧岩鱼。

（2）面点小吃。

著名的有担担面、棒棒鸡、钟水饺、龙抄手、赖汤圆、夫妻肺片、灯影牛肉、叶儿粑、宜宾燃面、大竹醪糟、火鞭子牛肉。

3. 江苏菜

（1）菜肴。

①支系。

主要由淮扬（扬州、淮安）、江宁（镇江、南京）、苏锡（苏州、无锡）、徐海（徐州、连云港）四大风味组成。

②特点。

主要特点是取料不拘一格，而物尽其用，重鲜活。特别讲究刀工、火工和造型，擅长炖、焖、煨、焐，调味重，清爽、鲜淡、平和。

③传统名菜。

三套鸭、清炖狮子头、大煮干丝、叫花鸡、松鼠鳜鱼、霸王别姬、羊方藏鱼、盐水鸭、香松银鱼、生炒蝴蝶片、水晶肴蹄、清蒸鲫鱼。

（2）面点小吃。

著名的有扬州三丁包子、苏州糕团、蟹黄汤包、黄桥烧饼、淮安茶馓、文楼汤包、南京鸭血粉丝、常熟莲子血糯饭、芙蓉藿香饺、文蛤饼、太湖船点等。

4. 广东菜

（1）菜肴。

①支系。

由广东、潮州、东江三大风味组成，其中东江菜又称客家菜。

②特点。

主要特点是取料广博奇杂而重"生猛"，烹调方法多而善于变化，长于炒爆、清蒸、煲，尤其独擅焗、软炒等。调味重，清脆、鲜爽、嫩滑，突出原味。

③传统名菜。

龙虎凤大会、脆皮乳猪、东江盐焗鸡、太爷鸡、潮州冻肉、油泡鲜虾仁、爽口牛丸、脆皮炸海蜇等。

（2）面点小吃。

著名的有各式月饼、糕点（如马蹄糕）、粥品、粉果、肠粉、潮州老婆饼、广东虾饺、鸡仔饼、煎堆、蟹黄灌汤饺、红豆沙、双皮奶、炒田螺等。

5. 浙江菜

（1）菜肴。

①支系。

由杭州、绍兴、宁波等地方流派组成，以杭州菜最负盛名。

②特点。

口味重，鲜嫩、清脆。

③传统名菜。

有西湖醋鱼、东坡肉、龙井虾仁、油焖青笋、蜜汁火方、清汤越鸡、干菜焖肉、冰糖甲鱼、网油包鹅肝、槽熘白鱼等。

（2）面点小吃。

宁波汤团、金华酥饼、吴山油酥饼、嘉兴五芳斋棕子、虾爆鳝面、猫耳朵、莲芳千张包子。

6. 福建菜

（1）菜肴。

①支系。

主要由福建、闽南、闽西三大部分组成。

②特点。

以擅制山珍海味著称，尤以烹饪海鲜佳肴见长。

③传统名菜。

名菜有佛跳墙、淡糟炒香螺片、醉糟鸡、炒西施舌、鸡丝燕窝、沙茶焖鸭块、白斩河田鸡、梅开二度、荔枝肉、橘汁加吉鱼等。

（2）面点小吃。

蚝仔煎、鱼丸、蛎饼、锅边、油葱粿、光饼、土笋冻、薄饼、手抓面、厦门炒面线等。

7. 湖南菜

（1）菜肴。

①支系。

主要由湘江流域、洞庭湖区、湘西山区三部分组成。

②特点。

口味重，辣酸、鲜香、酥软。

③传统名菜。

名菜有麻辣仔鸡、腊味合蒸、生溜鱼片、清蒸水鱼、火方银鱼、洞庭肥鱼肚、吉首酸肉、东安鸡、油辣冬笋尖、板栗烧菜心、红煨鱼翅等。

（2）面点小吃。

有火宫殿油炸臭豆腐、洞庭糯米、藕饺饵、姊妹团子、湘潭脑髓卷、衡阳排楼汤圆、虾饼、健米茶、大边炉。

8. 安徽菜

（1）菜肴。

①支系。

主要由皖南、沿江、淮北三大部分组成。

②特点。

口味以咸、鲜、香为主。

③传统名菜。

名菜有黄山炖鸽、符离集烧鸡、火腿炖甲鱼、问政山笋、红烧划水、毛峰熏鲫鱼等。

（2）面点小吃。

寿县大救驾、庐山小红头、芜湖虾子面、蟹黄汤包、安庆江毛水饺、合肥鸡血糊、徽州毛豆腐、和县霸王酥、黄豆肉馃。

巩固练习

1. 中国的八大菜系是指哪些菜系？

2. 四大菜系有哪些特点和代表菜肴？

知识点3 湖北特色饮食文化

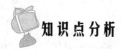

知识点分析

1. 湖北菜

由武汉、荆南、鄂东南、襄郧四大风味流派组成。

（1）武汉菜。

武汉菜讲究选料严格，制作精细，注重刀工、火候，讲究配色和造型，以烹制山珍海味见长，淡水鱼鲜与煨汤技术独具特点。

代表菜：清蒸武昌鱼、全家福、红扒鱼翅、芙蓉鸡片、茄汁鳜鱼、黄焖甲鱼等。

（2）荆南菜。

以荆州、宜昌为领衔，是湖北菜的正宗菜品。

代表菜：八宝海参、千张肉、散烩八宝、盘龙菜、沔阳三蒸等。

（3）鄂东南菜。

以鄂州、黄石、黄冈为代表的鄂东南地方风味菜。

代表菜：黄州东坡肉、金宝银、银宝金、瓦罐鸡汤、梅花牛掌等。

（4）襄郧菜。

制作方法以红扒、熟烧、生炸、回锅、凉拌居多。

代表菜：武当猴头（菇）、太和鸡、蜜枣羊肉等。

2. 湖北饮食的特征

（1）大米和淡水鱼是湖北日常饮食中重要的主副食原料。

（2）烹调方法以蒸、煨、炸、烧为代表，口味以咸鲜为主。

（3）宴席有"无鱼不成席"、"无圆不成席"、"无汤不成席"的风俗。

3. 湖北特色菜肴

（1）武昌鱼。

（2）洪山菜薹。

（3）红烧鮰鱼。

（4）黄陂三合。

（5）沔阳三蒸。

（6）仙桃蒸三元。

（7）荆州鱼糕丸子。

（8）排骨藕汤。

（9）其他地方名菜。

4. 湖北风味小吃

豆皮、热干面、四季美汤包、小桃园鸡汤、麻元、面窝、精武鸭脖、贺胜桥鸡汤、鄂州 "东坡饼"、黄州烧梅、云梦鱼面、土家油茶汤。

 **巩固练习**

1. 湖北菜由哪些流派组成?
2. 简述湖北饮食的三大特色。

单元训练

一、单选题

1. 在我国十大菜系中，口味以北方浓郁酥烂为主，兼有南方讲究的鲜嫩清鲜，是（ ）。

    A. 山东菜   B. 广东菜   C. 湖南菜   D. 北京菜

2. 下列不同类的是 （ ）。

    A. 北京清宫菜   B. 清真菜   C. 孔府菜   D. 北京谭家菜

3. 在下列选项中不是四大菜系的是（ ）。

    A. 山东菜   B. 浙江菜   C. 四川菜   D. 江苏菜

4. 下列选项中（ ）是四川菜的传统名菜。

    A. 水煮鱼片   B. 叫花鸡   C. 大煮干丝   D. 脆皮乳猪

5. 有 "一菜一味"、"百菜百味" 的美誉的是 （ ）。

    A. 山东菜   B. 广东菜   C. 湖南菜   D. 四川菜

6. 在我国的八大菜系中，取料不拘一格而物尽其用，重鲜活，是（ ）。

    A. 广东菜   B. 山东菜   C. 四川菜   D. 江苏菜

二、多选题

1. 世界三大烹饪流派指的是（ ）。

    A. 法国烹饪   B. 中国烹饪   C. 日本烹饪   D. 土耳其烹饪

2. 以下为湖南名菜的是（ ）。

    A. 麻辣仔鸡   B. 一鸭四吃   C. 宫保鸡丁   D. 东安鸡

3. 广东菜的特征是（ ）。

    A. 以清香、鲜嫩、味纯著称   B. 善以葱香调味

    C. 讲究清淡，强调菜肴的本味   D. "一菜一味"、"百菜百味"

三、判断题

1. 浙江菜系是中国四大菜系之一。   （   ）

2. 糖醋鲤鱼是江苏菜系的著名菜肴。 （ ）

3. 广东菜由广州、潮州、东江等地方菜组成。 （ ）

4. 湖南菜的口味特点是：注重鲜香、酸辣、软嫩。 （ ）

四、简答题

1. 八大菜系的代表菜肴、小吃分别是什么？

2. 湖北菜的分支是什么？

3. 湖北菜的特点是什么？

4. 湖北菜的代表名菜以及小吃是什么？

五、综合题

根据我国菜系的不同特点，选择正确答案填写下表：

菜系简称	菜系特点	代表菜品
川菜	以麻辣、鱼香、怪味等擅长	（1）
（2）	重"生猛"	（3）

（1）A. 麻婆豆腐 　　B. 麻辣仔鸡 　　C. 鱼香肉丝 　　D. 宫保鸡丁

（2）A. 鲁菜 　　　　B. 粤菜 　　　　C. 川菜 　　　　D. 沪菜

（3）A. 三蛇龙虎会 　B. 脆皮乳猪 　　C. 鱼香肉丝 　　D. 清炖狮子头

第九节 中国风物特产

考纲解读

1. 了解主要工艺品的种类与特点。

2. 土特产的分类与特点。

3. 湖北著名风物特产。

4. 重点掌握陶瓷的分类与代表、丝织刺绣的类型与代表、茶叶的分类与代表、白酒的分类与代表。

知识点 1 工艺品

知识点分析

1. 陶瓷器

（1）概念：陶瓷器是陶器制品和瓷器制品的总称。

（2）分类。

①宜兴紫砂器：

a.始创于宋代，明清有了较大的发展，享有天下"神品"之称，最著名的为紫砂茶壶；

b.紫砂茶具具有胎壁无釉多孔，有较强的吸附力，泡茶数天仍能保持茶香，传热慢，不烫手，耐热性能好。

②洛阳仿唐三彩：

a.洛阳仿唐三彩是唐代的釉陶生活用具和雕塑工艺品；

b.釉色主要成分为硅酸铅，有绿、蓝、黄、白、赭、褐等多种色彩，以黄、绿、褐为常见，故名唐三彩。

③淄博美术陶瓷：

a.现在主要以生产雨点釉、茶叶末釉等美术陶瓷著称；

b.雨点釉被称为"中国之奇"、"陶瓷之谜"，在日本称为"天目釉"。

④景德镇名瓷：

a.江西景德镇被誉为我国的"瓷都"；

b.景德镇瓷器的特点："白如玉、薄如纸、明如镜、声如磬"；

c.青花瓷、青花玲珑瓷、粉彩瓷和高温颜色釉瓷并称为景德镇四大传统瓷器。

⑤醴陵釉下彩瓷：

醴陵釉下彩瓷是湖南省醴陵烧制的餐具日用瓷，该瓷器釉面犹如罩上一层透明的玻璃罩，无铅毒、耐酸碱、耐摩擦，洁白如玉，晶莹剔透。

⑥德化白瓷塑：

a.德化是我国白瓷的著名产地；

b.中国三大瓷都——福建德化、江西景德镇、湖南醴陵；

c.明嘉靖、万历年间，德化著名民间雕塑艺人何朝宗擅长雕塑观音，仪态生动，面容秀丽，端庄慈祥，有"何来观音"的美誉。

⑦龙泉青瓷：

a.产于浙江省龙泉，由于釉色多呈青色，故称为"青瓷"；

b.其特点为"青如玉、明如镜、声如磬"。

2. 丝织刺绣品

（1）丝织品。

①云锦、蜀锦和宋锦是我国三大名锦；

②云锦产于江苏南京，因锦纹如云，故得名。云锦采用大量的金线装饰，因此织品明丽辉煌、光彩夺目；

③蜀锦产于四川成都，故名蜀锦，仍沿用染色熟丝织造的传统方法，质地坚韧，五彩缤纷；

④宋锦产于江苏苏州，因始织于北宋时期，故名宋锦，宋锦因经线分面经和地经两重，故有重锦的别名，主要用于装裱书画和礼品装饰；

⑤缂丝是采用通经断纬织出花纹的丝织品，与苏绣中的双面绣有异曲同工之妙。

（2）刺绣。

苏州苏绣、湖南湘绣、广东粤绣和四川蜀绣是我国四大名绣。代表作：苏绣的双面绣《猫》、湘绣的狮虎、粤绣的《百鸟朝凤》、蜀绣的《熊猫》和《芙蓉鲤鱼》。

3. 金属工艺品

（1）金银花丝镶嵌。

花丝镶嵌是我国传统的手工艺品，它将金银等贵重金属加工成细丝，以推垒、掐丝、编织等技艺造型，并在金银丝上錾出花纹，再镶嵌上色泽美丽的珠、玉、宝石。

（2）景泰蓝。

①中国传统工艺"三绝"——北京景泰蓝、福建脱胎漆器、江西景德镇瓷器；

②景泰蓝又名"铜掐丝珐琅"，工序为制胎、掐丝、烧焊、点蓝、烧蓝、磨光以及镀金。

4. 玉石木竹雕刻

（1）玉雕。

①中国的玉主要产于新疆和田、河南南阳的独山、辽宁的岫岩等地；

②中国玉雕以北京玉雕、扬州玉雕、苏州玉雕、上海玉雕最为著名；

③玛瑙主要产于黑龙江西北部和辽宁省大凌河流域，最珍贵的玛瑙中包有小水泡，称水胆玛瑙。东北玛瑙刻雕比较著名。

（2）名石玉雕。

①寿山石因产于福州市北郊寿山而得名，该地产一种以叶蜡石为主要成分的石料，以"田黄石"最名贵，有"一两田黄一两金"之称；

②青田石产于浙江青田县，以冻石最为名贵，雕刻手法以镂雕见长；

③鸡血石产于浙江昌化县，因色如鸡血，故名鸡血石；

④我国三大佳石：昌化鸡血石、青田冻石、福建寿山田黄石。

（3）木雕。

浙江三雕：东阳木雕、乐清黄杨木雕、青田石雕。东阳有"木雕之乡"的美誉。

（4）竹刻。

竹刻品种众多，主要有留青、翻黄、根雕等。

5. 漆器

（1）北京雕漆、江西景德镇瓷器和湖南长沙湘绣并称为"中国工艺美术三长"。

（2）福州脱胎漆器的特点是轻巧坚牢、造型雅致，被誉为"真正的中国民族艺术"。

（3）扬州镶嵌漆器早在战国时期就已生产，扬州亦成为全国漆器制作中心。

6. 工艺品

（1）内壶画：因在透明玻璃内部作画，故名内壶画，主要产地有北京、山东博山和河北衡水。

（2）木版水印画：木版水印画是我国独有的绘画与木刻，印刻技艺相结合的工艺美术品，最著名的为荣宝斋木版水印画和上海朵云轩木版水印画。

7. 年画

我国的三大木版年画产地：天津杨柳青、苏州桃花坞、潍坊杨家埠。

8. 文房四宝

（1）湖笔、徽墨、宣纸、端砚被称为文房四宝；

（2）湖笔具有"尖、齐、圆、健"四大特点；

（3）四大名砚：端砚、歙砚、澄泥砚，端砚为四大名砚之首。

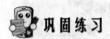 巩固练习

单选题

1. 中国陶都是指（　　）。

  A. 江西景德镇　　　　B. 江苏宜兴　　　　C. 湖南醴陵　　　　D. 浙江长兴

2. 具有"青如玉、明如镜、声如磬"的特点的是（　　）。

  A. 德化瓷器　　　　B. 龙泉青瓷　　　　C. 景德瓷　　　　D. 广州彩瓷

3. 云锦产于（　　）。

  A. 四川　　　　　　B. 湖南　　　　　　C. 云南　　　　　　D. 南京

4. 苏绣的代表作品是（　　）。

  A.《熊猫》　　　　　　　　　　　　B.《百鸟朝凤》

  C.《猫》　　　　　　　　　　　　　D.《狮》

知识点 2 土特产品

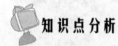 知识点分析

1. 名茶

名茶是世界三大饮料之一。世界三大饮料：茶叶、咖啡、可可。

（1）茶叶的分类。

①按照制造方法不同，可分为绿茶、红茶、青茶、黑茶、黄茶、白茶 6 个大类；

②按商业习惯，可分为绿茶、红茶、乌龙茶、白茶、紧压茶和花茶；

③红茶以安徽祁红和云南滇红出众；

④世界三大高香名茶：祁红、印度大吉岭茶、斯里兰卡乌伐茶。

（2）中国传统名茶。

中国传统名茶有西湖龙井、碧螺春、黄山毛峰、祁门红茶、铁观音、君山银针等。

2. 名酒

（1）中国酒的分类。

①按酿酒方法分为蒸馏酒、发酵酒和配制酒；

②按酒精含量分为高度酒（40度以上）、中度酒（20度~40度）和低度酒（20度以下）；

③按商业习惯分为白酒、黄酒、葡萄酒、啤酒、果酒、露酒和药酒。

（2）中国国家名酒。

白酒的香型：酱香型、浓香型、清香型、米香型、兼香型。

①酱香型代表有贵州茅台、四川古蔺郎酒、湖南常德武陵酒；

②浓香型代表有五粮液、古井贡酒、全兴大曲、剑南春、洋河大曲、双沟大曲、宋河粮液等；

③清香型代表有汾酒、特制黄鹤楼、宝丰酒等；

④米香型代表有三花酒；

⑤兼香型代表有董酒、西凤酒。

3. 中药

中医中药是中国三大国粹之一。中国的三大国粹：中医中药、国画、京剧。

（1）中药材。

①人参主要产于东三省，以吉林抚松、集安产量多，质量好；

②三七又名"金不换"，主要产于云南、广西，有散瘀止血、消肿定痛的功效；

③冬虫夏草产于青海、四川、西藏、云南等地，青海为主产区。

（2）中成药。

中成药是指经精加工可直接使用的成品药，著名的中成药有定神丹、大活络丹、片仔癀、牛黄丸和云南白药。

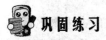 **巩固练习**

单选题

1. 大曲酱香型白酒的鼻祖是（　　）。

　　A. 五粮液　　　　　　　　　　B. 泸州老窖特曲

　　C. 汾酒　　　　　　　　　　　D. 茅台酒

2. 中国的国酒是（　　）。

　　A. 五粮液　　　　　　　　　　B. 泸州老窖特曲

　　C. 汾酒　　　　　　　　　　　D. 茅台酒

3. 最古老的茶叶品种是（　　）。

  A. 绿茶　　　　　　　B. 红茶　　　　　　　C. 乌龙茶　　　　　　D. 白茶

4. 产于湖南岳阳洞庭，以其色、香、味、奇并称为四绝的是（　　）。

  A. 毛峰茶　　　　　　B. 碧螺春　　　　　　C. 铁观音　　　　　　D. 君山银针

5. 一种半发酵茶，介于红茶与绿茶之间的是（　　）。

  A. 绿茶　　　　　　　B. 红茶　　　　　　　C. 乌龙茶　　　　　　D. 白茶

知识点3　湖北著名风物特产

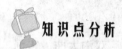 知识点分析

1. 工艺品

（1）文物复仿制品。

湖北青铜器出土文物十分丰富，楚古乐器复仿制品具有很高价值，漆器仿制品同样也具有很强的观赏收藏价值。

（2）刺绣工艺品。

①汉绣是在继承传统刺绣技艺的基础下，融各地各派之长，逐渐形成的一种以"平金夹绣"为主要表现形式，与"四大名绣"相异而具有湖北特色的新绣法；

②土锦又名"西兰卡普"，采用工艺为"通经断纬"的织造手法；

③其他著名的刺绣工艺品还有披肩、布贴、挑花、蓝印花布。

（3）湖北雕塑。

①鄂西北郧县、郧西县和竹山县是绿松石的著名产地。湖北绿松石质地细腻，颜色娇艳，光泽柔美，有"东方绿宝石"之称。绿松石雕分为首饰和工艺品两大类。

②菊花石是中国独有的世界性宝藏，又名"玉叠妃"，主产于恩施东部，矿石中含多种人体必需的元素。

③百鹤玉雕是湖北特有的一种工艺品，百鹤玉是距今4.36亿年前形成的古生物化石，主要生物结构有海百合茎、珊瑚、海胆、苔藓、层孔虫和腕足类等，矿物成分主要为方解石、石英，其次是不等量的长石、白云母、黑云母、胶磷矿及绿泥石、水云母等黏土矿物，矿石呈粉红色、浅褐色、灰白色。方解石生物化石形态各异，色彩鲜艳，其图案精致、美观。

④贝雕、石膏雕塑、木雕也比较著名。

（4）竹纸扇石：武穴章水泉竹器、剪纸、工艺扇、木版年画。

2. 土特产品

（1）十大名茶。

采花毛尖茶、龙峰茶、松针茶、松峰茶、峡州碧峰、恩施富硒茶、邓村绿茶、天堂云

雾茶、水镜茗芽、归真茶。

（2）名酒。

白酒总产量居全国第四位，著名的有黄鹤楼、白云边、枝江大曲、稻花香等。啤酒著名的有行吟阁、金龙泉等。保健酒有劲酒。

（3）民间土特产。

沙湖盐蛋、黑木耳（房耳、燕耳）和银耳、莲藕、荆州酸甜独蒜、毛坝漆、鹅蛋柑、桃叶橙、兴山薄壳核桃、孝感麻糖、武穴酥糖、土家腊肉等。

 巩固练习

一、单选题

1. 武汉早点品种丰富多样，其中的（　　）是我国的五大名面之一。

　　A. 担担面　　　　　B. 凉面　　　　　C. 热干面　　　　　D. 炸酱面

2. （　　）是湖北传统手工艺品，以"平金夹绣"为主要表现形式。

　　A. 荆绣　　　　　　B. 蜀绣　　　　　C. 汉绣　　　　　　D. 鄂绣

3. 湖北名酒是（　　）。

　　A. 白云边　　　　　B. 劲酒　　　　　C. 黄鹤楼　　　　　D. 稻花香

4. 下列文物中有（　　）是曾侯乙墓出土。

　　A. 金盏　　　　　　B. 卧鹿　　　　　C. 勾践剑　　　　　D. 冰鉴

二、判断题

湖北省的木耳产量居全国之冠。产于房县的称房耳，产于保康的称燕耳。（　　）

单元训练

一、单选题

1. （　　）是中国特有的酿造酒，也是我国最古老的饮料酒。

　　A. 黄酒　　　　　　B. 白酒　　　　　C. 啤酒　　　　　　D. 葡萄酒

2. （　　）素有"陶都"之称，以生产均釉陶器和紫砂陶最为有名。

　　A. 广西钦州坭　　　B. 广东佛山　　　C. 江苏宜兴　　　　D. 广西桂林

3. 北京景泰蓝属于（　　）。

　　A. 铜器工艺品　　　B. 金器工艺品　　C. 银器工艺品　　　D. 铁器工艺品

4. 我国四大名砚中的（　　）来自南方。

　　A. 歙砚　　　　　　B. 洮砚　　　　　C. 端砚　　　　　　D. 澄泥砚

5. （　　）市每年4月1日举行国际风筝比赛。

    A. 潍坊　　　　　　B. 北京　　　　　　C. 天津　　　　　　D. 日照

6. 铁画产于（　　）。

    A. 新疆英吉沙　　　B. 北京　　　　　　C. 浙江龙泉　　　　D. 安徽芜湖

7.（　　）被誉为"雕花之乡"。

    A. 广东潮州　　　　B. 浙江东阳　　　　C. 浙江龙泉　　　　D. 浙江乐清和温州

二、多选题

1. 中国名茶中绿茶包括（　　）。

    A. 西湖龙井　　　　B. 黄山毛峰　　　　C. 云南滇红　　　　D. 碧螺春

2. 当代漆器主要产于北京、（　　）、（　　）、四川成都、（　　）、甘肃天水等地。

    A. 福建福州　　　　B. 江苏扬州　　　　C. 贵州大方　　　　D. 山西平遥

3. 我国编织工艺品按所用原料分，有（　　）等六种编织品。

    A. 草　　　　　　　B. 棕、葵　　　　　C. 竹　　　　　　　D. 藤柳

4.（　　）被誉为中国三大木版年画产地。

    A. 天津杨柳青　　　　　　　　　　　　B. 河南开封朱仙镇

    C. 江苏苏州桃花坞　　　　　　　　　　D. 山东潍坊杨家埠

5. 玉雕大致可分为（　　）。

    A. 件活　　　　　　B. 小活　　　　　　C. 玉雕　　　　　　D. 玛瑙雕刻

6. 下面（　　）不是四大名绣。

    A. 苏绣　　　　　　B. 杭绣　　　　　　C. 鄂绣　　　　　　D. 粤绣

三、简答题

1. 陶瓷的分类与代表分别是什么？

2. 丝织刺绣的类型与代表分别是什么？

3. 简述茶叶的分类与代表。

4. 简述白酒的分类与代表。

四、综合题

在下表中填入文房四宝的产地及称誉：

名称	产地	称誉
湖笔	（1）	（5）
徽墨	（2）	（6）
宣纸	（3）	（7）
端砚	（4）	（8）

第十节 主要旅游客源国及地区概况

考纲解读

1. 了解亚太区客源国简介。

2. 了解欧洲区客源国简介。

3. 了解北美区客源国简介。

4. 了解中国港澳台简介。

5. 重点掌握主要客源国的风俗、明情、饮食禁忌、经济、文化、科技成就；中国港澳台地区经济、文化、民俗、主要经典。

知识点 1　主要旅游客源国概况

知识点分析

1. 亚太区

（1）日本。

①首都为东京，国旗为太阳旗，国歌为《君之代》，国鸟为绿雉，国家象征为富士山，国花为樱花。因日本国花为樱花，所以它被称为"樱花之国"，同时它还有"千岛之国"的美誉。

②日本人一般不吃肥肉和猪内脏，也有人不吃羊肉和鸭子。忌讳用餐时整理头发。忌讳客人吃饭时仅吃一碗（象征无缘）。他们的口味偏爱甜酸和微辣。喜爱中国京菜、沪菜、粤菜、闽菜、淮扬菜以及不太辣的川菜，对绍兴酒及茅台酒极感兴趣。

③电子工业为日本第一大产业，汽车制造业为第二大产业，对外贸易仅次于美国和德国，为世界第三大贸易国。

④樱花、和服、俳句与武士、清酒、神道教构成了传统日本的两个方面——菊与剑。在日本有著名的"三道"，即日本民间的茶道、花道、书道。

⑤忌讳数字4、9和绿色；喜欢红色、黄色；忌讳荷花；忌送夕阳风景国画，不可三人合影。

（2）韩国。

①首都为首尔，国旗为太极旗，国歌为《爱国歌》，国鸟为喜鹊，国花为木槿花。韩国为亚洲四小龙之一。

②韩食以泡菜文化为特色，一日三餐都离不开泡菜。韩国人口味喜爱辣、香、蒜味，

最喜欢中国川菜。一般不爱吃羊肉、肥猪肉和鸭子，厌恶香菜，厌油腻。熟菜中不喜欢放醋，也不爱吃放糖或花椒的菜肴。

③韩国产业以制造业和服务业为主，造船、汽车、电子、钢铁、纺织等产业的产量均进入世界前10名。

④韩国的美术主要包括绘画、书法、版画、工艺、装饰等，既继承了民族传统，又吸收了外国美术的特长。韩国人素以喜爱音乐和舞蹈而著称。韩国现代音乐大致可分为"民族音乐"和"西洋音乐"两种。民族音乐又可分为"雅乐"和"民俗乐"两种。韩国的戏剧起始于史前时期的宗教仪式，主要包括假面具、木偶剧、曲艺、唱剧、话剧五类。

⑤喜单数，不喜双数。接受物品均用双手，接受礼品不当面打开。不用外国烟当做礼品，酒是送韩国男人最好的礼品，但不能送酒给妇女。忌到别人家剪指甲，吃饭时忌戴帽子，睡觉时忌枕书，忌杀正月出生的狗。

（3）新加坡。

①首都为新加坡，国歌为《前进吧，新加坡》，国花为胡姬花。新加坡被称为星洲、星岛，也被称为"城市国家"。

②新加坡有自己的特色菜，这是由长期住马来西亚、新加坡的华侨，融合中国菜与马来菜所发展的家常菜，口味上偏爱福建、广东风味。

③新加坡自然资源贫乏，经济属外贸驱动型，以电子、石油化工、金融、航运、服务业为主，高度依赖美国、日本、欧洲和周边国家市场，外贸总额是GDP的四倍。经济以五大部门为主，即商业、制造业、建筑业、金融业、交通和通信业。

④民族禁忌：4、7、8、13、37、69均为消极数字。忌讳猪的图案和猪制品。喜欢红双喜、大象、蝙蝠图案，不喜欢乌龟。新加坡禁止进口、售卖和拥有口香糖。

（4）马来西亚。

①首都为吉隆坡，国歌为《月光》，国花为扶桑花，信奉伊斯兰教。马来西亚又被称为"大马"。

②马来西亚的菜和其他东南亚国家的菜肴类似，口味较重，多以胡椒和咖喱调味，又辣又香。马来西亚人多半是穆斯林教徒，所以马来西亚的菜大多不用猪肉，而以鸡肉、羊肉、鱼肉为主。肉类加上蔬菜，拌上或沾上辣椒调味，配以咖喱饭，这是马来西亚最普通的饭菜。

③橡胶、棕油和胡椒的产量与出口量居世界前列。旅游业为国家第三大经济支柱。

④视左手为不洁，切勿食指指人，不可主动与妇女握手，不可触摸儿童头部，和伊斯兰教徒共餐时不要劝酒，要避免点猪肉做的菜肴，不要问年龄。

（5）菲律宾。

①首都为马尼拉，国花为茉莉花，国树为纳拉树，国石为珍珠，国鸟为菲律宾鹰，菲律宾有"西太平洋明珠"的美誉和"花园岛国"的美称。

②菲律宾人的饮食，一般以大米、玉米为主。菜常用香醋、糖、辣椒等调味。菲律宾人口味喜香、甜、微辣，喜爱中国的川菜、淮扬菜。按照伊斯兰教教规，他们不吃猪肉，

不喝烈酒。和马来西亚人一样喜欢吃鱼，不喝牛奶。嚼槟榔的习惯在菲律宾穆斯林中十分流行。

③椰子、甘蔗、马尼拉麻和烟草是菲律宾的四大经济作物。旅游业是菲律宾外汇收入重要来源之一。

④忌讳 13 和星期五，忌用左手递物品、吃东西，茶色和红色是禁忌之色，收到礼品不要当面打开。

（6）泰国。

①首都为曼谷，国花为睡莲，国树为桂树，有"黄袍佛国"之称。

②泰国人的口味是爱辛辣，喜欢在菜肴里放鱼露和味精；但不喜欢酱油，不爱吃红烧食物，也不在菜肴里放糖。泰国人不喝热茶，不喝酒，忌食牛肉、海参，不喜欢甜味菜、香蕉等。他们偏爱辛辣味，喜欢中国的粤菜、沪菜、京菜、川菜。

③农产品是外汇收入的主要来源之一。泰国是仅次于日本、中国的亚洲第三大海产国，为世界第一产虾大国。泰国还盛产分别被誉为"果中之王"的榴莲和"果中之后"的山竹。虽然农业在国民经济中仍然占有重要的地位，但制造业在其国民经济中的比重已日益扩大。泰国旅游资源丰富，历来以"微笑国度"闻名于世，有 500 多个景点。

④泰国的文化可分为三方面：语音文化、宫廷文化和传统文化。

⑤一般每个 20 岁左右的男子都要当 3 个月的和尚，最短的也要出家 3 天，才能取得成年人的资格。泰国人喜爱红色、黄色，禁忌褐色，并习惯用颜色表示不同日期：星期日为红色，星期一为黄色，星期二为粉红色，星期三为绿色，星期四为橙色，星期五为淡蓝色，星期六为紫红色。不可露鞋底，不迟到，忌用左手，不可触摸别人头部，不用红笔签名，狗在泰国是禁忌图案，到泰国人家做客时，进屋要先脱鞋，切忌对佛教、佛像、寺庙与和尚不敬。

（7）澳大利亚。

①首都为堪培拉，国花为金合欢，国树为桉树，国鸟为琴鸟。

②澳大利亚人在饮食上不吃辣味，有的人也不喜欢吃酸味，他们注意菜品的质量，讲究菜肴的色彩。澳大利亚人愿意吃面，特别爱吃中国风味的清汤饺子，鸡、鸭、鸽、鱼、海鲜、猪牛肉、蛋类也是他们喜爱的食品。澳大利亚人对煎、炒、炸等烹饪方法制造的菜肴很偏爱，喜欢豆芽、西红柿、黄瓜、生菜、菜花等蔬菜，味精、酱、姜、胡椒粉是他们常用的调料品。喜爱中国的淮扬菜、浙菜、沪菜、京菜。

③澳大利亚矿产资源丰富，是世界重要的矿产资源生产国和出口国。澳大利亚农牧业发达，素有"骑在羊背上的国家"之称，是世界上最大的羊毛和牛肉出口国。

④忌讳兔子，忌讳数字"13"，视"13 日星期五"为不祥的日子，忌送菊花、杜鹃花、石竹花、黄颜色的花，不可竖大拇指表示赞扬，切忌对人眨眼。喜爱袋鼠、琴鸟和金合欢花图案。

（8）印度尼西亚。

①首都为雅加达，国花为茉莉花，被称为"赤道上的翡翠"。

②绝大部分居民不吃猪肉，而是吃牛肉、羊肉和鱼虾。口味喜辛辣、酸甜味，乐意品尝中国川菜，喜欢吃面食。不用筷子，用刀和叉，有时也喜欢用手抓饭。

③资源丰富的印尼有"热带宝岛"之称。

④印尼人忌讳用左手传递东西或食物。忌讳有人摸他们孩子的头部，忌讳老鼠和乌龟。与印尼人交谈应避开政治、宗教等话题。

⑤东方的四大奇迹：中国的长城、埃及的金字塔、柬埔寨的吴哥窟和印度尼西亚的婆罗浮屠。

2. 欧洲区

（1）俄罗斯。

①首都为莫斯科，国歌为《俄罗斯，我们神圣的祖国》，国花为太阳花，国鸟为喜鹊。俄罗斯是世界上领土面积最大的国家。

②主食主要以黑麦、小麦制作的面包为主，副食为鱼、虾、羊肉、青菜、水果。俄罗斯人不吃海产品（乌贼、海蜇、海参）和木耳。俄罗斯人口味偏重咸、甜、酸、辣、油，喜欢中国的京菜、川菜、粤菜、湘菜。他们爱喝烈性酒且酒量大。

③天然气蕴藏量占世界探明储量的三分之一强，居世界第一位。煤蕴藏量为 2 000 亿吨，居世界第二位。

④奥斯特洛夫斯基是 19 世纪 50 年代以后俄罗斯文坛众多的戏剧作家中杰出的代表，被称为"俄罗斯戏曲之父"。俄罗斯的芭蕾艺术历来在世界上享有很高的声誉。俄罗斯文学源远流长，在世界上享有盛誉，出现了普希金、莱蒙托夫、果戈里、别林斯基、陀思妥耶夫斯基、托尔斯泰、契诃夫、高尔基、肖洛霍夫、法捷耶夫等世界驰名的大文豪和作家。

⑤俄罗斯人将手放在喉咙处表示吃饱了。俄罗斯人忌讳 13 和星期五，偏爱"7"。俄罗斯人非常崇拜盐和马，他们主张左者凶，右者吉，不允许用左手碰别人。忌讳黑色，喜欢红色。讨厌兔子、黑猫玩具或图案。

⑥世界四大博物馆：大英博物馆、巴黎卢浮宫、纽约大都会博物馆、圣彼得堡艾尔米塔奇博物馆。

（2）英国。

①首都为伦敦，国歌为《上帝保佑女王》，国花为玫瑰花，国鸟为红胸鸽，国石为钻石。

②英国人口味偏清淡、鲜嫩、焦香，喜爱酸甜、微辣，不愿吃带黏汁或过辣的菜肴，不喜欢用味精调味，也不吃狗肉，他们讲究喝茶，尤其是中国祁门的红茶，喜爱京菜、川菜、粤菜。

③英国经济总量居欧洲第二位，世界第五位，服务业是英国的支柱产业。

④彼此第一次认识时，一般以握手为礼。在英国，"女士优先"的社会风气很浓。他们的时间意识也很强。厌恶墨绿色，忌讳黑色，不喜欢红色，忌用山羊、大象、孔雀、黑猫、菊花、百合花、蝙蝠的图案。忌送百合花、菊花、红玫瑰，不能是 13 或双数，鲜花不用纸包扎。男子间切忌拥抱。

（3）德国。

①首都为柏林，国歌为《德意志之歌》的第三段，国花为矢车菊，国石为琥珀，国鸟为白鹤。

②德国人口味清淡，喜酸甜味。不大吃鱼虾及海味，不爱吃油腻、过辣的菜肴，喜欢中国的鲁菜、粤菜、淮扬菜，对餐具比较讲究。忌吃核桃。

③经济居欧洲首位，世界第四。

④德国素有"诗人和哲人的国度"之美誉。

⑤忌讳核桃，忌讳纳粹标志，蔷薇专用于悼亡，不可随便送人，忌讳茶色、红色、深蓝色。男士不宜剃光头。

（4）法国。

①首都为巴黎，国歌为《马赛曲》，国花为鸢尾花，国鸟为公鸡，国石为珍珠。

②法国人口味偏爱酸甜，讲究菜肴的鲜嫩和质量。不爱吃无鳞鱼，不爱吃过辣的菜肴。喜欢吃中国的鲁菜、粤菜、淮扬菜，对自助餐和鸡尾酒不以为然。

③钢铁、汽车、建筑为三大支柱。法国是欧盟中最大的农业生产国。

④17世纪开始，法国的古典文学迎来了自己的辉煌时期，相继出现了莫里哀、司汤达、巴尔扎克、大仲马、雨果、福楼拜、小仲马、左拉、莫泊桑、罗曼·罗兰等文学巨匠。

⑤见面时一般以握手为礼，忌讳男人送女人香水。忌讳黑色，偏爱蓝色，粉红色。

⑥世界最大的美术博物馆：巴黎卢浮宫。

3. 北美区

（1）美国。

①首都为华盛顿，国歌为《星条旗永不落》，国花为玫瑰花，国鸟为白头海雕，国石为蓝宝石。

②美国人在饮食上如同他们的脾气一样，一般都很随便，没有过多的讲究。一般口味清淡，以微带甜味为适口，喜爱中国的苏菜、川菜、粤菜。

③汽车工业和建筑业在产业中占有重要地位，为美国经济的两大支柱。石油日产量居世界第三。

④美国人喜爱白色，认为白色是纯洁的象征，偏爱黄色，认为是和谐的象征，认为蓝色和红色是吉祥如意的象征。他们喜欢白猫、猫头鹰、梅、兰、牡丹。忌讳"13"、"星期五"、"3"。他们讨厌蝙蝠，认为它是吸血鬼和凶神的象征。

（2）加拿大。

①首都为渥太华，国歌为《啊，加拿大》，国树为枫树，素有"枫叶之国"之称。

②加拿大人喜爱吃烤制食品，不喜欢太咸，偏爱甜食，不爱吃辣味，不喜欢吃有怪味、腥味的食物，喜爱中国的苏菜、沪菜、鲁菜。

③制造业和高科技产业较发达，资源工业、初级制造业和农业也是国民经济主要支柱。

④通行西方礼仪，忌讳百合花图案。喜欢枫叶的图案，忌称"老"、"白"、"胖"。

忌讳 13、星期五。加拿大人被称为"永不发怒的人"。

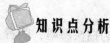 **巩固练习**

1. 写出日本、新加坡、泰国、马来西亚、菲律宾、印度尼西亚、韩国、澳大利亚国花的名称。

2.（单选题）旅行社部门经理吩咐你替一位日本散客预订客房，而饭店内只有下列四间空房可供选择。按照日本人的习俗，最好预定（   ）。

  A. 4005   B. 8019   C. 6084   D. 7023

3.（多选题）下列属于日本人的禁忌的是（   ）。

  A. 数字 4 和 9   B. 荷花图案

  C. 淡黄色或白色的花   D. 数字 13

4. 亚洲四小龙分别是哪四个国家或地区？

5. 泰国周一至周日分别用什么颜色表示？

6. 东方四大奇迹分别是哪四个？

7. 世界四大博物馆分别是哪四个？

知识点 2 中国台湾、香港、澳门地区

知识点分析

1. 台湾地区

（1）概况。

①总面积 3.6 万平方千米，是我国最大的岛屿，别称"蓬莱"、"贷舆"、"员峤"、"瀛洲"、"岛夷"、"琉球"等，于 1885 年（清光绪十一年）正式建立行省。

②台湾地区有"东南锁阴"、"七省藩篱"、"高山之岛"、"东方糖库"、"水果之乡"、"森林之海"、"东南盐库"、"兰花王国"、"蝴蝶王国"、"珊瑚王国"、"鱼仓"、"米仓"等美称。

（2）民俗民情。

宗教信仰盛行，寺庙多，信徒多。台湾地区香火最旺盛的是妈祖庙。

（3）主要景点。

主要景点有：

①日月潭。

②台北故宫博物院。

③阳明山。

④北投温泉风景区。

⑤安平古堡和赤嵌楼。

⑥清水断崖。

⑦太鲁幽峡。

（4）接待台湾地区游客的注意事项。

坚持一个中国原则，正确处理政治敏感问题；坚持使用规范用语，防止出现错误称谓；坚持正面宣传引导，防止强加于人带来消极影响。

2. 香港特别行政区

（1）香港概况。

①香港的政治地位：香港特别行政区是"一国两制"思想的重要体现。

②香港的经济地位：香港是亚太地区的国际航运中心、国际金融中心、国际贸易中心和国际航空中心。香港经济四大支柱为金融业、房地产业、旅游业和制造业。

③香港的维多利亚港与美国的旧金山、巴西的里约热内卢并列为世界三大天然良港。港内的葵涌货柜码头是世界上最大的集装箱码头。

（2）香港民俗风情。

香港绝大多数家庭恪守粤式饮食习惯，多信仰佛教、道教，习俗与内地相似。送礼时忌讳送时钟、书籍、毯子。

（3）香港著名景点。

①美丽的东方之珠——是世界上最扣人心弦的旅游城市之一。

②太平山——是港岛第一高峰，一直被视为香港的标志。

③浅水湾——为香港著名海滨浴场。

④集古村——系仿古建筑群，布置古代宫室居民、工业作坊、商店饭铺等。

⑤太空馆——是世界上最先进的太空科学展览馆之一，以天象厅最具特色。

⑥沙田赛马场——世界上最先进、中国香港最大的赛马场。

⑦宝莲禅寺——是香港境内地势最高的寺院，也是香港三大佛教圣地之一。

⑧黄大仙祠——为浙江金华黄大仙祖庙的分庙，香港民间尊其为"第一大神"。

3. 澳门特别行政区

（1）澳门概况。

澳门是世界上公认的三大赌城之一，有"东方蒙特卡洛"之称，出口加工业、旅游博彩业、建筑业、金融业是澳门的四个主要经济支柱。

（2）澳门民俗风情。

澳门居民大部分原籍广东，民俗基本上与广东居民相似。宗教信仰多样。对吉祥话、吉祥物、吉祥数字有偏爱，"恭喜发财"、"鱼"、"8"、"6"在他们眼中是吉利的。

（3）澳门著名景点。

①大三巴牌坊——该牌坊历年来被视为澳门的标志之一。

②妈祖庙——建于1488年，是为纪念被尊奉为海神的天后娘娘而建。

③西望洋山——西望洋山上有创建于1622年的圣母堂。

④葡京娱乐场——澳门最大的赌场。

⑤东望洋山——澳门第一高峰。

⑥普济禅寺——初建于明朝，其规模宏大、历史悠久、建筑雄伟。

巩固练习

1. 中国台湾的别名有哪些？

2. 中国台湾有哪些美称？

3. 中国香港特别行政区的主要旅游景点有哪些？

4. 世界上的三大赌城分别是哪三个地方？

单元训练

一、单选题

1. 下列关于台湾的描述不正确的是（　　）。

　　A. 台湾居民主要是汉族和高山族

　　B. 宋元时期大陆居民开始有组织地开发台湾

　　C. 台湾最大、景色最优美的郊野公园是阳明山

　　D. 北投温泉区是中国最大的温泉区

2. 下列物品中最适合赠送给台湾旅游团游客的是（　　）。

　　A. 刺绣手帕　　　　B. 檀香木折扇　　　　C. 龙井茶叶　　　　D. 杭州绸伞

3. 澳门最古老的庙宇是建于1488年的（　　）。

　　A. 观音堂　　　　B. 普济禅院　　　　C. 妈祖阁　　　　D. 黄大仙祠

4. 世界第一大露天铜佛像是在（　　）。

　　A. 云冈石窟　　　　B. 香港宝莲寺　　　　C. 无锡灵山　　　　D. 黄大仙祠

5. 旅行社部门经理吩咐你替一位日本散客预订客房，而饭店内只有下列四间空房可供选择，按照日本人的习俗，最好预定（　　）。

　　A. 4005　　　　　B. 8019　　　　　C. 6084　　　　　D. 7023

二、多选题

1. 关于我国台、港、澳地区的有关知识，下列说法正确的有（　　）。

　　A. 如果送台湾旅游团客人礼物，不能送丝绸围巾

　　B. 香港的维多利亚港与美国的旧金山、巴西的里约热内卢港为世界三大天然良港

　　C. 与香港客人用餐，上鱼时鱼头要冲着主人方向，吃鱼时不要翻转鱼身

D. 澳门长期以来以博彩业为主，大三巴牌坊称为澳门的标志，葡京游乐场是其最大的赌场

2. 关于我国台、港、澳地区的有关知识，下列说法正确的有（　　）。

A. 台湾北投温泉风景区是我国最大的温泉区；日月潭为台湾八景中最佳的一景

B. 香港特区区花为紫荆花，其基本法体现了"一国两制"、"港人治港"、"适当自治"的方针

C. 香港最高点为太平山，世界最先进、中国香港最大的赛马场为沙田赛马场

D. 澳门由澳门半岛、凼仔岛和路环岛组成

3. 世界著名的天然良港包括（　　）。

A. 香港的维多利亚港   B. 美国的里约热内卢

C. 巴西的里约热内卢   D. 美国的旧金山

4. 台湾八景包括（　　）。

A. 玉山积雪   B. 阿里云海   C. 清水断崖   D. 太鲁幽峡

5. 下列物品中可以送给香港游客作为纪念品的是（　　）。

A. 杭州绸伞   B. 旅游书籍   C. 刺绣手帕   D. 旅行毛毯

6. 香港是亚太地区的（　　）中心。

A. 国际航运   B. 国际金融   C. 国际贸易   D. 国际制造

7. 澳门的民俗主要包括（　　）。

A. 澳门居民大部分原籍广东，民俗基本上与广东相似

B. 土生的葡萄牙人保留欧洲的生活方式，喜好夜生活和刺激性的活动

C. 许多人会粤语，与华人通婚，有华人亲友

D. 宴请时客人要待主人说"起筷"才开始进食

三、综合题

根据下列地区的民俗风情，选择正确答案填写下表：

地区名称	主要民俗风情
台湾省	（1）
香港特别行政区	（2）

（1）A. 不送书籍   B. 不送钟   C. 不送甜果   D. 不送毯子

（2）A. 不送镜子   B. 不送雨伞   C. 不送钟   D. 不送书籍

第六章　导游实务

第一节　导游服务概述

一、导游服务

考纲解读

1. 理解导游服务的内涵。
2. 了解导游服务的范围及发展历史。
3. 掌握导游服务的性质及特点。
4. 掌握导游服务的地位及作用。

知识点 1　导游服务的内涵及类型

知识点分析

1. 导游服务的内涵

导游服务是指导游人员代表被委派的旅游企业，接待或陪同游客进行旅游活动，并按照组团合同或约定的内容和标准向游客提供的旅游接待服务。

2. 导游服务的类型

（1）图文声像导游。

（2）实地口语导游。

3. 实地口语导游的核心地位

（1）导游服务对象是有思想和目的的游客，需要导游人员提供有针对性的导游服务。

（2）现场导游情况复杂多变，需要导游人员灵活、妥善处理。

（3）旅游是一种人际交往和情感交流活动，需要导游人员的参与和沟通。

4. 导游服务的范围

（1）导游讲解服务。

（2）旅行生活服务。

（3）市内交通服务。

 **巩固练习**

1. 什么是导游服务？

2. 为什么说实地口语导游在导游服务中的核心地位是不可替代的？

知识点 2 导游服务的发展历程

知识点分析

（1）世界公认的第一次商业性旅游活动是由英国人托马斯·库克组织的。1841 年，托马斯·库克组织 570 人参加禁酒大会，被认为是近代旅游活动的标志。1845 年，托马斯·库克组织的团体消遣活动，是世界上第一次大规模的、有组织的、纯粹以商业为目的的旅游活动。1845 年，托马斯·库克创办了世界上第一家商业性旅行社。1892 年，托马斯·库克发明了一种流通券，即旅行支票。

（2）我国导游服务经历了四个阶段，即起步阶段、开拓阶段、发展阶段和全面建设导游队伍阶段。

（3）中国国际旅行社成立于 1954 年 4 月 15 日，中国旅行社成立于 1974 年，中国青年旅行社成立于 1980 年 6 月 27 日。

（4）导游服务的发展趋势：导游内容高知识化；导游手段科技化；导游方法多样化；导游服务个性化；导游职业自由化。

巩固练习

1. 我国旅游服务经历了哪几个阶段？

2. 中国国际旅行社和中国旅行社分别成立于什么时候？

知识点 3　导游服务的性质及特点

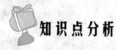 **知识点分析**

1. 导游服务的性质

导游服务因国家和地区的不同，政治属性不同。导游服务的共性包括：社会性、文化性、服务性、经济性、涉外性。

2. 导游服务的特点

独立性强；脑力劳动和体力劳动高度结合；客观要求复杂多变；跨文化性。

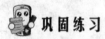 **巩固练习**

1. 导游服务的性质是什么?
2. 导游服务的特点有哪些?

知识点 4　导游服务的地位及作用

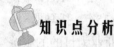 **知识点分析**

1. 导游服务的地位

从旅行社的角度讲，导游服务是旅行社核心竞争力的重要组成部分；从游客的角度讲，导游服务是游客顺利完成旅游活动的根本保证。

2. 导游服务的作用

纽带作用；标志作用；信息反馈作用；扩散作用。

 巩固练习

1. 简述导游服务的地位。
2. 简述导游服务的作用。

二、导游人员

考纲解读

1. 理解导游人员的内涵，掌握导游人员的分类。

2. 掌握导游人员的素质要求。

3. 掌握导游人员的职责要求。

4. 了解导游人员的培训方式，了解导游人员的考核方式。

知识点 1　导游人员的内涵及类型

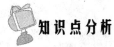 **知识点分析**

1. 导游人员的内涵

导游人员是指按照《导游人员管理条例》的规定取得导游证，接受旅行社委派，为游客提供向导、讲解及相关旅游服务的人员。

2. 导游人员的类型

（1）国外导游人员的分类：国际入境旅游导游、国际出境旅游导游。

（2）我国导游人员的分类。

按业务范围划分：海外领队、全程陪同导游人员、地方陪同导游人员、景区（点）导游人员。

按职业性质划分：专职导游人员、兼职导游人员、自由职业导游人员。

按使用语言划分：中文导游人员、外语导游人员。

按技术等级划分：初级导游人员、中级导游人员、高级导游人员、特级导游人员。

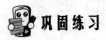 **巩固练习**

1. 什么样的人被称为导游人员？

2. 我国导游人员的分类有哪些？

知识点 2　导游人员的素质及职责要求

 **知识点分析**

1. 导游人员的素质要求

（1）良好的思想品德。

（2）广博的知识结构。

（3）较强的独立工作能力。

（4）熟练的导游技能。

（5）积极的进取精神。

（6）健康的体魄和心态。

2. 导游人员的基本职责

（1）接受任务，带团游览。

（2）导游讲解，传播文化。

（3）安排相关事宜，保护游客安全。

（4）反映意见要求，安排相关活动。

（5）解答问询，处理问题。

3. 海外领队的主要职责

（1）全程服务，旅途向导。

（2）落实旅游合同。

（3）做好组织和团结工作。

（4）协调联络，维护权益，解决难题。

4. 全程陪同导游人员的主要职责

（1）实施旅游接待计划。

（2）联络工作。

（3）组织协调工作。

（4）维护安全，处理问题。

（5）宣传、调研工作。

5. 地方陪同导游人员的主要职责

（1）安排旅游活动。

（2）做好接待工作。

（3）导游讲解。

（4）维护安全。

（5）处理问题。

6. 景区（点）导游人员的主要职责

（1）导游讲解。

（2）安全提示。

（3）宣讲相关知识。

巩固练习

1. 简述地方陪同导游人员的主要职责。

2. 简述全程陪同导游人员的主要职责。

知识点 3 导游人员的培训和考核

知识点分析

1. 导游人员培训的重要性

（1）适应市场竞争的需要。

（2）导游知识更新的需要。

（3）导游队伍建设的需要。

2. 导游人员培训的内容

（1）理念或价值观培训。

（2）专业基础知识培训。

（3）语言素质培训。

（4）能力素质培训。

3. 导游人员培训的方式

（1）课堂讲授。

（2）直观教学。

（3）专题研讨。

（4）实践培训。

4. 导游人员考核的原则

（1）导游人员的工作态度。

（2）导游技巧和能力。

（3）导游人员知识的深度和广度。

5. 导游人员考核的方式和内容

（1）在职导游人员的考核分为考试和年审两种形式。

（2）兼职导游人员的考核包括聘用时的审核和导游工作的考核。

巩固练习

1. 导游人员培训的重要性体现在哪些方面？

2. 导游人员培训的方式有哪几种？

单元训练

一、选择题

1. 导游服务的主体是（　　）。

A. 景点　　　　　B. 导游人员　　　　C. 游客　　　　　　D. 旅行社

2. 世界公认的第一次商业性旅游活动是由（　　）组织的。

A. 托马斯·库克　　B. 陈光甫　　　　C. 瓦特　　　　　　D. 爱迪生

3. 中国青年旅行社建立于（　　）年。

A. 1949　　　　　B. 1974　　　　　C. 1980　　　　　D. 1954

4. 导游服务因国家和地区的不同，其（　　）属性不同。

A. 社会　　　　　B. 政治　　　　　C. 文化　　　　　D. 经济

5. 导游人员是指按照（　　）的规定取得导游证，接收旅行社委派，为游客提供向导、讲解及相关旅游服务的人员。

A. 《旅行社管理条例》　　　　　　B. 《合同法》

C. 《导游人员管理条例》　　　　　D. 《旅游法》

二、判断题

1. 图文声像导游将来会取代实地口语导游。　　　　　　　　　　　（　　）

2. 导游服务的主要内容是游客的接待。　　　　　　　　　　　　　（　　）

3. 导游服务主要包括三大类：导游讲解服务、旅行生活服务、市内交通服务。（　　）

4. 世界公认的第一次商业性旅游活动发生在英国。　　　　　　　　（　　）

5. 导游服务的性质在不同国家和地区都是一样的。　　　　　　　　（　　）

三、综合题

1. 什么是导游服务？

2. 为什么说实地口语导游在导游服务中的核心地位是不可替代的？

3. 什么样的人被称为导游人员？

4. 简述我国导游人员的分类。

第二节　导游服务规范

一、团队导游服务规范

考纲解读

1. 掌握地陪规范服务流程。

2. 掌握全陪规范服务流程。

3. 掌握领队规范服务流程。

4. 掌握景区（点）导游人员规范服务流程。

知识点 1　地陪规范服务流程

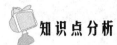 **知识点分析**

1. 地陪规范服务流程

（1）准备工作。

（2）接站服务。

（3）进住饭店服务。

（4）核对、商定日程。

（5）参观游览服务。

（6）食、购、娱等服务。

（7）送站服务。

（8）善后工作。

2. 准备工作

（1）熟悉接待计划。

（2）落实接待事宜。

（3）物质准备。

（4）语言和知识准备。

（5）形象准备。

（6）心理准备。

（7）联络畅通准备。

3. 熟悉接待计划

（1）旅游团的基本信息。

（2）旅游团员的基本情况。

（3）全程旅游路线，海外旅游团的入出境地点。

（4）所乘交通工具情况。

（5）交通票据的情况。

（6）特殊要求和注意事项。

4. 落实接待事宜

（1）落实旅游车辆。

（2）落实住房。

（3）落实用餐。

（4）落实行李运送。

（5）了解不熟悉的景点。

（6）与全陪联系。

5. 物质准备

（1）领取必要的票证和表格。

（2）备齐上团必备的证件和物品。

6. 接站服务

（1）旅游团抵达前的业务准备。

（2）旅游团抵达后的服务。

（3）前往饭店途中的服务。

7. 旅游团抵达前的业务准备

（1）落实旅游团所乘交通工具抵达的准确时间。

（2）与司机商定出发时间。

（3）与司机商定停车位置。

（4）再次核实该团所乘交通工具抵达的准确时间。

（5）与行李员联系。

（6）迎候旅游团。

8. 旅游团抵达后的服务

（1）认真核实防错接。

（2）集中清点交行李。

（3）集合登车清人数。

9. 前往饭店途中的服务

（1）致欢迎辞。

（2）调整时间。

（3）首次沿途导游。

10. 进住饭店服务

（1）协助办理住店手续。

（2）介绍饭店设施。

（3）宣布当日或次日活动安排。

（4）照看行李进房。

（5）带领旅游团用好第一餐。

（6）协助处理入住后的各类问题。

（7）落实叫早事宜。

11. 核对日程

核对、商定日程是旅游团抵达后的重要程序。地陪在接到旅游团后，应尽快与领队、全陪核对、商定日程，这既是对游客的尊重，也是一种礼遇。

12. 当提出小的修改意见或要求增加新的游览项目时

（1）及时向旅行社有关部门反映，对"合理又能"满足的项目，应尽力予以安排。

（2）需要加收费用的项目，地陪要事先向领队或游客讲明，按有关规定收取费用。

（3）对确有困难而无法满足的要求，地陪要详细解释、耐心说服。

13. 当提出的要求与原日程不符且又涉及接待规格时

（1）一般应予婉言拒绝，并说明不便单方面不执行合同。

（2）如确有特殊理由，并且由领队提出时，地陪必须请示旅行社有关部门，视情况而定。

14. 当对方的旅行计划与本社接待计划有部分出入时

（1）要及时报告旅行社，查明原因，分清责任。

（2）若是接待方的责任，地陪应实事求是地说明情况，并向领队和全体游客赔礼道歉。

15. 参观游览服务

（1）出发前的服务。

（2）途中导游。

（3）景点导游讲解。

（4）参观活动。

（5）返程中的工作。

16. 出发前的服务

（1）提前到达出发地点。

（2）核实实到人数。

（3）落实当天用餐。

（4）提醒注意事项。

（5）准时集合登车。

17. 途中导游

（1）重申当日活动安排。

（2）沿途风光导游。

（3）介绍游览景点。

（4）活跃气氛。

18. 返程中的工作

（1）回顾当天活动。

（2）风光导游。

（3）宣布次日活动日程。

（4）提醒注意事项。

（5）做好下车时的服务。

（6）安排叫早服务。

19. 送站服务

（1）送站前的服务。

（2）离店服务。

（3）送行服务。

20. 送站前的服务

（1）核实、确认离站交通票据。

（2）商定出行李时间。

（3）商定出发时间。

（4）协助饭店结清与游客有关的账目。

（5）及时归还证件。

21. 送行服务

（1）回顾行程。

（2）致欢送辞。

（3）提前到达送站地点。

（4）办理离站手续。

（5）与司机结账。

22. 善后工作

（1）处理遗留问题。

（2）结账、归还物品。

（3）总结工作。

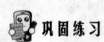 **巩固练习**

1. 简述地陪的规范服务流程。

2. 进住饭店服务有哪些工作?

知识点 2　全陪规范服务流程

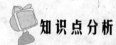 **知识点分析**

1. 全陪规范服务流程

（1）准备工作。

（2）首站接团服务。

（3）进住饭店服务。

（4）核对、商定日程。

（5）沿途各站服务。

（6）离站、途中、抵站服务。

（7）末站服务。

（8）善后工作。

2. 全陪的准备工作

（1）熟悉接待计划。

（2）物质准备。

（3）知识准备。

（4）与首站接待社联系。

3. 熟悉接待计划

（1）听取该团外联人员或旅行社领导对接待方面的要求及注意事项的介绍。

（2）熟记旅游团名称、团号、人数、国别和领队姓名，了解旅游团成员性别、民族、年龄、宗教信仰、职业、居住地及生活习惯等。

（3）掌握旅游团的等级、餐饮标准、游客在饮食上有无禁忌和特别要求等情况。

（4）有无特殊安排，如是否有会见、座谈，是否有特殊的文娱节目等。

（5）了解收费情况及付款方式，如团费、风味餐费等。

（6）掌握旅游团的行程计划、旅游团抵离旅游线路各站的时间、所乘交通工具的航班（车、船）次，以及交通票据是否定好或是否需要确认、有无变更等情况。

（7）了解团内有影响力的成员、需要特殊照顾的对象和知名人士的情况。

4. 迎接旅游团

（1）接团前，全陪应向旅行社了解本团接待工作的详细安排情况。

（2）接团当天，全陪应提前30分钟到接站地点与地陪一起迎接旅游团。

（3）接到旅游团后，全陪应与领队尽快核实有关情况，做好以下工作：问候全团游客；向领队作自我介绍并核对实到人数，如有人数变化，与计划不符，应尽快与组团社联系。

（4）协助领队向地陪交接行李。

5. 进住饭店服务

（1）协助领队分房。

（2）引导游客进入房间。

（3）处理入住后的问题。

6. 沿途各站服务

（1）做好联络工作。

（2）监督与协助。

（3）提供旅行过程中的服务。

7. 末站服务

（1）提醒工作。

（2）征求意见。

（3）致欢送辞。

8. 善后工作

（1）处理遗留问题。

（2）总结工作。

（3）填写"全陪日志"。

（4）结账、归还物品。

巩固练习

1. 简述全陪的规范服务流程。

2. 全陪该熟悉接待计划的哪些内容？

知识点 3　领队规范服务流程

知识点分析

1. 领队规范服务流程

（1）准备工作。

（2）召开出行前说明。

（3）办理中国出境手续。

（4）办理国外入境手续。

（5）落实境外旅游接待。

（6）办理国外离境手续。

（7）办理回国手续。

（8）散团及善后工作。

2. 出发前的业务准备

（1）接收带团任务。

（2）熟悉旅游团情况。

（3）熟悉旅游行程接待计划。

（4）查验全团成员的证件、签证及机票。

3. 行前说明会的内容

（1）欢迎辞。

（2）行程说明。

（3）通知集合时间及地点。

（4）对每位客人提出要求。

（5）提醒游客带好有关物品。

（6）货币的携带与兑换。

（7）提醒注意人身安全。

（8）财物保管。

（9）出入国境时注意事项。

（10）对首次出境的游客,最好将旅游中有关衣、食、住、行、游、购、娱等事项逐一介绍。

4. 落实有关事项

（1）分房。

（2）国内段返程机票的确认。

（3）有无提前出发在出境口岸等候的游客。

（4）是否有单项服务等特殊要求。

（5）是否有饮食方面的特殊要求。

5. 办理中国出境手续

（1）出发前集合。

（2）办理海关手续。

（3）办理乘机手续。

（4）通过卫生检疫。

（5）边防检查及登机安检。

6. 办理国外入境手续

（1）办理入境手续。

（2）领取全团行李。

（3）接受海关查验。

7. 落实境外旅游接待

（1）抵达联络。

（2）入住饭店。

（3）商定日程。

（4）监督计划实施。

（5）维护游客权益。

（6）做好团结工作。

（7）保管证件机票。

（8）指导游客购物。

8. 散团及善后工作

（1）送别。

（2）后续工作。

（3）填写"领队日志"。

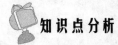 巩固练习

1. 简述领队的规范服务流程。

2. 领队召开行前说明会应说明哪些内容？

知识点 4　景区（点）导游人员规范服务流程

知识点分析

1. 景区（点）导游人员规范服务流程

（1）服务准备。

（2）导游服务。

（3）善后工作。

2. 服务准备

（1）自身准备。

（2）知识准备。

（3）计划准备。

（4）物质准备。

3. 导游服务

（1）致欢迎辞。

（2）商定游览行程及线路。

（3）交代游览线路及注意事项。

（4）负责景区（点）导游讲解。

（5）提供购物服务。

（6）做好送别服务。

4. 善后工作

（1）写好接待总结。

（2）查漏补缺。

（3）总结提高。

 巩固练习

1. 简述景区（点）导游人员的规范服务流程。

2. 简述景区（点）导游人员导游服务内容。

二、散客导游服务规范

 考纲解读

1. 理解散客旅游的概念，掌握散客旅游与团队旅游的区别，掌握散客旅游的特点。

2. 掌握散客旅游规范服务流程。

知识点 1 散客旅游概述

知识点分析

1. 散客旅游的概念

散客旅游又称自助或半自助旅游。它是由游客自行安排旅游行程，零星现付各项旅游费用的旅游形式。

2. 散客旅游迅速发展的原因

（1）游客自主意识增强。

（2）游客内在结构改变。

（3）交通和通信的发展。

（4）散客接待调节改善。

3. 散客旅游与团队旅游的区别

（1）旅游方式。

（2）游客人数。

（3）服务内容。

（4）付款方式和价格。

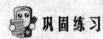

174

（5）服务难度。

4. 散客旅游的特点

（1）规模小。

（2）批次多。

（3）要求多。

（4）变化大。

（5）预定期短。

巩固练习

1. 简述散客旅游的概念。

2. 简述散客旅游与团队旅游的区别。

知识点 2　散客旅游规范服务流程

知识点分析

1. 散客旅游规范服务流程

（1）接站服务。

（2）导游服务。

（3）送站服务。

2. 散客接站服务准备

（1）认真阅读接待计划。

（2）做好出发前的准备。

（3）联系交通工具。

3. 没有接到应接的散客

（1）询问机场（车站）工作人员，确认本次航班（火车、轮船）的乘客已全部下飞机（火车、轮船）或在隔离区内确认没有出港游客。

（2）导游人员（如有可能，与司机一起）在尽可能的范围内寻找（至少 20 分钟）。

（3）与散客下榻的饭店联系，查询游客是否已自行到达饭店。

（4）若确实找不到应接的散客，则导游人员应打电话与计调人员联系并告知情况，进一步核实其抵达的日期和航班（车次、船次）及是否有变更的情况。

（5）当确定迎接无望时，须经计调部或散客部同意方可离开机场（车站、码头）。

（6）对于未在机场（车站、码头）接到游客的导游人员来说，回到市区后，应前往游客下榻的饭店前台，确认游客是否已入住饭店。如果游客已入住饭店，必须主动与其联系，并表示歉意。

4. 散客接待入住饭店服务

（1）协助办理入住手续。

（2）确认日程安排。

（3）确认机票。

（4）推销旅游服务项目。

5. 散客导游服务

（1）出发前的准备。

（2）沿途导游服务。

（3）现场导游讲解。

（4）其他服务。

（5）后续工作。

6. 送站服务

（1）服务准备。

（2）饭店接送散客。

（3）送站工作。

（4）结束工作。

巩固练习

1. 散客接站服务应如何准备？
2. 导游没有接到应接的散客应如何处理？

单元训练

一、选择题

1. 已定妥日期、航班和机座的机票，称为（ ）。

　　A. OK 票　　　　　B. Open 票　　　　C. 长期机票　　　　D. 短期机票

2. 旅游出发前，地陪应提前（ ）分钟到达集合地点。

　　A. 20　　　　　　　B. 30　　　　　　　C. 10　　　　　　　　D. 15

3. 地陪送团时，游客乘出境航班离开，应提前（ ）小时到机场。

　　A. 1　　　　　　　　B. 1.5　　　　　　　C. 2　　　　　　　　　D. 0.5

4. 依照《出境旅游领队人员管理办法》规定取得出境旅游领队证，接受具有出境旅游业务经营权的国际旅行社的委派，从事出境旅游领队业务的人员被称为（　　）。

 A. 地陪导游　　　　　　　　　　B. 全陪导游

 C. 出境旅游领队　　　　　　　　D. 景区（点）导游

5. 团队旅游一般是由（　　）人以上的游客组成。

 A. 10　　　　　B. 15　　　　　C. 20　　　　　D. 30

二、判断题

1. Open 票是定期机票。（　　）

2. 进住饭店服务中，地陪应协助办理住店手续。（　　）

3. 首次沿途导游服务，导游可以什么都不介绍。（　　）

4. 领队是整个导游工作队伍中的核心人物。（　　）

5. 散客旅游的发展迅速。（　　）

三、综合题

1. 简述地陪的规范服务流程。

2. 进住饭店服务有哪些工作？

第三节　导游辞的创作

 考纲解读

1. 了解导游辞的内涵，掌握不同类型导游辞的特征。

2. 掌握导游辞的内容结构。

3. 掌握导游辞的写作方法。

知识点 1　导游辞的内涵及类型

 知识点分析

1. 导游辞的内涵

导游辞是导游人员引导游客参观游览时使用的讲解语言，主要用于面对面的导游交际场合。

2. 导游辞的类型

（1）漫谈型。

（2）混合型。

（3）知识型。

（4）比较型。

 **巩固练习**

1. 简述导游辞的内涵。

2. 导游辞有哪几种类型?

知识点2　导游辞的内容结构及写作方法

 **知识点分析**

1. 导游辞的结构

（1）欢迎辞。

（2）沿途讲解辞。

（3）景点讲解辞。

（4）欢送辞。

2. 欢迎辞的内容

（1）问候语。

（2）欢迎语。

（3）介绍语。

（4）希望语。

（5）祝愿语。

3. 景点讲解辞的写作要领

（1）切题。

（2）创意。

（3）正确。

（4）层次。

（5）重点。

（6）发挥。

（7）口语化。

4. 欢送辞的内容

（1）感谢语。

（2）惜别语。

（3）征求意见语。

（4）致歉语。

（5）祝愿语。

5. 导游辞选题原则

（1）个性化原则。

（2）创新性原则。

（3）整体性原则。

（4）针对性原则。

6. 导游辞写作要求

（1）强调知识性。

（2）讲究口语化。

（3）突出趣味性。

（4）具有针对性。

（5）富有高品位。

巩固练习

1. 简述导游辞的结构。

2. 欢迎辞的内容有哪些？

单元训练

一、选择题

1. 被称为"流水账"的，其特点是走到哪到儿讲到哪儿，面面俱到，点到为止的导游辞是（　　）。

　　A. 漫谈型　　　　　B. 混合型　　　　　C. 知识型　　　　　D. 比较型

2. 所有导游辞中档次最高、要求难度最大的一种导游辞，不但要求有普遍性、科学性、知识性，还要求有可比性的导游辞是（　　）。

　　A. 漫谈型　　　　　B. 混合型　　　　　C. 知识型　　　　　D. 比较型

二、判断题

1. 导游辞是导游人员引导游客参观游览时使用的讲解语言，主要用于面对面的导游交际场合。　　　　　　　　　　　　　　　　　　　　　　　　　　　　（　　）

2. 混合型导游辞是导游辞中档次最高的一种导游辞。　　　　　　　　（　　）

3. 问候语是导游辞欢迎辞中的一部分。 （ ）

4. 欢迎语是导游辞欢送辞中的一部分。 （ ）

三、综合题

导游辞的内容结构是怎样的？怎么才能创造出一篇优秀的导游辞？

第四节 导游人员服务技能

一、语言技能

考纲解读

1. 理解导游语言的内涵及特性。

2. 掌握导游口头语言表达技巧。

3. 掌握导游态势语言运用技巧。

4. 掌握导游语言的沟通技巧。

知识点 1 导游语言的内涵及特性

知识点分析

1. 导游语言的内涵

从狭义的角度上看，导游语言是导游人员与游客交流思想感情、指导游览、进行讲解、传播文化时使用的一种具有丰富表达力、生动形象的口头语言。

从广义的角度来说，导游语言是导游人员在导游服务过程中必须熟练掌握和运用的所有含有一定意义并能引起互动的一种符号。

2. 导游语言的特性

（1）导游语言的准确性。

（2）导游语言的逻辑性。

（3）导游语言的生动性。

3. 准确的导游语言应注意的方面

（1）态度要严肃认真。

（2）了解所讲、所谈的事物和内容。

（3）遣词造句准确，词语组合、搭配恰当。

（4）语音、语调要正确。

 **巩固练习**

1. 简述导游语言的特性。

2. 导游语言要做到准确，应注意哪些方面？

知识点 2　口头语言表达技巧及态势语言运用技巧

知识点分析

1. 口头语言的基本形式

（1）独白式。

（2）对话式。

2. 口头语言的表达要领

（1）音量大小适度。

（2）语调高低有序。

（3）语速快慢相宜。

（4）停顿长短合理。

（5）语气丰富多变。

3. 口头语言的表达方法

（1）叙述法。

（2）置疑法。

4. 表情语的运用应注意的问题

（1）灵敏。

（2）鲜明。

（3）真诚。

（4）有分寸。

5. 运用目光语的方法

（1）目光的联结。

（2）目光的移动。

（3）目光的分配。

（4）目光与讲解的统一。

巩固练习

1. 简述口头语言的基本形式。
2. 简述口头语言的表达要领。

知识点 3　导游语言的沟通技巧

知识点分析

1. 导游人员对游客的称谓

（1）交际关系型。

（2）套用尊称型。

（3）亲密关系型。

2. 自我介绍的语言技巧

（1）热情友善，充满自信。

（2）介绍内容繁简适度。

（3）善于运用不同的方法。

3. 交谈的语言技巧

（1）开头要寒暄。

（2）说话要真诚。

（3）内容要健康。

（4）言语要中肯。

（5）要"看"人说话。

（6）善于把握谈话过程。

4. 劝服的语言技巧

（1）诱导式劝服。

（2）迂回式劝服。

（3）暗示式劝服。

5. 提醒的方式

（1）敬语式提醒。

（2）协商式提醒。

（3）幽默式提醒。

6. 回绝的方式

（1）柔和式回绝。

（2）迂回式回绝。

（3）引申式回绝。

（4）诱导式回绝。

7. 道歉的方式

（1）微笑式道歉。

（2）迂回式道歉。

（3）自责式道歉。

8. 答问的语言技巧

（1）是非分明。

（2）以问为答。

（3）曲语回避。

（4）诱导否定。

 巩固练习

1. 自我介绍的语言技巧有哪些？

2. 交谈的语言技巧有哪些？

二、讲解技能

 考纲解读

1. 理解导游讲解的原则和要求。

2. 掌握实地导游讲解常用技法。

3. 掌握实地导游讲解要领。

知识点 1　导游讲解的原则和要求

知识点分析

1. 导游讲解的原则

（1）客观性原则。

（2）针对性原则。

（3）计划性原则。

（4）灵活性原则。

2. 导游讲解的要求

（1）言之友好。

（2）言之有物。

（3）言之有据。

（4）言之有理。

（5）言之有趣。

（6）言之有神。

（7）言之有力。

（8）言之有情。

（9）言之有喻。

（10）言之有礼。

 巩固练习

1. 导游讲解的原则有哪些?

2. 导游讲解的要求有哪些?

知识点 2　实地导游讲解的常用技法及要领

知 识 点 分 析

1. 实地导游讲解常用技法

（1）概述法。

（2）分段讲解法。

（3）突出重点法。

（4）问答法。

（5）虚实结合法。

（6）触景生情法。

（7）制造悬念法。

（8）类比法。

（9）妙用数字法。

（10）画龙点睛法。

2. 突出重点法

突出重点法就是在导游讲解中不面面俱到，而是突出某一方面的导游讲解方法。

（1）突出景点的独特之处。

（2）突出具有代表性的景观。

（3）突出游客感兴趣的内容。

（4）突出"……之最"。

3. 问答法

问答法就是在导游讲解时，导游人员向游客提问题或启发他们提问题的导游方法。问答法的形式有四种：

（1）自问自答法。

（2）我问客答法。

（3）客问我答法。

（4）客问客答法。

4. 虚实结合法

虚实结合法就是在导游讲解中将典故、传说与景物介绍有机结合，即编织故事情节的导游方法。

5. 在旅游车上讲解时应掌握的要领

（1）与司机商量确定行车线路时，在合理而可能的原则下尽量不要错过城市的重要景观。

（2）在经过重要的景点或标志性建筑时，要及时向游客指示景物的方向，讲解的内容要及时与车外的景物相呼应。

（3）要学会使用"触景生情法"。

（4）在讲解的过程中要注意观察游客的反应。

（5）在快要到达将要游览的景区（点）时，要使用"突出重点法"将景区（点）的最重要的价值及最独特之处向游客进行讲解。

6. 在景区（点）讲解时应掌握的要领

（1）在景区（点）的游览指示图前向游客说明游览线路、重要景点、洗手间及吸烟区的位置。

（2）要做好景区（点）的讲解，需要确定讲解主题，以主题为主线将每一个小景点串联起来，引导游客去发现景区（点）最独特之处。

（3）在讲解每个小景点时可以用"突出重点法"来讲解该景点的独特之处，用"触景生情法"延伸讲解与此有关的景区背景及历史，用"妙用数字法"来讲解其历史、建筑特点等。

（4）导游人员在讲解自己熟悉或擅长的内容时，不要过于张扬卖弄，避免过多地使用"你们知不知道……"、"让我来告诉你……"等语言，同时注意控制节奏，给游客缓冲、消化知识内容的时间。

7. 讲解后的导游服务

（1）巧妙回答游客的提问。

（2）引导游客"换位欣赏"。

（3）告知游客相关注意事项。

 巩固练习

1. 实地导游讲解常用技法有哪些？

2. 在旅游车上讲解应掌握哪些要领？

三、带团技能

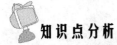 **考纲解读**

1. 掌握导游人员带团的特点、原则、模式、导游人员主导地位和形象塑造。

2. 掌握导游人员的心理服务技能和组织协调技能。

3. 掌握重点游客的接待技巧。

知识点 1　导游人员带团的特点、原则、模式、主导地位和形象塑造

知识点分析

1. 导游人员带团的特点

（1）环境的流动性。

（2）接触的短暂性。

（3）服务的主动性。

2. 导游人员带团的原则

（1）游客至上原则。

（2）服务至上原则。

（3）履行合同原则。

（4）公平对待原则。

3. 导游人员带团的模式

（1）计划中心型。

（2）游客中心型。

4. 确立在旅游团中的主导地位

（1）以诚待人，热情服务。

（2）换位思考，宽以待客。

（3）树立威信，善于"驾驭"。

5. 树立良好的导游形象

（1）重视"第一印象"。

（2）维护良好的形象。

（3）留下美好的最终印象。

巩固练习

1. 简述导游人员带团的特点。

2. 简述导游人员带团的原则。

知识点 2　导游人员的心理服务技能和组织协调技能

知识点分析

1. 导游人员应具备的心理品质

（1）良好的感知能力和观察力。

（2）良好的注意能力。

（3）良好的意志品质。

2. 了解游客的心理

（1）从人口统计特征了解游客。

（2）从分析游客所处的地理环境来了解游客。

（3）从游客的出游动机了解游客。

（4）从游客不同的个性特征了解游客。

（5）通过分析旅游活动各阶段游客的心理变化了解游客。

3. 激发游客的游兴

（1）通过直观形象激发游客的游兴。

（2）运用语言艺术激发游客的游兴。

（3）通过组织文娱活动激发游客的游兴。

（4）使用声像导游手段激发游客的游兴。

4. 把握心理服务的要领

（1）尊重游客。

（2）微笑服务。

（3）使用柔性语言。

（4）与游客建立"伙伴关系"。

（5）提供个性化服务。

5. 旅游活动组织安排技巧

（1）灵活搭配活动内容。

（2）合理安排游客饮食。

（3）尽快安排游客入住。

（4）注意旅行服务技巧。

（5）引导游客理性购物。

6. 全陪（地陪）与领队的协作

（1）尊重领队，遇事与领队多磋商。

（2）关心领队，支持领队的工作。

（3）多给领队荣誉，调动领队的积极性。

（4）灵活应变，掌握工作主动权。

（5）争取游客支持，避免与领队正面冲突。

7. 导游人员与司机的协作

（1）及时向司机通报相关信息。

（2）协助司机做好安全行车工作。

（3）征求司机对活动日程的意见。

8. 导游人员改善人际关系的方法

（1）适应客观存在。

（2）与人为善。

（3）扬"长"避"短"。

（4）培养人际交往的兴趣。

巩固练习

1. 导游人员应具备哪些心理品质？

2. 导游人员改善人际关系的方法有哪些？

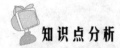
知识点 3　重点游客的接待技巧

知识点分析

1. 儿童的接待技巧

（1）注意儿童的安全。

（2）掌握"四不宜"原则。

（3）对儿童多给予关照。

（4）注意儿童的接待价格标准。

2. 高龄游客的接待技巧

（1）妥善安排日程。

（2）做好提醒工作。

（3）注意放慢速度。

（4）耐心解答问题。

（5）预防游客走失。

（6）尊重西方传统。

3. 残疾游客的接待技巧

（1）适时、恰当地关心照顾。

（2）具体、周到的导游服务。

4. 宗教界人士的接待技巧

（1）注意掌握宗教政策。

（2）提前做好准备工作。

（3）尊重游客信仰习惯。

（4）满足游客特殊要求。

5. 有特殊身份和地位的游客的接待技巧

（1）导游人员要有自信心。

（2）导游人员要提前做好相关的知识准备。

（3）随时向有关领导请示、汇报，尽最大努力安排好他们的行程。

巩固练习

1. 儿童的接待技巧有哪些？

2. 高龄游客的接待技巧有哪些？

四、应变技能

考纲解读

1. 掌握事故类型及应变处理的原则。
2. 掌握常见事故（问题）的应变处理。
3. 掌握游客个别要求的处理。

知识点 1　事故类型及应变处理的原则

知识点分析

1. 导游服务中的事故类型

（1）按严重程度划分：一般事故、严重事故。

（2）按事故性质划分：安全性事故、业务性事故。

①安全性事故：轻微事故、一般事故、重大事故、特大事故。

②业务性事故：责任事故、自然事故。

2. 导游人员应变处理的原则

（1）维护游客利益原则。

（2）符合法律原则。

（3）"合理而可能"原则。

（4）公平对待原则。

（5）尊重游客原则。

（6）维护尊严原则。

巩固练习

1. 安全性事故分为哪几类？
2. 导游人员应变处理的原则有哪些？

知识点 2　常见事故（问题）的应变处理

知识点分析

1. 漏接的主观原因

（1）由于导游人员自身工作不够细致，没有认真阅读接待计划，把旅游团（者）抵达的日期、时间、地点搞错。

（2）导游人员迟到，没有按预定的时间提前抵达接站地点。

（3）由于某种原因，班次变更，旅游团提前到达，接待社有关部门在接到上一站通知后，在接待计划上注明，但导游人员没有认真阅读，仍按原计划接站。

（4）没查对新的航班时刻表，特别是新、旧时刻表交替时，"想当然"地仍按旧时刻表的时间接站，因而造成漏接事故。

（5）导游人员举牌接站的地方选择不当。

2. 漏接的客观原因

（1）由于种种原因，上一站接待社将旅游团原定的班次或车次变更而使其提前抵达，但漏发变更通知，造成漏接。

（2）接待社已接到变更通知，但有关人员没有及时通知该团地陪，造成漏接。

（3）司机迟到，未能按时到达接站地点，造成漏接。

（4）由于交通堵塞或其他预料不到的情况发生，未能及时抵达机场（车站），造成漏接。

（5）由于国际航班提前抵达或游客在境外中转站乘其他航班而造成漏接。

3. 漏接的预防

（1）认真阅读计划。

（2）核实交通工具到达的准确时间。

（3）提前抵达接站地点。

4. 漏接的处理

（1）实事求是地向游客说明情况，诚恳地赔礼道歉，求得游客谅解。如果不是自身的原因，则要立即与接待社联系，告知现状，立即查明原因，并耐心向游客做好解释工作，消除误解。

（2）尽量采取弥补措施，使游客的损失减少到最低限度。如果有费用问题（如游客乘出租车到饭店的车费），则应主动将费用赔付游客。

（3）提供更加热情周到的服务，高质量地完成计划内的全部活动内容，以求尽快消除因漏接而给游客造成的不愉快情绪。

（4）必要时请接待社领导出面赔礼道歉，或酌情给游客一定的物质补偿。

5. 空接事故的原因

（1）接待社没有接到上一站的通知。

（2）上一站忘记通知。

（3）没有通知地陪。

（4）游客本身原因。

6. 空接的处理

（1）导游人员应立即与本社有关部门联系，查明原因。

（2）如推迟时间不长，可留在接站地点继续等候，迎接旅游团的到来，同时要通知各接待单位，处理相关事宜。

（3）如推迟时间较长，导游人员应按本社有关部门的安排，重新落实接团事宜。

7. 错接的预防

（1）导游人员应提前到达接站地点迎接旅游团。

（2）接团时认真核实。

（3）提高警惕，严防社会其他人员非法接走旅游团。

8. 错接的处理

（1）报告领导。

（2）将错就错。如经核查，错接发生在本社的两个旅游团之间，两个导游人员又都是地陪，那么可将错就错，两名地陪将接待计划交换之后可继续接团。

（3）必须交换。如经核查，错接的团分属两家社接待，则必须交换；如错接的两个团属同一旅行社接待，但两个导游人员中有一名是地陪兼全陪，那么，也应交换旅游团。

（4）实事求是地说明，并诚恳道歉。

（5）其他人员带走游客，马上与饭店联系，看游客是否下榻饭店。

9. 旅游团抵达时间延误，造成旅游时间缩短

（1）分析困难，及时报告，反馈组团社，找出补救措施。

（2）安排落实交通、住宿、游览，及时退房、退车、退餐。

（3）压缩游览时间，尽量不减少计划内项目。

10. 旅游团提前离开，造成旅游时间缩短

（1）采取尽可能的补救措施。

（2）做好游客的工作。

（3）通知计调等部门办理相关事宜。

（4）给予游客适当的补偿。

（5）若提前离开，则应立即报告组团社，并通知下一站接待社。

11. 旅游团延长旅游时间

（1）落实有关事宜。

（2）迅速调整活动日程。

（3）提醒有关接待人员通知下一站该团的日程变化。

（4）在设计变更计划时，应征求领队、全陪的建议，共同商量取得支持。

12. 逗留时间不变，被迫改变部分旅游计划

（1）实事求是地说明，并求得谅解。

（2）提出另一景点代替的方案，与游客协商。

（3）精彩的讲解、热情的服务激起游客游兴。

（4）按照有关规定进行相应补偿。

13. 旅游团（者）要求变更计划和日程

游客向导游人员提出变更旅游路线或旅游日程时，原则上应按旅游合同执行。遇有较特殊的情况或有领队提出，导游人员也无权擅自做主，要上报组团社或接待社有关人员；须经有关部门同意，并按照其指示和具体要求做好变更工作。

14. 因旅行社的原因需要调整计划和日程

在旅游计划安排过程中，可能出现因旅行社的工作疏忽（如景区当天不开放，游客预订节目没安排等），造成旅游活动安排不周，需要进行临时调整。出现这种情况时应首先对计划进行合理安排，尽量不影响日程，然后将安排后的计划与领队及游客沟通，获取他们的谅解，再按照新计划安排游览。

15. 误机（车、船）事故的预防

（1）认真核实、落实票据。

（2）如果票据未落实，接团期间应随时与接待社有关人员保持联系。

（3）离开当天不要安排旅游团到地域复杂、偏远的景点参观游览，不要安排自由活动。

（4）留有充足的时间去机场（车站、码头），要考虑到交通堵塞或突发事件等因素。

（5）保证规定的时间到达机场（车站、码头），提前到达（国际航班 2 小时，国内航班 1.5 小时，火车轮船 1 小时）。

16. 将成事故的应急措施

（1）与机场联系，请求等候，讲明情况。

（2）同意后，立即组织赶赴机场，请旅行社帮助协调。

（3）向有关部门与人员说明情况与补救方法、协助事项。

17. 已成事故的处理方法

（1）请求协助。

（2）与交通站点联系，争取改乘最近班次的交通工具。

（3）稳定游客情绪，安排食宿游览。

（4）通知下一站。

（5）向旅游团（者）赔礼道歉。

（6）写出事故报告，查明原因和责任。

18. 证件、钱物、行李遗失的预防

（1）多做提醒工作。

（2）不代为游客保管证件。

（3）切实做好每次行李的清点、交接工作。

（4）每次游客下车后，导游人员都要提醒司机清车、关窗并锁好车门。

19. 丢失外国护照和签证

（1）由旅行社出具证明。

（2）请失主准备照片。

（3）失主本人持证明去当地公安局（外国人出入境管理处）报失，由公安局出具证明。

（4）持公安局的证明去所在国驻华使、领馆申请补办新护照。

20. 丢失团体签证

（1）由接待社开具遗失公函。

（2）准备原团体签证复印件（副本）。

（3）重新打印与原团体签证格式、内容相同的该团人员名单。

（4）准备该团全体游客护照。

（5）持以上证明材料到公安局出入境管理处报失，并填写有关申请表。

21. 丢失港澳居民来往内地通行证（港澳回乡证）

（1）向公安局派出所报失，取得报失证明；接待社开具遗失证明。

（2）到公安局出入境管理处申请领取赴港澳证件。

（3）经出入境管理部门核实后，给失主签发一次性"中华人民共和国入出境通行证"。

（4）到港澳地区后，填写"港澳居民来往内地通行证件遗失登记表"和申请表，凭本人港澳居民身份证，申请补发新通行证。

22. 丢失台湾居民来往大陆通行证

失主向遗失地的中国旅行社或户口管理部门或侨办报失、核实后，发给一次性有效的入出境通行证。

23. 丢失中华人民共和国居民身份证

接待社核实后开证明，持证明到公安局报失，核实后再开具身份证明，机场安检核准放行。回到居住地后，凭公安局报失证明与有关材料到派出所办理新身份证。

24. 外国游客丢失钱物的处理

（1）稳定失主情绪。

（2）立即向公安局或保安部门以及保险公司报案。

（3）及时向接待社领导汇报，听取领导指示。

（4）接待社出具遗失证明。

（5）若丢失的是贵重物品，失主持证明、本人护照或有效身份证件到公安局出入境管理处填写"失物经过说明"，列出遗失物品清单。

（6）若失主遗失的是入境时向海关申报的物品，要出示"中国海关行李申报单"。

（7）若将"中国海关行李申报单"遗失，要在公安局出入境管理处申请办理"中国海关行李申报单报失证明"。

（8）若遗失物品已在国外办理财产保险，领取保险时需要证明，可以向公安局出入境管理处申请办理"财物报失证明"。

（9）若遗失物品是旅行支票、信用卡等票证，在向公安机关报失的同时也要及时向有关银行挂失。

25. 国内游客丢失钱物的处理

（1）立即向公安局、保安部门或保险公司报案。

（2）及时向接待社领导汇报。

（3）若旅游团结束时仍未破案，可根据失主丢失钱物的时间、地点、责任方等具体情况做善后处理。

26. 来华途中丢失行李

（1）带失主到机场失物登记处办理行李丢失和认领手续。

（2）游客在当地游览期间，导游要不时打电话询问行李情况，一时找不回，应协助游客购置必备用品。

（3）若离开前未找到行李，则应将接待社名称、线路下榻饭店告之航空公司。

（4）可向航空公司索赔或按国际惯例取得赔偿。

27. 在中国境内丢失行李

（1）仔细分析，找出差错的线索或环节。

（2）做好善后工作。

（3）随时与有关方面联系，询问查找进展情况。

（4）行李找回，及时将找回的行李归还失主。

（5）帮助失主根据有关规定或惯例向有关部门索赔。

（6）事后写出书面报告。

28. 游客走失的预防

（1）做好提醒工作。

（2）做好各项活动的安排和预报。

（3）时刻和游客在一起，经常清点人数。

（4）地陪、全陪和领队密切配合。

（5）导游人员要以高超的导游技巧和丰富的讲解内容吸引游客。

29. 游客在旅游景点走失

（1）了解情况，迅速寻找。

（2）寻求帮助。

（3）与饭店联系。

（4）向旅行社报告。

（5）做好善后工作。

（6）写出事故报告。

30. 游客在自由活动时走失

（1）立即报告接待社和公安部门。

（2）做好善后工作。

（3）若游客走失后出现其他情况，则应视具体情况作为治安事故或其他事故处理。

31. 游客患病的预防

（1）游览项目准备要有针对性。

（2）安排活动日程要留有余地。

（3）随时提醒游客注意饮食卫生，不买小贩食品，不要喝生水。

（4）及时报告天气变化。

32. 游客患一般疾病的处理

（1）劝其及早就医，注意休息，不要强行游览。

（2）关心患病的游客。

（3）需要时导游人员可陪同患者前往医院就医。

（4）严禁导游人员擅自给患者用药。

33. 游客突患重病的处理

（1）前往景点途中突患重病。

游客在去旅游景点的途中突然患病，导游人员应做到：

①在征得患者、患者亲友或领队同意后，立即将患病游客送往就近医院进行治疗，或拦截其他车辆将其送医院，必要时中止旅行，让旅行车直接先开到医院。

②及时将情况通知接待社有关人员，请求指示和派人协助。

③一般由全陪、领队、病人亲友一同前往医院。如无全陪和领队，地陪应该立即通知接待社请求协助。

（2）参观游览时突患重病。

①不要搬动患病游客，让其坐下或躺下。

②立即拨打电话叫救护车（医疗急救电话：120）。

③向景点工作人员或管理部门请求帮助。

④及时向接待社领导及有关人员报告。

（3）在饭店突然患重病。

游客在饭店突然患重病，先由饭店医务人员抢救，然后送医院。导游人员还应及时向当地接待社领导汇报情况。

（4）在向异地转移途中突患重病。

在乘飞机、火车、轮船前往下一站的途中，游客突患重病，全陪应请求乘务员的帮助，并在乘客中寻找医务人员。同时，通知下一站旅行社做好抢救的各项准备工作。

（5）注意处理要点。

①旅游者病危时，导游人员应立即协同领队和亲友送病人去急救中心或医院抢救，或请医生前来抢救。

②患者如系国际急救组织的投保者，导游人员还应提醒领队及时与该组织的代理机构联系。

③在抢救过程中，导游人员应要求领队或患者亲友在场，并详细记录患者患病前后的症状及治疗情况。导游人员还应随时向当地接待社反映情况。

④如果需要做手术，须征得患者亲属的同意，如果亲属不在，需由领队同意并签字。

⑤若患者病危，其亲属不在身边时，则导游人员应提醒领队及时通知患者亲属。如患者亲属系外籍人士，导游人员应提醒领队通知所在国使、领馆；患者家属来到后，导游人员应协助其解决生活方面的问题；若找不到亲属，则一切按使、领馆的书面意见处理。

⑥有关诊治、抢救或做手术的书面材料，应由主治医生出具证明并签字，要妥善保存。

⑦地陪应该请求接待社领导派人帮助照顾患者，并办理医院的相关事宜，同时安排好旅游团继续按计划活动，不得将全团活动中断。

⑧患者转危为安但仍需要继续住院治疗，不能随团继续旅游或出境时，接待社领导和导游人员（主要是地陪）要不时去医院探望，帮助患者办理分离签证、延期签证以及出院、回国手续及交通票证等事宜。

⑨患者住院和医疗费用自理。如患者没钱看病，请领队或组团社与境外旅行社、其家人或保险公司联系解决其费用问题。

⑩患者在离团住院期间未享受的综合服务费由中外旅行社之间结算后，按协议规定处理。患者亲属在此期间的一切费用自理。导游人员应安排好旅游团其他旅游者的活动，全陪应继续随团旅游。

34. 交通事故的预防

（1）不与司机聊天，以免分散注意力。

（2）安排时，时间上留有余地，不催促开快车。

（3）若天气不好，交通堵塞，则应提醒注意安全。

（4）行程调整，安全第一。

（5）阻止非本车司机开车，禁止酒驾。

35. 交通事故的处理

（1）立即组织抢救。

（2）立即报案，保护好现场。

（3）迅速向接待社报告。

36. 治安事故的预防

（1）入住饭店时，导游人员应建议游客将贵重财物存入饭店保险柜，不要随身携带大量现金或将大量现金放在客房内。

（2）提醒游客不要将自己的房号随便告诉陌生人。

（3）提醒游客不要与私人兑换外币，并讲清关于我国外汇管制的规定。

（4）每当离开游览车时，导游人员都要提醒游客不要将证件或贵重物品遗留在车内。

（5）在旅游景点活动中，导游人员都要始终和游客在一起。

（6）在汽车行驶途中，不得停车让非本车人员上车、搭车。

37. 治安事故的处理

（1）全力保护游客。

（2）迅速抢救。

（3）立即报警。

38. 火灾事故的预防

（1）做好提醒工作。

（2）熟悉饭店的安全出口和转移路线。

（3）牢记火警电话。

39. 火灾事故的处理

（1）千万不能让游客搭乘电梯或慌乱跳楼。尤其是在三层以上的旅客，切记不要跳楼。

（2）用湿毛巾捂住口鼻，身体重心尽量下移，使面部贴近墙壁、墙根或地面。

（3）必须穿过浓烟时，可用水将全身浇湿，或披上用水浸湿的衣被，捂住口鼻，贴近地面蹲行或爬行。

（4）若身上着火了，可就地打滚，将火苗压灭，或用厚重衣物压灭火苗。

（5）当大火封门无法逃脱时，可用浸湿的衣物、被褥将门封堵塞严，或泼水降温，等待救援。

（6）当见到消防队来灭火时，可以摇动色彩鲜艳的衣物为信号，争取救援。

40. 食物中毒的预防

（1）严格执行在旅游定点餐厅就餐的规定。

（2）提醒游客不要在小摊上购买食物。

（3）用餐时，若发现食物、饮料不卫生，或有异味变质的情况，导游人员应立即要求更换，并要求餐厅负责人出面道歉，必要时向旅行社领导汇报。

41. 食物中毒的处理

发现游客食物中毒，导游人员应设法催吐，让食物中毒者多喝水以加速排泄，缓解毒性；立即将患者送医院抢救，请医生开具诊断证明；迅速报告旅行社并追究供餐单位的责任。

42. 游客越轨言行处理原则

（1）分清越轨行为和非越轨行为的界限。

（2）分清有意和无意的界限。

（3）分清无故和有因的界限。

（4）分清言论和行为的界限。

43. 对攻击和诬蔑言论的处理

对于不了解我国国情的外国游客来说，导游人员要积极友好地介绍我国的国情，认真地回答游客的问题，阐明我国对某些问题的立场、观点。总之，多做工作，求同存异。

对于个别游客站在敌对的立场上进行恶意攻击、蓄意诬蔑挑衅，导游人员要严正驳斥，驳斥时要理直气壮，观点鲜明。

44. 对散发宗教宣传品行为的处理

游客若在中国散发宗教宣传品，导游人员一定要予以劝阻，并向其宣传中国的宗教政策，指出不经我国宗教团体的邀请和允许，不得在我国布道、主持宗教活动和在非完备活动场合散发宗教宣传品。对不听劝告并有明显破坏活动者，应迅速报告，由司法、公安等有关部门处理。

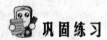 **巩固练习**

1. 简述空接的处理。

2. 简述错接的处理。

知识点 3 游客个别要求的处理

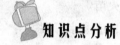 **知识点分析**

1. 对特殊饮食要求的处理

若所提要求在旅游协议书有明文规定的，接待方旅行社需早做安排，地陪在接团前应检查落实情况，不折不扣地兑现。若旅游团抵达后或到定点餐厅后临时提出要求，则需视情况而定。一般情况下地陪应立即与餐厅联系，在可能的情况下尽量满足其要求。如确有困难，地陪应说明情况，协助游客自行解决。

2. 游客要求换餐

（1）用餐前3小时，尽量联系，并讲清楚差价自付。

（2）不具备条件，可换餐厅。

（3）接近用餐时间：能满足则满足要求；确有困难，说明情况；若游客坚持，则建议单独用餐，费用自理，原餐费不退。

3. 游客要求单独用餐的处理

由于旅游团的内部矛盾或其他原因，个别游客要求单独用餐。此时，导游人员要耐心解释，并告诉领队请其调解。如果游客坚持，导游人员则可协助其与餐厅联系，但餐费自理，并告知综合服务费不退。游客由于外出自由活动、访友、疲劳等原因不随团用餐，导游人员应同意其要求，但要说明餐费不退。

4. 游客要求在客房内用餐

若游客生病，导游人员或饭店服务员应主动将饭菜端进房间以示关怀。若是健康的游客希望在客房用餐，应视情况办理。如果餐厅能提供此项服务，可满足游客的要求，但须告知服务费标准。

5. 游客要求自费品尝风味

旅游团要求外出自费品尝风味，导游人员应予以协助，可由旅行社出面，也可由游客自行与有关餐厅联系订餐。风味餐订妥后旅游团又想不去，导游人员应劝他们在约定时间前往餐厅，并说明若不去用餐须赔偿餐厅的损失。

6. 游客要求推迟就餐时间

由于游客的生活习惯不同，或由于在某旅游地游兴未尽等原因要求推迟用餐时间。导游人员可与餐厅联系，视餐厅的具体情况处理。一般情况下，导游人员要向旅游团说明餐厅有固定的用餐时间，劝其入乡随俗，过时用餐需另付服务费。若餐厅不提供过时服务，则最好按时就餐。

7. 要求调换饭店

（1）是否按标准提供。

（2）未按协议或有卫生、安全问题，接待社负责调换。

（3）调换有困难，按照接待社提出的具体办法妥善解决，并向游客说出理由。

8. 要求调换房间

（1）由于房间不干净，立即满足。

（2）由于客房设施尤其是房间卫生达不到清洁标准，立即打扫。

（3）若游客对房间的朝向、层数不满意，如是可以满足，则适当予以满足，或请领队内部调解。

（4）若游客要住高于合同规定标准的房间，如有则可以满足，但游客要交付原定饭店退房损失费和房费差价。

9. 游客要求单独外出购物

游客要求在自由活动时间单独外出购物，导游人员要尽力帮助，当好购物参谋。如建议去哪家商场，联系出租车，写中文便条等。但是，在离开本地当天要劝阻，以防误机（车、船）。

10. 游客要求购买古玩或仿古艺术品

游客希望购买古玩或仿古艺术品，导游人员应带其到文物商店购买，买妥物品后要提醒他保存发票，不要将物品上的火漆印（如有的话）去掉，以便海关查验。游客要在地摊上选购古玩，导游人员应劝阻，并告知中国的有关规定。若发现个别游客有走私文物的可疑行为，导游人员应及时报告有关部门。

11. 游客要求代办托运

外汇商店一般经营托运业务，导游人员应告诉购买大件物品的游客。若商店无托运业务，导游人员要协助游客办理托运手续。

12. 游客要求自费观看文娱节目

（1）与接待社有关部门联系，请其报价。

（2）协助解决，提醒客人注意安全。

13. 应劝阻游客自由活动的几种情况

（1）如旅游团计划去另一地游览，或旅游团即将离开本地时，导游人员要劝其随团活动，以免误机（车、船）。

（2）如在地方治安不理想、复杂、混乱的地区，导游人员要劝阻游客外出活动，更不要单独活动，但必须实事求是地说明情况。

（3）不宜让游客单独骑自行车去人生地不熟、车水马龙的街头游玩。

（4）游河（湖）时，游客提出希望划小船或在非游泳区游泳的要求，导游人员不能答应，不能置旅游团于不顾而陪少数人去划船、游泳。

（5）游客要求去不对外开放的地区、机构参观游览，导游人员不得答应此类要求。

14. 游客要求代为转递物品的处理

（1）必须问清何物。

（2）请游客写委托书。

（3）将物品或信件交给收件人后，请收件人写收条并签字盖章。

（4）将委托书和收条一并交旅行社保管，以备查用。

（5）若是转递给外国驻华使、领馆及其人员的物品或信件，则原则上不能接收。

15. 游客要求会见的亲友是中国人

导游人员可协助联系，一般情况下，当游客与其亲友进行会见时，导游人员不必参加，如果一方或双方希望导游人员协助翻译，在不影响旅游团活动的前提下，可以答应。

16. 游客要求中途退团的处理

（1）因特殊原因提前离开旅游团。

经接待方旅行社与组团社协商后可以满足，至于未享受的综合服务费，按旅游协议书规定，或部分退还，或不予退还。

（2）无特殊原因执意退团。

导游人员要配合领队做说服工作，劝其继续随团旅游。若接待方旅行社确有责任，应设法弥补；若游客提出的是无理要求，要耐心解释；若劝说无效，游客执意要求退团，可满足其要求，但应告知其未享受的综合服务费不予退还。

（3）由于某种原因中途退团，但本人继续在当地逗留需延长旅游期限。

导游人员应帮其办理一切相关手续。对那些因伤病住院，不得不退团并需延长在当地居留时间者，除了办理相关手续外，还应前往医院探视，并帮助解决患者或其陪伴家属在生活上的困难。

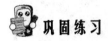 **巩固练习**

1. 简述游客要求换餐的处理。

2. 简述游客要求代为转递物品的处理。

 **单元训练**

一、选择题

1. （　　）多用于表达兴奋、激动、惊叹、疑问等感情状态。

    A. 降调   B. 升调   C. 直调   D. 平调

2. 伸出（　　），在新加坡表示"最重要"。

    A. 拇指   B. 食指   C. 中指   D. 小指

3. 爱交际，喜讲话，好出点子，乐于助人，喜欢多变的游览项目，是（　　）型游客。

    A. 活泼   B. 急躁   C. 稳重   D. 忧郁

4. 要求导游人员在特定的工作对象和时空条件下发挥主观能动性，科学地安排游客的活动日程，有计划地进行导游讲解，这体现了导游讲解应遵循的（　　）原则。

    A. 客观性原则   B. 针对性原则   C. 计划性原则   D. 灵活性原则

5. （　　）是导游人员就旅游城市或景区的地理、历史、社会、经济等情况向游客进行概括性的介绍，使其对即将参观游览的城市或景区有一个大致的了解。

    A. 虚实结合法   B. 概述法   C. 突出重点法   D. 问答法

二、判断题

1. 独白式是导游人员讲、游客倾听的语言传递方式。（　　）

2. 手语是通过人的头部活动来表达语义和传递信息的一种态势语言。（　　）

3. 问答法讲解导游辞不适合采用导游问、游客回答法。（　　）

4. 计划中心型的带团模式是指导游人员带团的主要目标是为了尽量满足游客的需要。（　　）

5.突出重点法是在导游讲解中不面面俱到，而是突出某一方面的导游方法。（　　）

三、综合题

1.什么是虚实结合的导游讲解方法？举例说明。

2.什么是突出重点的导游讲解方法？如何突出重点？

第五节　导游人员服务知识

一、礼仪知识

考纲解读

1.掌握导游人员的仪容仪表礼仪。

2.掌握导游人员的言谈举止礼仪。

3.掌握导游人员的人际交往礼仪。

知识点 1　导游人员的仪容仪表礼仪

知识点分析

1.导游人员的仪容礼仪

（1）仪容的修饰要考虑时间和场合。

（2）在公众场合不能当众进行仪容修饰。

（3）完善自身的仪容需要内外兼修。

2.化妆禁忌

（1）不要当众化妆。

（2）不要非议他人的化妆。

（3）不要借用别人的化妆品。

（4）男士的化妆要体现男子汉的气概。

3.香水的使用礼仪

（1）忌用量过多。

（2）忌使用部位不当。

（3）忌不洁使用。

（4）忌不同香水混合使用。

（5）忌吃辛辣刺激的食物。

4. 仪表服饰的要求

（1）要与年龄相协调。

（2）要与体型相协调。

（3）要与职业相协调。

（4）要与环境相协调。

5. 制服的着装要求

（1）忌脏。

（2）忌皱。

（3）忌破。

（4）忌乱。

6. 西服的穿法

（1）拆除衣袖上的商标。

（2）熨烫平整。

（3）系好纽扣。

（4）不卷不挽。

（5）慎穿毛衫。

（6）巧妙搭配。

（7）少装东西。

7. 女士套裙的穿法

（1）套裙的上衣可以短至腰部，也可长达小腿的中部。

（2）穿着到位。

（3）考虑场合。

（4）协调妆饰。

（5）兼顾举止。

（6）鞋袜应当大小适宜、完好无损。

巩固练习

1. 导游人员的化妆禁忌有哪些?

2. 仪表服饰的要求是什么?

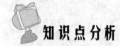
知识点2　导游人员的言谈举止礼仪

知识点分析

1. 交谈中的基本规则

（1）委婉含蓄，表达巧妙。

（2）善于倾听，给别人说话的机会。

（3）坦率诚恳，切忌过分客气。

（4）大方自然。

（5）照顾全局。

（6）诙谐幽默，避开矛盾的锋芒。

2. 忌谈话题

（1）非特殊场合不要涉及疾病、死亡等不愉快的话题。

（2）回避对方的隐私。

（3）对方不愿意回答的问题不要刨根问底。

（4）不要批评长辈和身份高的人，不要讥笑讽刺他人，对宗教问题也应持慎重态度。

（5）不能用词尖酸刻薄，恶语伤人。

（6）不能用傲慢失礼的话伤害对方的自尊心。

（7）对外国游客交谈不得胡言乱语，泄露国家机密。

3. 握手礼仪

（1）掌握握手要领。

（2）注意握手顺序。

（3）把握握手时间。

（4）注意握手力度。

（5）注意握手禁忌。

4. 站立时的注意事项

（1）在非正式场合，双足的位置较自由，但应保持身体的挺直。

（2）向人问候或作介绍时，不论握手或鞠躬，重心应在中间，膝盖要挺直。

巩固练习

1. 交谈中的基本规则是什么？

2. 握手应注意哪些问题？

知识点 3　导游人员的人际交往礼仪

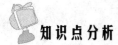**知识点分析**

1. 日常交往的礼仪原则

（1）信守时间。

（2）不妨碍他人。

（3）女士优先。

（4）不得纠正。

（5）维护个人隐私。

（6）以右为尊。

（7）保护环境。

2. 日常工作中的礼仪要求

（1）遵守时间是最重要的礼节。

（2）要尊重游客。

（3）注意细节处的礼仪。

3. 中餐赴宴礼仪规范

（1）接受邀请。

（2）按时赴宴。

（3）抵达致意。

（4）礼貌入席。

（5）席间交谈。

（6）文明用餐。

（7）祝酒碰杯。

（8）致谢辞行。

**巩固练习**

1. 简述日常交往的礼仪原则。

2. 简述日常工作中的礼仪要求。

二、安全知识

 **考纲解读**

1. 了解旅游安全注意事项,掌握旅游交通安全知识、旅游消防安全知识、卫生安全知识。
2. 掌握躲避天灾安全知识。

知识点1　旅游安全注意事项及交通、消防、卫生安全知识

知识点分析

1. 旅游安全的特点

（1）危害性。

（2）复杂性。

（3）特殊性。

（4）突发性。

2. 火车遇险急救措施

　　火车发生意外,往往都是因信号系统发生问题所致,故大多在火车进站时发生。此时车速不快,伤害也较轻。如果旅游团所在的车厢发生意外,应让游客迅速下蹲,双手紧紧抱头,这样可以大大减少伤害。

3. 预防火灾

（1）必要提醒。

（2）熟悉饭店安全通道。

（3）牢记火警电话119。

4. 旅游景区（点）发生火灾事故的处理

（1）立即报警。

（2）迅速通知领队及全团游客。

（3）听从工作人员的统一指挥。

（4）迅速通过安全出口疏散游客。

（5）引导游客自救。

（6）协助处理善后事宜。

5. 火灾逃生的要诀

（1）熟悉环境,临危不惧。

（2）保持镇定，明辨方向。

（3）不入险地，不贪财物。

（4）简易防护，匍匐前进。

（5）善用通道，莫入电梯。

（6）避难场所，固守待援。

（7）传送信号，寻求援助。

（8）火已及身，切勿惊慌。

（9）缓降逃生，滑绳自救。

6. 晕车（机、船）的预防方法

（1）在乘车、船和飞机前半小时，取长、宽各3厘米大小的伤湿止痛膏或卫生胶布贴在肚脐上。

（2）在乘车、船和飞机前，切一片生姜敷在内关穴（男左女右）上，用手帕包扎住即可。

（3）可反复含服人丹几粒，或用清凉油反复涂擦太阳穴。

7. 中暑的急救措施

（1）补充液体。

（2）人工散热。

（3）测量体温或脉搏。

8. 预防游客溺水

（1）在河、湖边游览时，要提醒游客，尤其要提醒孩子、老人不要太靠近边缘行走，以免落水。

（2）在乘船和竹筏时，要提醒游客不要超载，不能打闹。

（3）不让游客在非游泳区游泳。

（4）进行水上活动时，游客应穿好救生衣，戴好救生圈等救护设备。

（5）将码头的电话告知游客，以备天气突变时进行联系。

巩固练习

1. 旅游安全的特点有哪些？

2. 如何预防游客溺水？

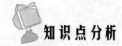
知识点2 躲避天灾安全知识

知识点分析

1. 地震的现场自救

室内避险应就地躲避：躲在桌、床等结实的家具下；尽量躲在窄小的空间内，如卫生间、厨房或内墙角；可能时，在两次震感之间迅速撤至室外。

室外避险切忌乱跑乱挤：不要扎堆，应避开人多的地方；远离高大建筑物、窄小胡同、高压线；注意保护头部，防止砸伤。旅游团在游览时遇到地震，导游人员应迅速引导游客撤离建筑物、假山，集中在空旷开阔地域。

2. 遇到泥石流的自救措施

（1）发生泥石流时，不能在沟底停留，而应迅速向山坡坚固的高地或连片的石坡撤离，抛掉一切重物，跑得越快越好，爬得越高越好。

（2）切勿与泥石流同向奔跑，而要向与泥石流流向垂直的方向逃生。

（3）到了安全地带，游客应集中在一起等待救援。

3. 遇到台风的自我保护措施

（1）若在室内，最好躲在地下室、半地下室或坚固房屋的小房间内，避开重物，不能躲在野外小木屋、破旧房屋和帐篷里。

（2）若被困在普通建筑物内，应立即紧闭临风方向的门窗，打开另一侧的门窗。

（3）若被飓风困在野外，不要在狂风中奔跑，而应平躺在沟渠或低洼处，但要避免水淹。

（4）旅游团在旅游车中时，司机应立即停车，导游人员要组织游客尽快撤离，躲到远离汽车的低洼地或紧贴地面平躺，并注意保护头部。

4. 遇到海啸的应对措施

（1）地震海啸发生的最早信号是地面强烈震动，地震波与海啸的到达有一个时间差，正好有利于人们预防。

（2）如果发现潮汐突然反常涨落，海平面显著下降或者有巨浪袭来，都应以最快的速度撤离岸边。

（3）海啸前海水异常退去时往往会把鱼虾等许多海生动物留在浅滩，场面蔚为壮观。此时千万不要前去捡拾，应当迅速离开海岸，向内陆高处转移。

（4）发生海啸时，航行在海上的船只不可以回港或靠岸，应该马上驶向深海区，深海区相对于海岸更为安全。

（5）导游人员应该镇定自若，指挥游客撤向安全地带，不能惊慌失措，临阵脱逃。

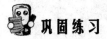

 巩固练习

1. 地震的现场如何自救?
2. 遇到泥石流有何自救措施?

三、其他知识

 **考纲解读**

1. 了解入出境知识、交通知识、货币知识。
2. 重点掌握保险知识，了解和旅游相关的其他知识。

知识点 1   入出境知识、交通知识

 **知识点分析**

1. 入出境手续

（1）边防检查。
（2）海关检查。
（3）安全检查。
（4）检疫。

2. 护照

护照是一国主管机关发给本国公民出入本国国境和在国外旅行或居留的证件，证明其国籍和身份。

3. 护照的种类

世界各国护照一般分为三种：外交护照、公务护照和普通护照。

中国护照一般分为：外交护照、公务护照、普通护照和特区护照。

4. 签证

签证是主权国家颁发给申请者，进入或经过本国国境的许可证明，是附签于申请人所持入出境通行证件上的文字证明，也是一个国家检查进入或经过这个国家的人员身份和目的的合法性证明。

5. 签证的种类

（1）外交签证。
（2）公务签证。

（3）普通签证。

6. 我国禁止出境物品

（1）列入禁止进境范围的所有物品。

（2）内容涉及国家秘密的手稿、印刷品、胶卷、照片、唱片、影片、录音带、录像带、激光视盘、计算机存储介质及其物品。

（3）珍贵文物及其他禁止出境的文物。

（4）濒危、珍贵的动物、植物（均含标本）及其种子和繁殖材料。

7. 儿童机票的价格

已满两周岁未满 12 周岁的儿童按成人全票价 50% 购票。未满两周岁的婴儿按成人全票价的 10% 购票，不单独占一座位。每一成人旅客只能有一个婴儿享受这种票价，超过的人数应购买儿童票。

8. 外汇

外汇是指以外币表示的用于国际结算的一种支付手段，我国《外汇管理条例》规定的外汇有：外国货币、外币有价证券、外币支付凭证、特别提款权以及其他外汇资产。

9. 信用卡

信用卡是消费信用的一种形式，是由银行或其他专门机构向客户提供小额消费信贷的一种信用凭证。

10. 旅行支票

旅行支票是由银行或旅行支票公司为方便游客，在游客交存一定金额货币后签发的一种定额票据。

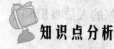

巩固练习

1. 我国的护照有哪几种？

2. 我国禁止出境的物品有哪些？

知识点 2　保险知识和其他知识

知识点分析

1. 旅游保险

旅游保险是保险业务中的一项业务，是保险业在人们旅游活动中的体现，游客可以通过办理保险部分地实现风险转移。

2. 旅行社责任险

旅行社责任保险是指旅行社根据保险合同的约定，向保险公司支付保险费，保险公司对旅行社在从事旅游业务经营活动中，致使游客人身、财产遭受损害应由旅行社承担的责任，承担赔偿保险金责任的行为。

3. 旅客意外伤害保险

为旅客在乘坐交通工具出行时提供风险防范服务，在购买车票、船票时，其票价的 5% 是用于保费的，每份保险的保险金额为人民币 2 万元，其中意外事故医疗金 1 万元。

4. 旅游人身意外伤害保险

每份保险费为 1 元，保险金额 1 万元，一次最多投保 10 份。该保险比较适合探险游、生态游、惊险游等。

5. 旅游保险的索赔

在旅游活动过程中发生了属于保险责任范围内的事故，造成被保险人的人身伤亡或财产损失时，被保险人或受益人有权依照旅游保险合同的规定向保险人要求赔偿经济损失并给付相应赔偿金，这种行为就是索赔。

6. 国际时差

英国格林尼治天文台每天所报的时间，被称为国际标准时间。人们在日常生活中所用的时间，是以太阳通过天体子午线的时刻——"中午"作为标准来划分的。每个地点根据太阳和子午线的相对位置确定的本地时间，称为"地方时"，我国是以位于东八区的北京时间作为全国标准时间。

7. 摄氏、华氏换算

$$摄氏 = 5/9 \times （华氏 - 32）$$

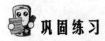 **巩固练习**

1. 什么是旅行社责任险？

2. 什么是旅游人身意外伤害保险？

 **单元训练**

一、选择题

1. 在西方，不同的时间里有不同的着装要求，这体现了着装的（　　）原则。

    A. 与地点相适应　　　　　　　　B. 与场合相适应

    C. 与时间相适应　　　　　　　　D. 与人相适应

2. 火警电话是（　　）。

　　A. 120　　　　　　　B. 122　　　　　　　C. 110　　　　　　　D. 119

3. 已满两周岁未满 12 周岁的儿童在购买飞机票时，其票价是成人票价的（　　）。

　　A. 10%　　　　　　　B. 20%　　　　　　　C. 50%　　　　　　　D. 30%

4. （　　）是一国主管机关发给本国公民出入本国国境和在国外旅行或居留的证件，证明其国籍和身份。

　　A. 护照　　　　　　　B. 签证　　　　　　　C. 身份证　　　　　　　D. 驾驶证

5. （　　）是主权国家颁发给申请者，进入或经过本国国境的许可证明，是附签于申请人所持入出境通行证件上的文字证明，也是一个国家检查进入或经过这个国家的人员身份和目的的合法性证明。

　　A. 护照　　　　　　　B. 签证　　　　　　　C. 身份证　　　　　　　D. 驾驶证

二、判断题

1. 信用卡是消费信用的一种形式，是由银行或其他专门机构向客户提供小额消费信贷的一种信用凭证。　　　　　　　　　　　　　　　　　　　　　　　　　　（　　）

2. 旅行支票是由银行或旅行支票公司为方便游客，在游客交存一定金额货币后签发的一种不定额票据。　　　　　　　　　　　　　　　　　　　　　　　　　　（　　）

3. 发生泥石流时，不能在沟底停留，而应迅速向山坡坚固的高地或连片的石坡撤离，抛掉一切重物，跑得越快越好，爬得越高越好。　　　　　　　　　　　　　（　　）

4. 在河、湖边游览时，要提醒游客，尤其要提醒孩子、老人不要太靠近边缘行走，以免落水。　　　　　　　　　　　　　　　　　　　　　　　　　　　　　　　（　　）

5. 海啸前海水异常退去时往往会把鱼虾等许多海生动物留在浅滩，场面蔚为壮观。此时千万不要前去捡拾，应当迅速离开海岸，向内陆高处转移。　　　　　　　（　　）

三、综合题

什么是旅游保险？旅游保险的意义是什么？

导游知识综合测试题（一）

一、单选题（下列各题所给选项中只有一个符合题意的正确答案，多选、错选或者不选均不得分）

1. 现代导游发展时期是指（　）的时期。

　　A. 20 世纪至今　　　　　　　　　　B. 第一次世界大战以后至今

　　C. 第二次世界大战以后至今　　　　　D. 20 世纪 50 年代至今

2. 旅游者的（　）是现代旅游发展的基本特性之一。

　　A. 自主性　　　　　B. 大众性　　　　　C. 社会性　　　　　D. 协同性

3. 推动导游人员的工作内容从单一发展为综合的重要因素是（　）。

　　A. 经济发展和社会进步

　　B. 旅游者综合素质与需求层次的提高

　　C. 旅游者需求的变化与旅游企业提高效益的需要

　　D. 导游人员适应职业发展变化的客观需要和主观努力

4. 对于旅游者的过分和非法要求，导游人员一定要做到（　）。

　　A. 坚决予以拒绝　　　　　　　　　　B. 假装听不见

　　C. 报告上级领导　　　　　　　　　　D. 让领队予以解决

5. 散客包价旅游是指（　）名以下旅游者采取一次性预付旅费的方式，有组织地按预定计划进行的旅游形式。

　　A. 9　　　　　　　　B. 10　　　　　　　　C. 12　　　　　　　　D. 15

6. 导游人员小李带领旅游团游览隆兴寺时，发现如果按照一般的游览线路，人很多，会影响旅游团的行程，因此，他果断地调整了游览线路，从右侧路线开始，使游程顺利完成。这件事中，小李遵循了（　）。

　　A. 客观性原则　　　　　　　　　　　B. 针对性原则

　　C. 计划性原则　　　　　　　　　　　D. 灵活性原则

7. 导游人员在接站时未认真核对，接了不应由他接的团称为（　）。

　　A. 错接　　　　　　B. 空接　　　　　　C. 漏接　　　　　　D. 失误

8. 综合型旅游景区是指自然风光、名胜古迹、度假休闲设施都比较突出集中，且（　）系统完善的旅游地。

　　A. 综合功能　　　　　　　　　　　　B. 旅游功能

　　C. 服务功能　　　　　　　　　　　　D. 开发功能

9. CA1561 指代的是（　　）。

　　A. 中国国际航空公司自北京返南京的回程航班

　　B. 中国国际航空公司自北京至南京的去程航班

　　C. 中国南方航空公司自北京至南京的去程航班

　　D. 中国南方航空公司自北京返南京的回程航班

10. 针对旅游活动出现的新趋势，导游服务必须有新的改观，以适应未来旅游业发展的需要，未来旅游活动的发展趋势是（　　）。

　　A. 个性张扬，散客旅游者取代团队旅游者成为主体，旅游盈利空间将变得更大，休闲旅游增长较快，旅游信息和服务设施更加发达，旅游活动更符合可持续发展要求

　　B. 休闲旅游增长较快，旅游盈利空间将变得更大，旅游信息和服务设施更加发达，旅游活动更符合可持续发展要求

　　C. 个性张扬，散客旅游者取代团队旅游者成为主体，休闲旅游增长较快，旅游信息和服务设施更加发达，旅游活动更符合可持续发展要求

　　D. 个性张扬，散客旅游者取代团队旅游者成为主体，休闲旅游增长较快，旅游盈利空间将变得更大，旅游活动更符合可持续发展要求

11. 我国海关规定旅客携带中药材、中成药出境，前往国外的，总值限人民币（　　）。

　　A. 100 元　　　　　B. 150 元　　　　　C. 200 元　　　　　D. 300 元

12. 北京的园林、皇宫建筑、城楼、寺庙以其特有的人文气息与近千年的古都史结合在一起，说明旅游景区具有（　　）的特点。

　　A. 整体性　　　　　B. 地域性　　　　　C. 可创性　　　　　D. 民族性

13. 在社交场合，称呼对方为"校长先生"，这属于（　　）。

　　A. 职务称　　　　　B. 一般称　　　　　C. 职业称　　　　　D. 代词称

14. 调节游客情绪时，采用（　　）往往是不得已之举，不能滥用。

　　A. 触景生情法　　　B. 分析法　　　　　C. 转移注意法　　　D. 补偿法

15. 一外国游客因母亲病故，需要立即回国处理丧事，他中途退团后未享受的服务费除合同另有规定外，应（　　）。

　　A. 退还 20%　　　　B. 全部退还　　　　C. 退还 50%　　　　D. 部分退还

16. 一位英国游客要买 15 英尺的蜡染布料，作为导游人员，你应该告诉售货员这位游客要买（　　）米的布。

　　A. 45.62　　　　　B. 5.86　　　　　　C. 4.57　　　　　　D. 1.94

17. 零包价旅游里的包价是包含了（　　）。

　　A. 酒店费用　　　　　　　　　　　　　B. 飞机票费用

　　C. 导游费用　　　　　　　　　　　　　D. 景点费用

18. "二十四桥明月夜，玉人何处教吹箫"，说明的审美方法是（　　）。

　　A. 动态审美　　　　B. 静态审美　　　　C. 时机审美　　　　D. 空间审美

19. 导游服务团队共同的工作目标是（　　）。

    A. 执行旅游计划   B. 完成旅游任务

    C. 发展中国旅游业   D. 落实旅游协议

20. 全陪导游人员和地陪导游人员在职责上的不同之处是（　　）。

    A. 维护游客合法权益不同，联络协调对象不同

    B. 联络协调对象不同，接待的具体任务不同

    C. 接待的具体任务不同，征求游客意见和建议方式不同

    D. 征求游客意见和建议方式不同，地陪工作地点不同

21. 旅游接待服务工作中处在第一线的关键人物是（　　）。

    A. 旅行社经理   B. 领队   C. 导游人员   D. 司机

22. 在旅游活动进入尾声阶段，导游人员与游客之间交谈得比较多的是（　　）。

    A. 文化话题   B. 经济话题   C. 社会话题   D. 旅游话题

23. 若游客被蜂螫伤，导游人员不能采取的方法是（　　）。

    A. 设法将毒刺拔出   B. 用盐水洗敷伤口

    C. 用口或吸管吸出毒汁   D. 让其服用客人自备的止痛药

24. 某游客对美丽的女导游人员说："小李，我听说湘女多情，你也是湖南妹子，是不是很多情？"导游人员回答："湘女多情是指湖南妹子热情、爽朗，我当然也不例外。"这是运用了导游人员回绝技能中的（　　）。

    A. 柔和式回绝   B. 迂回式回绝

    C. 引申式回绝   D. 诱导式回绝

25. 某导游人员通过优质的服务和出色的导游讲解，使游客经历了一次难以忘怀的旅游活动。离别之时，游客们一再表示，下次一定还要到这里来旅游。该导游人员的服务工作是导游服务工作经济性中（　　）的表现。

    A. 直接创收   B. 间接创收

    C. 促进经济交流   D. 促销商品

26. 在去旅游景点的途中，导游人员应做的工作是（　　）。

    A. 重申当日活动安排、风光导游、介绍游览景点、活跃气氛

    B. 重申当日活动安排、风光导游、介绍游览景点、介绍特色产品

    C. 重申当日活动安排、介绍游览景点、介绍购物环境、活跃气氛

    D. 重申当日活动安排、风光导游、介绍游览景点、安排客人看景点光盘

27. 导游人员应在旅游者抵达饭店后尽快办理好入店手续，进住房间，让旅游者及时了解饭店的基本情况和住店的注意事项，熟悉当天或第二天的活动安排，此阶段工作以（　　）。

    A. 领队为主   B. 全陪为主   C. 地陪为主   D. 游客为主

28. 在旅游活动中，个性化服务主要是指（　　）。

A. 满足游客需要的服务   B. 满足游客合理要求的服务

C. 旅行社同游客约定的服务   D. 国际标准、行业标准所规定的服务

29. 旅行支票与旅游信用卡的根本区别是（   ）。

     A. 是否银行参与发行   B. 是否载有购买者姓名

     C. 是否兑付要当面签名   D. 是否指定了付款人和付款地点

30. 转移途中的服务是导游人员给游客留下良好第一印象的重要环节，所谓转移是指（   ）。

     A. 导游人员带旅游者离开机场（车站、码头）前往所下榻饭店的行车途中

     B. 导游人员带旅游者从旅游景点前往所下榻饭店的行车途中

     C. 在一个城市或旅游景点游览结束后，向另一城市或旅游景点转移的途中

     D. 导游人员带领游客开始旅游到旅游结束回到出发地

31. 在抵达饭店的途中，地陪应及时介绍（   ）的情况。

     A. 旅行社   B. 中国对外政策

     C. 天气   D. 入住饭店

32. 在境外遇有购物项目时，下列做法中，不正确的是（   ）。

     A. 积极配合，但不大肆鼓励

     B. 提醒旅游者注意商品质量并帮其讨价还价

     C. 避免出现购物次数过多的情况

     D. 向旅游者推荐最有特色的旅游商品

33. 随着旅游市场和旅游者消费观念的日趋成熟，中国公民的（   ），将越来越成为旅游活动的主要形式。

     A. 个性化旅游   B. 团体旅游   C. 自主旅游   D. 休闲旅游

34. 领队带领 18 位游客赴新加坡旅游，游客王小姐托运的行李在机场遗失，领队在协助王小姐办理了一系列的查找手续未果之后，陪同她购买了必需的生活用品，此费用应（   ）。

     A. 由组团社承担   B. 由国内保险公司承担

     C. 凭收据向当地机场索赔   D. 由游客自理

35. 由于旅游者在旅游过程中提出的特殊饮食要求，下列做法中，正确的是（   ）。

     A. 已订妥的风味宴，旅游者在临近用餐时不想去，于是导游人员表示无所谓，立即退餐

     B. 旅游者提出晚些用餐的要求，导游人员应告知其不能超过用餐时间，否则将自动取消用餐，餐费不退

     C. 地陪应告知旅游者，客房只为生病客人提供送餐服务，一般客人不享受此项服务

     D. 旅游者坚持自己单独用餐，导游人员可协助其与餐厅联系，告之餐费自理，原餐费不退

36. 作为地陪，在确定叫早时间时应与（　　）商量。

　　A. 领队和全陪　　　B. 所有客人　　　C. 领队　　　D. 全陪

37. "于细微处见真情"是指导游人员要做到（　　）。

　　A. 耐心、细心　　　B. 用心、专心　　　C. 用心、耐心　　　D. 贴心、用心

38. 导游服务的最终目标是（　　）。

　　A. 耐心细致　　　B. 优质服务　　　C. 个性化服务　　　D. 没有投诉

39. 在旅游中期阶段，旅游者通常表现出（　　）。

　　A. 较大的依赖性　　　　　　　　B. 懒散心态

　　C. 求新心理　　　　　　　　　　D. 求安全心理

40. 利用凝练的词句概括所游览景点的独到之处，给旅游者留下突出印象的导游手法称为（　　）。

　　A. 引而不发法　　　　　　　　　B. 由点及面法

　　C. 引人入胜法　　　　　　　　　D. 画龙点睛法

二、判断题（在每小题后面的括号内填入判断结果，正确的用"√"表示，错误的用"×"表示）

1. 在导游服务中，宾客至上、合理是导游人员制定旅游活动日程的基本原则。

（　　）

2. 团队旅游接待的成败关键在于导游讲解。（　　）

3. 常用的止血方法有指压法、加压包扎法和止血带法。（　　）

4. 旅游服务是一种社会服务，提供服务的最根本的目的是为了发展旅游业。（　　）

5. 地陪导游人员在接团之前，应做好可能承受抱怨和投诉的心理准备。（　　）

6. 在出发前，地陪应询问旅游者与饭店的账目是否结清。（　　）

7. 在旅游团离开各地之前，全陪应协助领队和地陪清点和交接托运行李，妥善保存行李票。（　　）

8. 为了向游客说明收费是合理的，导游人员可以向他们详细地说明旅游团的收费细目。

（　　）

9. 为了防止丢失，旅游者的护照、回乡证和集体签证，在办完手续后，可以保留在导游人员手中。（　　）

10. 导游语言是一种口头语言，在运用时要遵循的基本原则是"生动、灵活"。

（　　）

11. 在遇到火灾必须穿过浓烟时，应用浸湿的衣物披裹身体，捂着口鼻，快速冲过浓烟。

（　　）

12. 导游人员的讲解除了受到时间限制外，还受到地点的限制。（　　）

13. 旅客误机纯属责任事故。（　　）

14. 导游人员按照接待通知到达机场，但没有接到旅游者（团），这纯属责任事故。

（　　）

15. 小包价旅游是指在全包价旅游基础上，扣除午餐或晚餐费用的一种包价形式。

（ ）

16. 当旅游者提出自费参加某种娱乐活动时，导游人员一般应予以协助，帮助其购买门票，并叫出租车等，但通常不陪同前往。 （ ）

17. 外国旅游者希望购买古玩或仿古艺术品，导游人员应带其到文物商店购买，买妥物品后要提醒其保存发票，不要将物品上的火漆印去掉。 （ ）

18. 遇到不讲理的全陪或领队，地陪可以不再与之保持合作关系。 （ ）

19. 到某一游览点后，若有个别旅游者希望不按规定的线路游览而要求自由游览或摄影时。若环境许可，导游人员可满足其要求。 （ ）

20. 有的旅游者到某地后，希望亲友随团活动甚至到外地去旅行游览，导游人员应先征得领队和旅游团其他成员的同意。 （ ）

导游知识综合测试题（二）

一、单选题（下列各题所给选项中只有一个符合题意的正确答案，多选、错选或者不选均不得分）

1. 旅游接待计划是组团社委托各地方接待社组织落实旅游团活动的（　　）。

　　A. 法律性文件　　　　B. 契约性文件　　　　C. 指导性文件　　　　D. 参考性文件

2. 导游人员通过引导和生动精彩的讲解，给游客以知识、乐趣和美的享受，这体现了导游服务的（　　）。

　　A. 社会性　　　　　　B. 文化性　　　　　　C. 服务性　　　　　　D. 涉外性

3. 导游人员不仅要做到"三过硬"，而且在观念、角色和所起的作用上要有新的变化，要具有（　　），通过优质服务满足游客需求，巩固和扩大客源市场占有率。

　　A. 市场和质量意识　　　　　　　　　　B. 竞争意识

　　C. 忧患意识　　　　　　　　　　　　　D. 创新意识

4. 导游人员应具备的旅行常识有（　　）等。

　　A. 卫生防疫知识、急救常识、旅游业知识、货币知识

　　B. 交通知识、保险知识、通信知识、海关知识

　　C. 待人接物常识、商品鉴别知识、卫生防疫知识

　　D. 历史和地理文化知识、心理学知识、美学知识、政策法规知识

5. 导游人员在工作时，哪一种着装不符合礼仪要求？（　　）

　　A. 男导游人员领带的长度应以系好后大箭头垂直到腰间皮带扣处为标准

　　B. 导游人员在着装的色彩搭配上应上浅下深或上深下浅

　　C. 导游人员为了突出着装的个性化，可对服饰个性化搭配

　　D. 在社交场合，凡穿大衣、风衣，戴有帽子，进入室内应脱下

6. 下列选项中，（　　）为社交礼仪中正确的介绍方式。

　　A. 先将女子介绍给男子　　　　　　　　B. 先将地位高的介绍给地位低的

　　C. 先将年长的介绍给年轻的　　　　　　D. 先将未婚女子介绍给已婚女子

7. 安排旅游者到近郊或邻近城市旅游景点的短期游览参观活动，如"半日游"、"一日游"和"几日游"等，属于（　　）。

　　A. 单项委托服务　　　　　　　　　　　B. 旅游咨询服务

　　C. 选择性旅游服务　　　　　　　　　　D. 团队旅游服务

8. 由于主观原因而造成了漏接事故，导游人员应妥善应对，（　　）。

A. 进行耐心细致的解释，以防引起旅游者误解

B. 不要认为与己无关而草率行事

C. 尽量采取弥补措施，努力完成接待计划

D. 及时通知下一站，对日程做相应的调整

9. 全陪导游人员、地陪导游人员、旅游团领队构成的导游服务集体协作共事、建立良好合作关系的原则基础是（　　）。

  A. 平等互利、互守信用   B. 相互尊重、分工协作

  C. 执行签订的旅游协议   D. 根本利益一致

10. （　　）是地陪导游人员在做计划准备时要掌握的组团社信息。

  A. 客源国（地）及其习俗和热门话题

  B. 旅游团名称、代号、电脑序号

  C. 旅行社标志或提供给团队成员的标志物

  D. 旅游团种类、费用的结算方法

11. 领队或全陪手中的接待计划与地陪的接待计划有部分出入时，（　　）应及时向组团社查明原因，分清责任。

  A. 旅游团领队   B. 海外旅行社

  C. 全陪导游人员   D. 地陪导游人员

12. 在少数民族聚居区观光旅游，旅游者可体验到浓郁独特的民族风情，这种旅游景区属于（　　）。

  A. 观光游览型   B. 风情体验型

  C. 文化修学型   D. 科考探险型

13. 如果遇到游客突患重病，导游人员应全力以赴，采取措施积极抢救，一般应（　　）。

  A. 暂停旅游团游览活动，送游客到医院就医

  B. 由领队负责送病人就医，地陪、全陪带领其他旅游者继续游览

  C. 全陪、地陪负责送病人就医，领队带领其他旅游者继续游览

  D. 全陪、领队负责送病人就医，地陪带领其他旅游者继续游览

14. 旅游者上车后，导游人员应有礼貌地清点人数，可以采用（　　）的方式进行。

  A. 报客人姓名或客人自我介绍

  B. 从第一排走到最后一排清点

  C. 用手指直接指着人清点

  D. 默数

15. 全国导游人员资格证书是由（　　）统一印制核发的。

  A. 各省旅游局   B. 各省、市旅游培训中心

  C. 各地区劳动管理部门   D. 国家旅游局

16. 旅游者旅游活动的成败更多地取决于（　　）。

    A. 旅游景区的观光价值   B. 旅游接待服务的设施和条件

    C. 旅游活动的组织安排   D. 导游服务的质量

17. 导游服务在旅游接待中的中心位置使其在旅行社与游客之间、旅行社与各旅游接待单位之间以及游客与各旅游接待单位之间起着（　　）作用。

    A. 纽带   B. 标志   C. 扩散   D. 反馈

18. 社交界域语指交际性界域距离，一般距离为（　　）左右，语意为"庄重，严肃"，如商谈、导游讲解等。

    A. 75 厘米   B. 120 厘米   C. 175 厘米   D. 210 厘米

19. 导游人员在运用导游语言时应遵循（　　）的原则，讲解要令人信服，不可胡编乱造、张冠李戴；导游人员对自己讲的话要负责任，切忌弄虚作假。

    A. 言之有物   B. 言之有理   C. 言之有据   D. 言之有情

20. 任何风景都是活泼的、生动的、多变的、连续的整体，随着观赏者的运动，空间形象美逐渐展现在人们眼前，游客漫步于景物中，步移景异，从而获得空间进程的流动美，为了引导游客观景赏美，导游人员应做到（　　）。

    A. 统筹动态欣赏和静态欣赏   B. 调节观赏的距离和角度

    C. 扣住观赏时机   D. 把握观赏节奏

21. 旅游者酗酒，导游人员应先规劝并严肃指明可能造成的严重后果，（　　）。

    A. 如不听，可不再过问

    B. 置之不理

    C. 尽力阻止，不听劝告且造成恶劣影响的，导游人员不承担一切后果

    D. 尽力阻止，不听劝告且造成恶劣影响的，导游人员要承担一定后果

22. 当旅游者要住高于合同规定标准的房间时，导游人员应（　　）。

    A. 如有，可予以满足，但旅游者要交付原定饭店退房损失费和房费差价

    B. 讲明不可调换房间

    C. 原房费不退，单收新房费

    D. 无条件同意

23. 由于社会制度的不同、政治观点的差异，海外旅游者可能对中国的方针政策及国情有误解、不理解，在一些问题上存在分歧。若有人站在敌对立场上进行攻击和诬蔑时，导游人员要（　　）。

    A. 将其扭送公安机关   B. 置之不理

    C. 驱出旅游团   D. 严正驳斥

24. 我国铁路旅客列车，按其设备设施、运行速度和服务项目等差别分类，有一类是一站直达列车，即从始发站到终点站中间不停靠的列车，车次前冠以字母（　　）。

    A. Z   B. ZD   C. YZ   D. YZD

25. 导游语言运用原则中的"正确"是指导游人员在导游讲解时要使用（　　）。

A. 通俗化语言 　　　　　　　　　B. 规范化语言

C. 大家熟悉的语言 　　　　　　　D. 普通话

26. 北京市的某日气温为5℃。那么，该市的温度为（　　）。

A. 41华氏度 　　　　　　　　　　B. 34.8华氏度

C. –23华氏度 　　　　　　　　　　D. –29.2华氏度

27. 旅游业在国民经济产业链条中处于（　　）的位置。

A. 上游 　　　　　B. 中游 　　　　　C. 下游 　　　　　D. 核心

28. 9名以下游客采取一次性预付费的方式，有组织地按照行程计划进行的旅游形式，称为（　　）。

A. 团体包价旅游 　　　　　　　　B. 散客包价旅游

C. 半包价旅游 　　　　　　　　　D. 小包价旅游

29. 导游人员发现旅游者在地摊上选购古玩时，应（　　）。

A. 予以协助 　　　　　　　　　　B. 当好购物参谋

C. 予以劝阻 　　　　　　　　　　D. 制止摊贩出售

30. （　　）是导游人员了解旅游团的基本情况和安排活动日程的主要依据。

A. 旅游日程 　　　　　　　　　　B. 接待计划

C. 旅游计划 　　　　　　　　　　D. 接待日程

31. 在汽车行驶途中，若有不明身份者拦车，导游人员应（　　）。

A. 立即下车进行驱赶 　　　　　　B. 向公安部门报警

C. 要求对方出示证件 　　　　　　D. 提醒司机不要停车

32. 旅游者要想在旅游赏美活动中获得美感，必须（　　）。

A. 超然物外 　　　　　　　　　　B. 置身其中

C. 仔细比较 　　　　　　　　　　D. 苦思冥想

33. 下列对导游服务独立性强的叙述不准确的是（　　）。

A. 独自一人制订旅游计划

B. 独立带团参观游览

C. 导游讲解具有相对的独立性

D. 独立地、合情合理地处理出现的问题

34. 联合国教科文组织曾邀请著名专家就"21世纪需要什么样的人才"进行研讨，专家们一致认为"（　　）永远居于首位"。

A. 高尚的品德 　　　　　　　　　B. 高尚的情操

C. 敬业精神 　　　　　　　　　　D. 遵纪守法的意识

35. 下列旅游服务中，居于主导地位的是（　　）。

A. 导游服务 　　　　　　　　　　B. 住宿服务

C. 餐饮服务 　　　　　　　　　　D. 购物服务

36. 导游人员带团的主要目标是为了完成旅游活动的既定计划，即（　　）带团模式。

    A. 游客中心型　　　　　　　　　　B. 自我中心型

    C. 他人中心型　　　　　　　　　　D. 自以为是型

37. 导游人员的认识能力不包括（　　）。

    A. 观察能力　　　　　　　　　　　B. 注意能力

    C. 创新能力　　　　　　　　　　　D. 想象能力

38. 导游人员处于接待工作的核心，要以双重身份出面交涉，有时要面对各种物质诱惑和"精神污染"，这体现了导游服务应具备的（　　）特点。

    A. 独立性强　　　　　　　　　　　B. 脑力劳动和体力劳动高度结合

    C. 复杂多变　　　　　　　　　　　D. 涉外性

39. 郑州市居民王某应聘在上海某公司短期工作，他欲报名参加当地旅行社组织的出境游，应当向（　　）的市、县公安机关申请办理出境证件。

    A. 公司所在地　　　　　　　　　　B. 组团社所在地

    C. 户口所在地　　　　　　　　　　D. 出境口岸所在地

40. 游客的意见、要求、建议乃至投诉，其他旅游服务部门在接待工作中出现的问题以及他们的建议和要求，一般是通过导游人员向旅行社传递上报旅游行政管理部门，这体现了导游服务工作纽带作用中的（　　）。

    A. 连接内外　　　　　　　　　　　B. 协调左右

    C. 承上启下　　　　　　　　　　　D. 扩散作用

二、判断题（在每小题后面的括号内填入判断结果，正确的用"√"表示，错误的用"×"表示）

1. 旅游职业道德不仅是每个导游人员在工作中必须遵循的行为准则，而且也是人们衡量导游人员的职业道德行为和服务质量的标准。　　　　　　　　　　（　　）

2. 在交际场合中，称谓很重要，通过它能反映人与人之间的关系，显示一个人的修养，在某种程度上也反映了社会的风尚。　　　　　　　　　　　　　　（　　）

3. 鞠躬礼盛行于日本、韩国和朝鲜，但现在他们常用的礼节是握手。　（　　）

4. 在用餐时，餐巾应该挂在胸前，可以用来擦嘴，但不可以用来擦鼻子。（　　）

5. 热情友好作为一种道德情感，要求导游人员真诚友好地对待每一位旅游者。

                                                      （　　）

6. 当外国游客会见中国人，地陪充当翻译时，应注意不要喧宾夺主，翻译中要忠于原话，尽可能与讲话人风格保持一致。若讲话人的言语有明显错误，应予以纠正。

                                                      （　　）

7. 游客在旅途中会出现疲劳和懒散的状态，全陪应保持良好的精神状态，制造愉快宽松的旅途氛围，使原本单调枯燥的旅途生活变得丰富快乐。　　　　（　　）

8. 在境外旅游的过程中，全陪应与接待社导游人员密切合作，积极妥善处理各项问题

和事故，维护游客的合法权益。 （ ）

9. 财物特别是贵重物品被盗是治安事故，导游人员须立即向公安部门和保险公司报案，协助有关人员查清线索，力争破案，找回被窃物品，挽回不良影响。 （ ）

10. 旅游者酗酒，不听劝告、扰乱社会秩序、侵犯他人、造成物质损失的，必须承担一切后果，甚至法律责任。 （ ）

11. 交通事故处理结束后，导游人员最好独立提交事故报告，报告要力求详细、准确、清楚。 （ ）

12. 为了防范发生治安事故，游客入住饭店时，导游人员应建议游客将贵重财物存入饭店保险柜，不要随身携带大量现金或将其放在客房内。 （ ）

13. 在旅游过程中万一发生火灾，在等待救援时，应摇动色彩鲜艳的衣物呼唤救援人员。 （ ）

14. 由于客观原因需要变更计划和日程时，导游人员要认真分析形势，对问题的性质、严重性和后果做出正确判断。 （ ）

15. 为了预防错接事故，导游人员应认真逐一核实旅游客源地派出方旅行社的名称，旅游目的地组团旅行社的名称，旅游团的代号、人数、领队姓名、下榻饭店等。 （ ）

16. 导游人员要善于在双向传播中把握语言的灵活性，与游客谈话时要能够听话听音，随机应变，就地取材引出新的话题。 （ ）

17. 在导游服务过程中，导游人员对游客进行劝服一定要根据事实讲明道理。 （ ）

18. 导游人员在接待信奉宗教的游客时，向客人宣传无神论时应正面宣传，讲究礼貌，要求同存异，不强加于人。 （ ）

19. 当某一地的旅游活动被迫取消时，导游人员选定替代原景点的新景点后，要以精彩的介绍、新奇的内容和最佳的安排激起旅游者的兴趣，使新的安排得以实现。 （ ）

20. 导游服务的根本是满足游客的需要。 （ ）

第七章　模拟导游

第一节　导游辞编写要点

一、导游辞的作用

导游辞是导游人员引导旅游者进行游览观光的讲解辞。导游辞有两方面的作用，一是引导旅游者观光游览，二是宣传旅游景点。

旅游者来到新的地方，人生地不熟，不了解当地的人文、地理、景观特点，因而不知道怎样去欣赏景观的美妙之处，很难体味人文景观的内在神韵，更无从领略风俗民情的无穷奥秘。所以，他们希望有熟悉当地情况的人为他们介绍。旅游者想借助的那个人就是导游员。

导游员的工作就是通过内容丰富、妙趣横生的导游讲解，告诉旅游者当地的人文地理、景观特点，告诉他们美在何处，指点他们去欣赏某一景点的美，帮助他们获得美的享受，使观光游览活动达到最佳效果，同时也宣传了旅游景点的绝胜之处。

二、写导游辞

要写好导游辞，至关重要的是要掌握丰富的资料，包括现实的和历史的资料。只有在拥有大量资料的基础上，导游员才能整理加工，去伪存真，去粗存精，进行再创造，编写成具有自己特色的导游辞。

书本知识和实际情况时有差异，所以认真的导游员往往会到实地考察，从而写成符合实际的导游辞，并在以后的导游讲解过程中不断修改和丰富。

导游辞一般由整体介绍、重点介绍和习惯用语三部分组成。

1. 整体介绍

用概述法介绍旅游景点，帮助旅游者对新游览的景点预先有个总体了解，引起旅游者游览的兴趣。

2. 重点介绍

重点介绍游览线路上的重点景观。重点景观是一次游览活动的主要内容，因而也是导游辞最重要的组成部分。

3. 习惯用语

包括游览前的欢迎、提醒注意事项；结束时的征求意见、感谢合作、良好祝愿等。

三、导游辞的写作要求

一篇优秀的导游辞除了要求结构严谨，层次清晰，主次分明，文字流畅外，还必须注意下述六个方面：

1. 强调知识性

一篇优秀的导游辞必须有丰富的内容，融进各种相关知识并旁征博引，融会贯通。这样的导游辞才能吸引旅游者的注意力，满足他们的求知欲，导游员也会受到旅游者更多的尊重。若导游辞语言干瘪，知识匮乏，则无法引导旅游者进入审美意境。如《四川茶馆》导游辞，从历史到现实，从传说到民俗，娓娓道来，挥洒自如，把中国的茶文化介绍得淋漓尽致。

导游辞的内容必须准确无误，令人信服，切忌弄虚作假，张冠李戴。若导游辞传递错误的信息，旅游者一旦发现，就会认为导游员素质低或感到受蒙蔽、被愚弄，继而就有可能全盘否定一国、一地的旅游服务。

导游辞不能只满足于一般知识的介绍，而要重视深层次的内容，例如，与他物的比较，同类事物的鉴赏标准和方法，诗词的点缀，自己的感受，自己及他人的评论等。这样写就可提高导游辞的水平，旅游者也欢迎这样的导游辞。

2. 讲究口语化

导游语言是一种具有丰富表达力、生动形象的口头语言，这就要求导游员在导游辞的口语化上下功夫。

为使导游辞口语化，就要多用口语词汇，当然也可用浅显易懂的书面语词汇，但要避免难懂的书面语词汇和音节拗口的词汇；多用短句，不用长句，以便说起来利索、顺口，听起来轻松、易懂。

例如《蓬莱仙洞解说辞》："是仙人送子，你看她，左手抱一个，背上驮一个，前面跪一个，身后还跟着一大群，哭哭啼啼，一片凄惨景象，真是儿多母苦啊！"有位游客看了说："还是计划生育好哇！"这一段全用口语辞和短句子，显得生动活泼，便于讲解，听起来效果很好。

又如"更以巨幅立体的山水壁画、洁白透明的罗纱帐、晶莹奇特的石花和玻璃管状的天丝等'四绝'"著称。这是一个长句子，又用了许多书面语辞汇，念起来费劲，听起来不轻松。

强调导游辞的口语化，并不意味着就可信口开河，不需要语言的规范化了。编写导游辞时，导游员必须注意语言的品位。

3. 突出趣味性

导游辞应该生动形象、通俗易懂，并能够从多方面调动旅游者的注意力，激发游客的游兴。怎样才能吸引旅游者，激发他们的游兴呢？这要求导游员在导游辞的趣味性上作文章。

（1）编织故事情节。

讲解一个景点，不能只用干巴巴的几个枯燥的数字介绍眼前的实体，而是要不失时机地穿插趣味无穷的传说和民间故事，以激起旅游者的兴趣和好奇心。如介绍北京香山的双清别墅，可插入这样一段传说：

相传金代第六位皇帝章宗来此游览时，突然感到疲乏，席地而卧，就进入了梦乡。梦中他看见一群大雁在头顶上空盘旋鸣叫，便拉弓连发两箭，大雁惊飞，但在两支箭跌落的地方顿时涌出两股清泉，他十分高兴，就命名为"梦感泉"。

这一段传说使景点增添了神秘色彩，更引人入胜。但是，选用的传说和故事必须是精华，与景观密切相关，不得胡编乱造；使用时要灵活，要与讲解的内容紧密结合，切忌生搬硬套。

（2）语言生动形象，用词丰富多变。

生动形象是导游语言美之所在。生动形象的语言可以将旅游者导入意境，给他们留下深刻的印象。

词汇贫乏的导游辞让人听了昏昏欲睡，而词汇丰富多变的导游辞其效果则截然相反，它让旅游者感到优美动听，从而激起盎然兴趣。

（3）恰当地运用修辞手法。

在导游辞中，恰当地运用比喻、比拟、夸张、象征等手法，可使静止的化为活动的，使无生命的变为有生命的，使抽象的成为具体的，可使死气沉沉的景观变为活生生的画面，从而产生浓厚的趣味性。例如：

有人说三峡像一幅展不尽的山水画卷，也有人说，三峡是一条丰富多彩的文化艺术长廊。我们看，三峡倒更像一部辉煌的交响乐。它由"瞿塘雄、巫峡秀、西陵险"这三个具有各个不相同旋律和节奏的乐意所组成。

（4）幽默的述说。

幽默风趣是导游辞的艺术性的重要体现，它可使导游辞锦上添花，可使游客欢笑，轻松愉快，活跃气氛，增强游兴。

（5）亲切的语言。

导游辞的语言应该是文明的语言、友好的语言、富有人情味的语言，应该言之有情、言之有礼，让旅游者听后"赏心悦耳"，感到亲切温暖。

（6）随机应变，临场发挥。

导游员在导游讲解时要随机应变，临场发挥，要灵活运用多种导游手法，如问答法、引人入胜法、触景生情法、创造悬念法等，这样的导游讲解就会生动自然，趣味浓郁。

编写导游辞，不仅要显示导游员的渊博知识，也应反映出导游员的导游技能。

4. 突出重点

每一个景点都有代表性的景观，每个景观又都有反映其特色的内容，导游辞必须在照顾全面的情况下突出重点，面面俱到，没有重点的导游辞是一篇不成功的导游辞。

5. 要有针对性

在实地导游讲解时，导游员必须从实际出发，因人、因时而异，有的放矢，根据不同的听众、他们当时的情绪以及周围的环境进行导游讲解，切忌"百病一方"，避免"不管听众千差万别，导游辞只有一种"的现象。

编写导游辞，一般都应有假设对象，如某一层次、某一职业的旅游者以及某种特定的背景，导游员就应该根据特定背景写出一篇很有针对性的导游辞。

6. 重视导游辞的品位

编写导游辞，必须注意提高品位：一是要强调思想品位。导游讲解是向国内外旅游者介绍壮丽的中国大地、勤劳的中国人民及其伟大创造；宣传古老中华文明和各地民族风情；还要宣传社会主义革命和建设的伟大成就，以帮助外国旅游者更多地了解中国，帮助国内旅游者更好地认识祖国和人民，因此，弘扬爱国主义精神是导游员义不容辞的责任。如陈蔚德《四川茶馆》导游辞，深情地宣传了中华古老灿烂的文化，充满了浓郁的乡情；何琳的《郑州黄河游览区导游辞》不但介绍了黄河源远流长的雄伟壮丽，而且通过新旧社会对比，突出"治黄河者治国家"的主题。二是要讲究文学品位，导游辞的语言应该是规范的，文字是流畅的，结构是严谨的，内容介绍是符合逻辑的。这是对一篇导游辞的基本要求。如果在导游辞的关键地方适当地引经据典，用上一两句诗词或名人名言，就会使导游辞的文学品位提高不少。但是，若故弄玄虚，过多地引经据典，满篇的诗词名句，将导游辞写得高深莫测，其结果会适得其反。

第二节 导游口头语言表达技巧

在导游服务中，口头语言是使用频率最高的一种语言形式，是导游人员做好导游服务工作最重要的手段和工具。美学家朱光潜告诉我们："话说得好就会如实地达意，使听者感到舒服，发生美感。这样的说话就成了艺术。"由此可见，导游人员要提高自己的口头语言表达技巧，必须在"达意"和"舒服"上下功夫。

一、口头语言的基本形式

1. 独白式

独白式是导游人员讲、游客倾听的语言传递方式，如导游人员致欢迎辞、欢送辞或进行独白式的导游讲解等。例如：

　　"湖北省晴川阁又名晴川楼，始建于明嘉靖年间，取唐代诗人崔颢《黄鹤楼》诗'晴川历历汉阳树'之意而得名。其楼阁背山面江，气势恢宏，有'楚天晴川第一楼'之称。历史上晴川阁屡建屡毁，现存建筑是以清末晴川阁为蓝本于1983年重修而成，共占地386平方米，高17.5米，楼正面匾额'晴川阁'三字出自赵朴初手笔……"

　　"来自新加坡的游客朋友们，大家好！欢迎你们来到美丽的江城武汉观光游览，我叫李明，是武汉春秋旅行社的导游，这位是司机王师傅，他有丰富的驾驶经验，大家坐他的车尽可放心。衷心地希望在旅游过程中大家能和我共同配合，顺利完成在武汉的行程，如果我的服务有不尽如人意的地方，也请大家批评指正。最后，祝大家在武汉旅游期间能度过一段难忘的时光。"

　　从上面两个例子可以看出独白式口头语言的特点：第一，目的性强。如第一个例子是为了介绍晴川阁的概况，第二个例子是为了欢迎游客，其表达意愿、目的性都很强；第二，对象明确。两个例子都是面对旅游团的全体游客说话，因而能够产生良好的语言效果；第三，表述充分。如第一个例子首先介绍晴川阁名称的由来，接着讲述晴川阁的历史和现状，使游客对晴川阁有了比较完整的印象。第二个例子话语不多，但充分表明了自己的身份和热情的服务态度。

2. 对话式

　　对话式是导游人员与一个或一个以上游客之间所进行的交谈，如问答、商讨等。在散客导游中，导游人员常采用这种形式进行讲解。例如：

　　导游人员："你们知道武汉最有名的风味小吃是什么吗？"

　　游客："好像是热干面吧。"

　　导游人员："那你们知道哪里的热干面最好吃呢？"

　　游客："听说是汉口蔡林记的热干面最鲜美可口。"

　　导游人员："那你们知道热干面的来历吗？"

　　游客："不太清楚，你能给我们讲讲吗？"

　　导游人员："说起热干面，这里还有个有趣的故事呢。20世纪30年代初期，汉口长堤街有一个名叫李包的人，在关帝庙一带卖凉粉和汤面。一个夏天的晚上，李包还剩下许多面没卖完……"

　　由上例可看出对话式口头语言的特点：第一，依赖性强，即对语言环境有较强的依赖性。对话双方共处同一语境，有些话不展开来说，只言片语也能表达一个完整的或双方都能理解的意思；第二，反馈及时。对话式属于双向语言传递形式，其信息反馈既及时又明确。

二、口头语言表达的要领

1. 音量大小适度

　　音量是指一个人讲话时声音的强弱程度。导游人员在进行导游讲解时要注意控制自己的音量，力求做到音量大小适度。一般来说，导游人员音量的大小应以每位游客都能听清为宜，但在游览过程中，音量大小往往受到游客人数、讲解内容和所处环境的影响，导游人员应根据具体情况适当进行调节。例如，当游客人数较多时，导游人员应适当调高音量，反之则应把音量降低一点；在室外嘈杂的环境中讲解，导游人员的音量应适当放大，而在室内宁静的环境中则应适当放小一些；对于导游讲解中的一些重要内容、关键性词语或要特别强调的信息，导游人员要加大音量，以提醒游客注意，加深游客的印象。如"我们将于八点三十分出发"就是强调出发的时间，以提醒游客注意。

2. 语调高低有序

语调是指一个人讲话的腔调，即讲话时语音的高低起伏和升降变化。语调一般分为升调、降调和直调三种，高低不同的语调往往伴随着人们不同的感情状态。

（1）升调：多用于表示游客的兴奋、激动、惊叹、疑问等感情状态。例如：

"大家快看，前面就是三峡工程建设工地！"（表示兴奋、激动）

"你也知道我们湖北咸宁有个神秘的'131'军事工程？"（表示惊叹、疑问）

（2）降调：多用于表示游客的肯定、赞许、期待、同情等感情状态。例如：

"我们明天早晨八点准时出发。"（表示肯定）

"希望大家有机会再来当阳，再来玉泉寺。"（表示期待）

（3）直调：多用于表示游客的庄严、稳重、平静、冷漠等感情状态。例如：

"这儿的人们都很友好"。（表示平静状态）

"武汉红楼是中华民族推翻帝制、建立共和的历史里程碑。"（表示庄严、稳重）

3. 语速快慢相宜

语速是指一个人讲话速度的快慢程度。导游人员在导游讲解或与游客谈话时，要力求做到徐疾有致、快慢相宜。如果语速过快，会使游客感到听起来很吃力，甚至跟不上导游人员的节奏，对讲解内容印象不深甚至遗忘；如果语速过慢，会使游客感到厌烦，注意力容易分散，导游讲解也不流畅。导游人员如果一直用同一种语速讲，像背书一样，不仅缺乏感情色彩，而且使人乏味，令人昏昏欲睡。

在导游讲解中，较为理想的语速应控制在每分钟200字左右。具体情况不同，语速也应适当调整。例如，对中青年游客，导游讲解的速度可稍快些，而对老年游客则要适当放慢；对讲解中涉及的重要或要特别强调的内容，语速可适当放慢一些，以加深游客的印象，而对那些不太重要的或众所周知的事情，则要适当加快讲解速度，以免浪费时间，令游客不快。

4. 停顿长短合理

停顿是一个人讲话时语音的间歇或语流的暂时中断。这里所说的停顿不是讲话时的自然换气，而是语句之间、层次之间、段落之间的有意间歇。其目的是集中游客的注意力，增强导游语言的节奏感。导游讲解停顿的类型很多，常用的有以下四种。

（1）语义停顿：是指导游人员根据语句的含义所作的停顿。一般来说，一句话说完要有较短的停顿，一个意思说完则要有较长的停顿。例如："武当山是我国著名的道教圣地，是首批国家级重点风景名胜区和世界文化遗产。武当山绵亘八百里，奇峰高耸，险崖陡立，谷涧纵横，云雾缭绕。武当山共有七十二峰，主峰天柱峰海拔高达 1 612 米，犹如擎天巨柱屹立于群峰之巅。发源于武当山的武当拳是中国两大拳术流派之一，素有'北宗少林，南尊武当'之称。"有了这些长短不一的停顿，导游人员就能把武当山的特点娓娓道来，游客听起来也比较自然。

（2）暗示省略停顿：是指导游人员不直接表示肯定或否定，而是用停顿来暗示，让游客自己去判断。例如："请看，江对面的那座山像不像一只巨龟？黄鹤楼所在的这座山像不像一条长蛇？这就是'龟蛇锁大江'的自然奇观。"这里通过停顿让游客去思考、判断，从而留下深刻的印象。

（3）等待反应停顿：是指导游人员先说出令人感兴趣的话，然后故意停顿下来以激起游客的反应。例如："三斗坪坝址的选择不是一帆风顺的，中外专家在三峡工程坝址的选择上曾发生过长时间的争论。"这时导游人员故意停顿下来，看到游客脸上流露出急于知道答案的神情，再接着介绍将坝址定在三斗坪的原因。

（4）强调语气停顿：是指导游人员讲解时，每当讲到重要的内容，为了加深游客内心的印象所作的停顿。例如："黄鹤楼外观为五层建筑，里面实际上有九层，为什么要这样设计呢？"导游人员讲到这里，故意把问题停住，然后带团上楼参观，使游客在参观过程中联系这个问题进行思考。

第三节　导游辞范例

范例一：黄鹤楼导游辞

来自北京的朋友们：

你们好，欢迎大家来到美丽的江城武汉游览观光。我是大家这一次武汉之行的导游，我姓赵，大家叫我赵导好了，坐在我身边的这位是我们的司机刘师傅。希望在刘师傅娴熟的车技和我竭尽全力的讲解下，大家的武汉之行能够玩得开心，游得尽兴。

今天上午，我将带大家参观的是武汉市的标志性建筑——黄鹤楼，它曾号称"天下绝景"而名贯古今，与江西的滕王阁、湖南的岳阳楼并称"江南三大名阁"。黄鹤楼坐落于蛇山西端，始建于三国吴黄武二年，也就是公元 223 年，距今已有 1 700 多年历史了，但其间屡建屡毁，不绝于世，那我们今天看到的黄鹤楼是以清代同治楼为蓝本，于 1981 年重建，1985 年落成的，它既不失传统的独特造型又比历代的旧楼更加雄伟壮观，不信，待会大家就知道了。说话间，我们的目的地黄鹤楼就到了，现在展现在大家面前的这座高大而雄伟的建筑物便是黄鹤楼了，首先，还是请大家随我进去看一看。

现在我们所站的就是黄鹤楼的一楼大厅，在厅中，最引人注目的便是我身后这幅《白云黄鹤图》，它取材于《驾鹤登仙》的古神话，而黄鹤楼因仙得名说的也正是源于它了，画中这位仙者跨鹤乘风而起，口吹玉笛，俯视人间，大有依依不舍之情，黄鹤楼下的人群浮动，载歌载舞，祝愿仙人黄鹤能早返人世。我们再来看，这两根大柱上的对联"爽气西来，云雾扫开天地憾；大江东去，波涛洗净古今愁"，这是清代小吏符秉忠作，当代著名书法家吴作人先生题写的。它也暗示着我们登上黄鹤楼，登高远望是可以让人忘却烦恼忧愁的，那么我也希望大家能够抛开烦恼，保持一份愉快的心情。

一楼用壁画的形式向我们展示了黄鹤楼的古老神韵，大家是不是更想去了解一下它的历史呢？下面，请随我上二楼。登上二楼，首先我们看到的就是这篇《黄鹤楼记》，楼记两边的壁画：右边这幅名为《孙权筑城》，它再现了 1 700 多年前，三国时期孙权筑城和始建黄鹤楼的历史场面；左边这幅为《周瑜设宴》，它记录了传说中周瑜设宴困刘备于楼上以夺回荆州的故事，同时，在大厅里还陈列了唐、宋、元、明、清以及现代的黄鹤楼模型，不同的时代自然会产生不同的建筑形式和建筑风格，大家请看，唐代模型几乎只有一座主楼伫立在那里。宋代黄鹤楼是由楼、台、轩、廊组合而成的建筑群，显得格外雄浑。元代黄鹤楼具有宋代楼的遗风，并且出现植物的配置，使建筑发展成为浓荫掩映的空间，达到了富丽堂皇的效果。明代楼具有典型的江南建筑风格，十分精致秀美，像一座小皇宫。清代楼只有主楼一座，却应和"八封五行"之数，奇特无比。最后大家再看现代的黄鹤楼，它是以清代同治楼为蓝本，既具有山水相依、自然浑朴的古典风格，又具有气势恢宏、多彩多姿的现代气派，所以我们觉得它既不失传统独特造型，又比历代旧楼更加雄伟壮观。

观赏了黄鹤楼壮丽的外观，了解了它的历史，看了文人斗诗如此尽致，大家是不是也诗兴大发，跃跃欲试呢？四楼的文化活动场所为大家备好了文房四宝，大家可以即兴挥毫。俗话说"无限风光在顶楼"，下面请大家随我上五楼。在大厅四壁上这一组以"江天浩瀚"为主题的壁画，它刻画了长江滚滚东流、一往无前的奔腾精神。看完了里面，再请大家随我来看看外面的景致，站在这里，凭栏远眺，武汉三镇尽收眼底，一片绮丽风光，令人赏心悦目，而黄鹤楼被誉为是武汉市标志性建筑也正是由于它自身的魅力及其优越的地理位置。向西看是万里长江第一桥，桥的尽头是龟山，龟山顶上有被誉为"亚洲桅杆"之称的龟山电视塔。毛主席曾说过"一桥飞架南北，天堑变通途"，雄伟的长江大桥把龟蛇二山连成一体，这样深得中国古典建筑神韵。

站在顶楼，大家心里是不是还有疑惑，黄鹤楼外观五层，而里面为什么是九层呢？其实是这样的，在古代称单数为阳数，双数为阴数，而"9"为阳数之首，又与汉字"长久"的"久"同音，有天长地久的意思，那么，我也希望武汉留给大家的美好记忆能够天长地久。

好了，各位朋友，今天我为大家的导游讲解就到此结束了，在这里我非常感谢大家对我工作的支持、理解和配合，若我工作中有什么不足之处，还请大家批评与指正，最后，祝愿大家旅途一路平安，谢谢。

注：_____ 表示语速慢；_____ 表示语速快。

范例二：长江三峡导游辞

各位游客朋友：

大家好，我代表××旅行社欢迎大家的到来。我叫××。就好像人们常说的那样，相逢就是缘分，能和大家相逢在美丽的江城并和大家一起度过这段美好的时光，我感到非常荣幸。这位是我们的司机王师傅，今天就由我俩为大家服务，大家有什么问题可以尽量提出来，我们将尽力帮您解决。希望能用我们的热心、耐心和细心换来您的放心、开心。

今天我将陪朋友们游览三峡，我们的行程是自上而下，由瞿塘峡到巫峡最后到西陵峡。

长江是我国的第一长河，也是仅次于非洲尼罗河、南美洲亚马逊河的世界第三大河，它起源于世界屋脊青藏高原的沱沱河，自西向东，贯穿中国腹地，孕育了源远流长的华夏古老文化。长江在流经四川盆地东缘时，被境内的大山所阻挡，它横冲直撞，形成了举世闻名的大峡谷——长江三峡。三峡西起重庆奉节白帝城，经瞿塘峡、巫峡、西陵峡三段峡谷，到达湖北宜昌的南津关，全长200公里。

我们乘船顺流而下，首先经过的是我们每天都在触摸的瞿塘峡。为什么这么说呢？大家不妨掏出一张10元的人民币，在它的背面就是瞿塘峡峡口的标志——夔门。瞿塘峡上自刘备托孤的白帝城，下到古文化的宝库巫山大溪镇，全长只有8公里，是三峡中距离最短、航道最窄、最雄伟壮观的一个峡。在离地几十米和上百米的悬崖峭壁上，隐约可见一些形似风箱的东西，那是什么呢？那就是古代的悬棺。据考证，悬棺有2000多年的历史了，它是三峡中的千古之谜。相传远古时候，长阳的钟离上住着一群巴人，巴人领袖巴务相带领着他的子民在大宁河两岸开荒种地，建造人间乐土，深受子民的爱戴。巴人认为巴务相是神仙下凡，死后应该回归天堂，所以应该把他葬在高山之巅。从此悬棺就在古代西南地区广泛流传开来，但是他们究竟是怎么把这么重的棺木搁上那么高的地方呢？至今仍没有定论。船行至瞿塘峡出口处就是大溪古镇了，考古工作者先后对这个只有200多户人家的小镇进行过三次发掘，发现古墓208座，经过碳同位素测定，这是一处距今5000多年的新石器时代遗址，这一发现证明长江和黄河一样，都是中华文明的摇篮，古文化的发祥地。

离开雄伟的瞿塘峡，我们将进入秀美的巫峡。我们都知道，巫峡是以幽深秀美而闻名的，尤其以那排列在大江两岸的巫山十二峰为最。它们仪态万千，娇艳欲滴，犹如一个个美丽的仙女，在这里面还有一个故事呢。相传当年大禹治水时遭遇到许多困难，西王母的女儿瑶姬便带着她的十二个姐妹下凡来，赠送治水图经给大禹，并帮助他斩杀水怪。水怪的身躯很大，死后沉于江中，形成了一个个暗礁，许多船只很容易触礁，这12位善良的姑娘便留下了下来，成为婀娜多姿的十二峰。

巫峡全长45公里，西起巫山大宁河口，东到湖北巴东县官渡口。如果说瞿塘峡像一道闸口，那么巫峡就像长江一条迂回曲折的画廊，在这一幅幅风景画中，主角当然是我们的巫山十二峰了，讲了那么多，您一定会问哪个是神女峰吧！请大家顺着我手指的方向看，在江北岸的山顶上有一尊人形的石柱，好像一位亭亭玉立的少女，它就是传说中瑶姬的化身，清晨彩霞升旗时，她倚山相迎，傍晚余晖落去，她注目相送，我们又称它为"望霞峰"。别看它只是一块只有6米多高的石头，可早在2 000多年前的战国时期，因为楚国著名辞赋家宋玉的"神女峰"而闻名天下了。

船一路行驶，我们现在来到了香溪口。在这里，历史上曾出现过两位著名的人物：一位是伟大的爱国诗人屈原，另一位是汉代的王昭君。传说有一天，昭君在溪边洗脸，无意中把颈上项链的珍珠散落在溪中，从此溪水清澈见底，芳香四溢，水中含香，所以人们就把这里叫香溪。当地人说溪水不仅香甜可口，而且还有美容的功效呢！

时间过得真快，我们的游船已进入了山峡的最后一个峡区——西陵峡。它是三峡中最长的一个峡，全长66公里。西起湖北秭归的香溪口，东至宜昌南津关，现在我们看到的是三峡工程的施工现场，长江三峡工程于1994年12月14日由时任国务院总理的李鹏向全世界宣布动工，预计总工期为17年，分三个阶段进行，1997年实现大江截流，2003年启用永久通航建筑物和首批机组发电，2009年工程全部竣工。采用"一级开发，一次建成，分期蓄水，连续移民"的方案。现在二期工程已经提前全部竣工。

三峡工程建成以后，它将成为中国历史上自建长城、开运河以来的最伟大的工程，许多技术指标将居世界同类工程之首，成为世界上最大的水力发电站、世界上最大的混凝土坝等。在古代，有巫山神女助大禹治水和西陵峡中神牛为禹开江的美好传说。在现代，经过多年的考察和中外专家的联合策划，三峡工程顺利开工。

不知不觉，我们的游船已经靠岸了，我们的新三峡之旅到此就要结束了，美好的时光是短暂的，如果我的讲解有什么不足或疏漏之处，还请大家为我指出，以便在以后的工作中改进。最后，祝各位朋友的生活像我们三峡的脐橙一样甜甜蜜蜜，工作如'轻舟已过万重山'般顺心如意，谢谢大家。

注：_____表示语速慢；_____表示语速快。

范例三： 神农架导游辞

各位游客朋友：

大家好，我代表××旅行社欢迎大家的到来。我叫××。就好像人们常说的那样，相逢就是缘分，能和大家相逢在美丽的江城并和大家一起度过这段美好的时光，我感到非常荣幸。这位是我们的司机王师傅，今天就由我俩为大家服务，大家有什么问题可以尽量提出来，我们将尽力帮您解决。希望能用我们的热心、耐心和细心换来您的放心、开心。

今天我们将要去的是神农架景区。首先给大家介绍一下景区概况：

神农架既是我国唯一以"林区"命名的行政区，又是一个以高山风光为特点的旅游风景区，3 253平方公里的范围内风景秀丽独特。它位于湖北省西部，东与保康县接壤，西与重庆市巫山县毗邻，南依兴山、巴东而濒三峡，北倚房县、竹山而近武当。

远古时期，神农架地区还是一片汪洋大海，是燕山和喜马拉雅造山运动将其抬升为多级陆地，成为大巴山东延的余脉。山脉呈东西方向延伸，山体由南向北逐渐降低。山峰多在海拔1 500米以上，其中海拔2 500米以上的山峰有20多座。最高峰神农顶海拔3 105.4米，有"华中第一峰"和"华中屋脊"的美誉。

大家都知道神农架是一片原始森林，有种类繁多的鸟兽虫鱼，其中很多濒临灭绝，在别的地方见不到的物种在神农架却可以见到，这是为什么呢？

原来神农架凭借其地理位置以及自然环境的优越性，在第三、第四纪冰川时期充当了生物界的避难所，至今尚较好的保存着原始森林的特有风貌，其中有金丝猴、金钱豹、华南虎等极为珍稀的物种。因此，神农架于1990年被联合国教科文组织人与生物圈计划接纳为成员。

神农架也是一座规模很大的天然药材库，有中草药两千多种，包括麝香、熊胆、金钗等名贵药物和头顶一颗珠、文王一支笔、江边一碗水等珍稀草药，其中有60多种具有防癌抗癌的功效。

现在神农架凭借其丰富的自然资源及旅游资源，在作为观光度假旅游区的基础上，还开发了森林浴和自行车、攀岩、漂流、淡水垂钓等颇受旅游者喜爱的旅游活动。

好，各位游客朋友，现在我们的旅游车已经进入了神农坛景区，请大家稍做准备，我们马上要下车去游览。神农架自然保护区是全人类的共同财富，在进入自然保护区以后，我们要爱护里面的一草一木和洁净的生态环境，我们的口号是"除了脚印我们什么都不留下，除了照片我们什么也不带走"，在自然保护区大门口我们每个人将领到一个方便袋，请大家将自己在旅途中的垃圾放入袋中，并在旅程结束后交给自然保护区的工作人员，让我们也做一次环境保护的使者，让我们也参与一次保护环境的活动吧。

现在我们所在的神农坛风景区位于神农架旅游区的南部，是神农架旅游区的南大门。虽然面积很小，只有0.7平方公里，但整个景区层次分明，自然风光十分优美，神农坛是神农坛风景区的核心部分，是专供炎黄子孙在此缅怀先祖、祭祀神灵的场所，祭坛内神农塑像高达21米，高大雄伟，庄严肃穆，它以大地为身躯，立于群山之中，向上望去，炎帝双目微启，似乎在洞察世间万物。头上两只牛角是根据传说中的"牛首人身"设计的，中间的草坪和两边的台阶也是根据过去皇宫的格局所布置，中间为天子所走，左右则是大臣的通道。因为9在古时候被人们认为是阳数，故两边的台阶全是9的倍数。台阶下即是祭坛，置有九鼎八簋、香炉、编钟、大鼓等器物。每一位炎黄子孙都可以在此祭拜先祖。

炎帝神农氏首创牛耕，采药救民，光照千秋，不仅因遍尝百草、搭架采药而使神农架得此名称，还为子孙后代繁荣昌盛、继续发展与进步作出了巨大的贡献。

离开神农坛，我们现在就要去神农架的制高点——神农顶风景区。神农顶风景区位于神农架的西部，我们今天主要是去游览风景垭和板壁岩。请各位游客朋友往车窗左边看，这就是被称作"华中屋脊的华中第一高峰——神农顶"。神农顶为"金字塔"形山峰，坡度约为 40 度，植被相对单一，主要有冷杉、杜鹃、箭竹，是长江支流香溪河、沿渡河的源头之一。

走过了神农顶，现在我们就到达了风景垭，风景垭原名巴东垭，海拔 2 800 米，其南坡的碳酸盐岩经过千万年来的风化溶蚀形成万仞摩天，下临深涧，石林丛生，满底琅岈，风姿各异，四周岩壁如切似削，遍布冷杉，如裘似衾，更加上气象瞬变，神韵竞奇，将这风景垭的风光齐聚一体，有"石林云雨"之称，奇妙的风光被喻为"神农第一景"。

从风景垭出发，大约二十分钟的车程，我们就到达了板壁岩，这里因为有野人的出没和奇妙的石头而备受游人的关注。

那么现在我们就下车去板壁岩的石林和树丛中走走，运气好的话说不定还能看到野人呢！板壁岩上下箭竹漫山遍野，密不透风，这一带是野人经常出没的地方，箭竹林中曾多次发现野人的踪迹，包括毛发、脚印以及野人用箭竹做成的窝。野人的毛发无论是从表面还是细胞结构，均优于高等灵长动物。野人的脚印长约 25 厘米，步幅约 2.7 米，可以想象野人的身材是很高大的。最令人惊叹的还要算是野人的窝，窝是用 20 根箭竹扭曲而成的，人躺在上面，视野开阔，舒适如同靠椅，经验证，这绝非猎人所做，更非猿类、熊类所为，它的制造和使用者当然是那种介于人和高等灵长动物之间的奇特动物了，也就是我们所说的野人了。

美好的时光总是让人觉得短暂，我们的神农架之旅到此就结束了。非常感谢大家对我工作的支持和配合。我有什么做得不好的地方还请大家多批评指正。希望以后能有缘和大家再次相逢。最后祝大家身体健康，万事如意。再见！

注：_____ 表示语速慢；_____ 表示语速快。

范例四： 武当山导游辞

各位游客朋友：

大家好，我代表 ×× 旅行社欢迎大家的到来。我叫 ××。就好像人们常说的那样，相逢就是缘分，能和大家相逢在美丽的江城并和大家一起度过这段美好的时光，我感到非常荣幸。这位是我们的司机王师傅，今天就由我俩为大家服务，大家有什么问题可以尽量提出来，我们将尽力帮您解决。希望能用我们的热心、耐心和细心换来您的放心、开心。

今天我将带大家游览武当山，让我们一起去领略那里秀丽的自然风光和浓郁的道教文化。

武当山位于湖北省西北重镇十堰市下辖的丹江口市境内，东依历史名城襄樊，南连苍茫千里的神农架，西接新兴车城十堰，北临著名的丹江口水库，景区面积古称"方圆八百里"，实测为 312 平方公里。秦汉以后置郡县，皆以武当为名。东汉末期道教诞生以后，武当被尊为道教仙山。

武当山奇峰高耸，险崖独立，谷涧纵横，终年云雾缭绕，变化莫测。主峰天柱峰，海拔1 612米，屹立于群峰之巅，犹如擎天玉柱。环绕主峰的七十二座山峰，千奇百怪，争雄斗奇，但却又都俯身颔首，朝向主峰，形成"七十二峰朝大顶"的奇观。

武当山原名太和山，为何要更名呢？据说来历有三个：第一，武当山一带古时有巫山和丹水两个部落，由其名字音变而来。第二，中国春秋战国时期，楚国曾在此抵抗其他诸侯国，尤其是秦的入侵，以武力抵挡而得名。第三，由"非真武不足当之"得名。"非真武不得当之"是什么意思呢？这要从武当道教说起。武当道教是中国道教的一个重要流派，是指以武当为中心，主张各流派大融合，信仰真武的一个道教。它的起源与整个道教的起源大同小异，主要来源于古代宗教、民间巫术、神仙传说、方士方术和先秦老庄哲学、儒家阴阳五行经及古代医学、体育卫生知识等。

武当道观从唐贞观年间开始修建，到明永乐年间达到高峰。这里的建筑充分利用自然，采用皇家的建筑方式统一布局，集中体现了我国古代建筑艺术的优良传统，于1994年被列入世界文化遗产之列，成为全世界的瑰宝。明成祖朱棣大力推崇武当道教，调集军民工匠30余万人在此大兴土木，按照道教中"玄天上帝"真武修炼的故事，用十余年的时间建起了33个大型建筑群落。建筑线自古均州城至天柱峰顶，连绵40华里，面积160平方米，宫观庵堂两万余间。他在这里祀奉北方神真武大帝，以佑护他这个起兵夺位的皇帝。据说真武大帝高大的身材、圆圆的脸庞、批发赤足的形象就是按永乐皇帝的模样塑造出来的，所以民间流传有"真武神，永乐相"的说法。皇家的大力推崇使武当山名声大震，成为我国的道教名山，吸引着各地的游人香客到此观光朝拜。

说了这么多，我看大家都有些迫不及待了，现在我们已经到了武当山脚下，请各位带好随身物品下车，开始我们的朝圣之旅。

现在我们眼前的这座绿琉璃瓦大殿就是紫霄宫。因为这里周围的冈峦天然形成了一把二龙戏珠的宝椅，永乐皇帝封它为"紫霞福地"。殿内石雕须弥座上的神龛中供奉的是真武神老年、中年、青年时的塑像和文武仙人的坐像。他们形态各异，栩栩如生，是我国明代的艺术珍品。右手边放着的这根几丈长的杉木传说是从远方突然飞来的，因此叫做"飞来杉"。据说在杉木的一端轻轻敲击，另一端就可以听到清脆的响声，因此又叫"响灵杉"。至于它为什么要飞来这里，可能也是为这里的美景盛名所吸引吧。

武当山有三十六岩，现在我们来到的是被认为三十六岩中最美的南岩。武当山的自然景观与精美的建筑是融为一体的，在这里可以得到充分的体现。这座雄踞于悬崖上的石殿建于元朝，悬崖旁边有一个雕龙石梁。石梁悬空伸出2.9米，宽只有30厘米。上雕盘龙，龙头顶端雕有一个香炉，这便是著名的"龙头香"。过去有些香客冒着生命危险去烧龙头香，以示虔诚，可见他们对道教的信仰之深。为安全起见，大家想许愿祈祷的话可以到别的地方，心诚则灵嘛！

经过一番努力，我们终于登上了主峰天柱峰。天柱峰海拔1 612米，素称"一柱擎天"。站在这里，可以清楚地看到"七十二峰朝大顶"的壮观景象。而天柱峰之巅的这座金碧辉煌的殿堂就是金殿了。金殿是我国最大的铜铸金鎏大殿，修建于永乐十四年。整个金殿没有用一颗钉子，全是铸好各个部件后运上山搭建而成，卯和得非常严密，看起来好像是浑然一体的。大家看，这边的长明灯相传是从来不灭的，那么山顶空旷多风，为什么它不会被风吹灭呢？据说是因为有了藻井上的这颗"避风仙珠"的缘故。相传这颗仙珠能镇住山风，使风不能吹进殿内，从而保证了神灯长明。其实神灯长明的真正原因是因为殿门的各个铸件都非常严密精确，可以改变风吹来的方向，由此可见我国古代劳动人民智慧和技艺的高超。金殿从修建到如今，已经历了500多年的风吹雨打，仍然辉煌如初，不能不说是我国古代建筑和铸造工艺的一件稀世珍宝。

好了，接下来的时间就留给大家自己安排，您可以细细地品味这里绝妙的建筑和美丽的风光。我们四点钟的时候在这里集合。

美好的时光总是让人觉得短暂，我们的武当山之旅到此就结束了。非常感谢大家对我工作的支持和配合。我有什么做得不好的地方还请大家多批评指正。希望以后能有缘和大家再次相逢。最后祝大家身体健康，万事如意。再见！

注：_____表示语速慢；_____表示语速快。

范例五：大别山导游辞

各位游客朋友：

大家好，我代表××旅行社欢迎大家的到来。我叫××。就好像人们常说的那样，相逢就是缘分，能和大家相逢在美丽的江城并和大家一起度过这段美好的时光，我感到非常荣幸。这位是我们的司机王师傅，今天就由我俩为大家服务，大家有什么问题可以尽量提出来，我们将尽力帮您解决。希望能用我们的热心、耐心和细心换来您的放心、开心。

说到大别山，我想大家的第一个反应就是这是一片红色的土壤，是革命根据地。无数革命先辈们在这里留下了战斗的足迹。大别山位于鄂豫皖三省的交界处，崇山峻岭、层峦叠嶂，北挽淮河，南濒长江，瞰至中原，其特殊地理位置极具战略意义，因而自古为兵家必争之地，素有"得大别山者得中原，得中原者得天下"之说。

其实，大别山还是一个旅游、避暑、度假的胜地。这里山清水秀，空气清新，气候宜人，已经被开发为大别山生态旅游区。在这里不仅可以让人饱赏奇峰、险岭、怪石、云海之神奇，还可以让人尽情领略天堂秀水的风韵。

大别山共有天堂寨大别雄风自然风光游览区、青台关古关名刹游览区、薄刀峰避暑休闲游览区、九资河大别山田园风光游览区、天堂湖水上乐园五个景区，公园总面积300平方公里，公园常年降雨量1 350毫米，平均气温16.4℃。现有野生植物1 487种，动物634种。1996年5月，林业部组织专家组对大别山国家森林公园旅游资源进行了综合考察和评审，一致认为具有极大的开发价值，并正式批准为国家森林公园。今天我们主要游览天堂寨景区。

天堂寨是大别山主峰，号称中原第一峰。公园内最神奇的景观便是山！景区以山雄、壑幽、水秀而著称。行于天堂山中，层峦叠嶂，仿若投入万山怀抱之中。或见孤峰独秀，拔地而起，直刺苍穹；或见双峰对峙，壁立千仞，一争高下；或见群峰林立，遮天蔽日，气势磅礴。攀缘而上，遥见群山争雄竞秀，千姿百态。天堂睡佛、哲人观海（徐公崖）、大别神龟被人们誉为"天堂三绝"，更是蔚为奇观。这里的水以清澈透明、甘甜滋润而著称。景区内溪流蜿蜒曲折，萦回于山谷之中，常呈幽邃、深奥之形，时而流水穿山破岩，挥洒自如，似银河倾泻，如玉练常舞，喷珠溅玉，吞吐琼浆，造就了美妙绝伦的瀑布景观。时而涧流潇然舒缓，时而迂回辗转，碧绿澄清，波光粼粼。谷中流水，大堰如镜，小潭似珠。堰潭相连，镜珠相嵌，清纯透明，幽雅绝俗。

这儿就是神仙谷，它美景如画，充满了神奇色彩。神仙谷传说是太上老君钟爱和活动频繁的地方。大家看，这块巨石，巨石上天然生成一个平台，叫做天台。巨石下有一个深洞，洞前有一个水池，水池上有一个两级相连的瀑布，相传池中有一对鲤鱼被太上老君的仙气所感染，游入不远处的双龙潭，听老君诵经传道。双龙潭实为天堂九井中最大的两口"井"，且两井相连，两潭之间有一个巨大的平台，即"诵经台"，此即太上老君诵经布道之道台。每当老君潜心布道时，两条鲤鱼也潜心聆听，日久皆羽化成龙，修成正果，所以后人称此二井为"双龙潭"。

大家眼前的这个洞，相传是太上老君起居饮食的地方，所以人们为它取名叫仙人洞。仙人洞依山傍水，环境优美。洞内有 10 平方米左右的空处，靠洞底还有太上老君下榻的石床，这是太上老君的仙人灶，在不远处还有太上老君下棋的"仙奕洞"，在仙人洞旁边还有"双龙出谷"。神仙谷河水至此被一块巨石一分为二，从其两侧潺潺流下，似两条银龙欢快地奔出山谷而去。

大家现在所看到的就是被人们誉为"天堂三绝"之一的哲人峰。大家请细看，这个峭壁高约 100 米，酷似一个硕大的头颅，阔额浓眉，高高隆起的鼻梁，肉质丰厚的嘴唇，凝思北望，仿佛在思索着一个重大的哲学命题。这里的建筑，统一为明清式，大多都是依山就势掩映布局，具有山寨特色。这里看似不起眼，其实它具有相当有利的军事条件。

现在我们已经到达了哲人峰的峰顶了，在这儿，环视天下，则可见十万大山拥拜于下。向北可望中原，南眺荆楚山水尽收眼底。凌晨观日出好似置身于九天之外，傍晚看日落则如在仙宫信步。每当雨过天晴，早晨登峰观云海更是气象万千，茫茫云海，层层烟流，青黛色的群山，像白浪滔天的大海中的渔舟，时隐时现，又似条条苍龙翱翔起舞，吞云吐雾。景色壮观，令人叹为观止。

这边就是摘星峰，顾名思义，我们已经快到天边了。它两面都是万丈深渊，只有一条石径攀援而上，其险境程度令人触目惊心。山脊上长满了千年古松，松树的根皆攀崖而生，向人们展示其巨大的生命力。摘星峰顶上的几块巨石，独立于峰顶之上，仿佛天外飞来之物。

短暂的大别山之旅就要结束了，感谢大家给予我的配合与帮助。如果你们对我的工作有什么意见或建议，请告诉我，以利于我日后改进，为你们提供更好的服务。希望这次的游览能给你们留下一个美好难忘的回忆。祝大家一路平安，万事如意。在此我再一次向大家表示感谢。再见。

注：_____表示语速慢；_____表示语速快。

练习题答案

第一章

第一节

巩固练习

1. 旅游饭店：指能够以夜为时间单位向游客提供配有餐饮及相关服务的住宿设施。按不同习惯，它也被称为宾馆、酒店、旅馆、旅社、宾舍、度假村、俱乐部、大厦、中心等。

2. 饭店，是装备完好的公共住宿设施。它一般都提供膳食、酒类与饮料及其他服务。

单元训练

一、选择题

A

二、判断题

1. × 2. √

三、综合题

答：（1）客栈时期（12—18世纪）。客栈，是指乡间或路边的小旅店，供过往旅行者寄宿之用。

客栈时期的特点：规模小、设备简陋，服务对象以宗教或外出经商的旅行者为主；服务项目仅仅提供食宿，且价格低廉，经营上单家独户，无须专门的客栈管理人员。

（2）大饭店时期（18世纪末至19世纪末）。大饭店时期最有影响力的代表人物是瑞士人凯撒·里兹。其名言"客人永远是对的"被世界饭店业世代相传。

大饭店时期的主要特点：大饭店一般建造在大都市，规模宏大、气派，内部装饰高雅，设备豪华、奢华，许多都成为建筑艺术珍品；服务对象是王公贵族；服务项目多，服务一流。

（3）商业饭店时期（20世纪初至20世纪50年代）。美国的饭店大王埃尔斯沃思·斯塔特勒被公认为商业饭店的创始人。

商业饭店时期的主要特点：是以商务旅行者和广大公众为主要服务对象，市场面广；提出了新的服务理论。

（4）现代饭店时期（20世纪50年代至今）。20世纪50年代，随着欧美国家战后经济的复苏，饭店业走出低谷，新型饭店大批出现，饭店业发生巨大变革。

现代饭店时期的主要特点：饭店一般布局在城市中心、旅游胜地、交通要道等地；面向大众旅行市场，类型多样化；规模扩大，连锁经营和集团化趋势明显；饭店服务综合化，满足旅行者多种需求。

第二节
知识点1
巩固练习

1. 答：（1）便于投资人根据饭店类型来选择投资方向，作出投资决策，做好建筑设计与装修。

（2）便于经营者做好饭店市场定位，选择主要目标市场，提供相应服务。

（3）便于客人了解饭店主要消费项目，选择计价方式。

2. 答：（1）小型饭店：客房数在300间以下。

（2）中型饭店：客房数在300～600间。

（3）大型饭店：客房数在600间以上。

知识点2
巩固练习

1. 答：（1）保护消费者权益。

（2）规范饭店行业的行为。

（3）有利于行业管理和监督。

2. 答：（1）饭店客房、餐厅、康乐服务项目等的设施设备所达到的等级，包括客房餐厅的最低数量。

（2）饭店服务项目的多少及其达到的水平。

（3）饭店服务质量，包括安全、卫生和服务水平。

单元训练
一、选择题

ABC

二、判断题

1. × 2. ×

三、综合题

答：（1）保护消费者权益。

（2）规范饭店行业的行为。

（3）有利于行业管理和监督。

第三节

知识点 1

巩固练习 1

英汉互译：

1. 我想要预订一个双床间。

2. I'd like to book a love-view room.

巩固练习 2

英汉互译：

1. 我想要预订一个带有浴室的双人间。

2. You've reserved a suite from the 1st to the 3rd of October.

巩固练习 3

选择填空：

1. B   2. B

巩固练习 4

英汉互译：

1. 您可以用信用卡支付押金吗？

2. Enjoy your stay! / We hope you will enjoy your stay with us.

巩固练习 5

英译汉：

1. 服务费   2. 延迟退房费   3. 洗衣服务费

巩固练习 6

选择填空：

1. B   2. A

巩固练习 7

写出以下货币的英语缩写：

1. RMB   2. HKD   3. USD   4. EUR   5. GBP

巩固练习 8
英汉互译：

1. 我想要兑换 300 元港币。

2. What's today's exchange rate?

巩固练习 9
选择填空：

1. B　2. B

巩固练习 10
英汉互译：

1. 我正在等待我的公司从香港发来的传真。

2. We received a fax for you.

巩固练习 11
英汉互译：

1. 下水道堵塞了。

2. 请您告诉我有什么问题，好吗？

3. I'm terribly sorry about it./I do apologize for it.

4. We will send the repairman to fix it immediately.

知识点 2
巩固练习 1
将下列客房物品的名称翻译成中文：

1. 洗衣单　　　2. 便笺纸　　　3. 烟灰缸

4. 浴帽　　　　5. 洗发水　　　6. 牙膏

巩固练习 2
英汉互译：

1. 能给我拿些信纸吗？

2. 你能给我拿一些衣架吗？

3. Would you like your single room cleaned?

4. We will give it to you immediately.

知识点 3

巩固练习 1

英汉互译：

1. 我想要预定一张三人位的桌子。

2. 因为是用餐高峰期，所以您预定的桌子只能保留半小时。

3. What time would you like your table?

4. Do you have a reservation?

巩固练习 2

英译汉：

1. 三成熟　2. 五成熟　3. 全熟

巩固练习 3

根据中文意思填词：

1. sour　2. fresh

巩固练习 4

选择填空：

1. B　2. A

巩固练习 5

英汉互译：

1. 我觉得我的食物有点儿问题。

2. I do apologize. Would you like to have a new one or change another dish?

单元训练

一、选择题

1.B　2.A　3.B　4.B　5.A　6.B　7.A　8.B

二、练习

（略）

三、汉译英

1. Room Reservation. How may I help you?

2. You've reserved a single room from the 8th to the 10th of August.

3. We look forward to your arrival.

4. You've got two pieces of luggage in all.

5. May I have your credit card for deposit?

6. How many nights would you like to stay?

7. The bellboy will show you to your room.

8. Is there anything else I can do for you before I leave?

9. Would you please fill in the form and show me your passport?

10. Wait a moment, please. I'll put you through.

第二章

第一节
巩固练习

一、单选题

1. B　2. D　3. B

二、判断题

1. √　2. √　3. √

第二节
巩固练习

一、单选题

1. C　2. B　3. D　4. B　5. C　6. B

二、判断题

1. √　2. √　3. ×　4. ×　5. ×

第三节
巩固练习

一、单选题

1. D　2. C　3. C

二、判断题

1. ×　2. ×　3. √

单元训练

一、单选题

1. A　2. B　3. B　4. D　5. C　6. A　7. C　8. B　9. C　10. A

二、判断题

1. √　2. ×　3. ×　4. ×　5. √　6. √　7. √　8. ×　9. ×　10. √

三、综合题

1. 答：酒店入口处；酒店大门；大堂公共活动区域；柜台；公共设施；洗手间及衣帽间；其他部分。

2. 答：前厅部是酒店的"大脑"，在很大程度上控制和协调着整个酒店的经营活动。由前厅部发出的每一条指令和每一条信息，都将直接影响酒店其他部门的服务质量。

四、案例分析题

（1）可能是设备故障。

（2）可能是总机处叫醒不成功。

第三章

第一节

知识点1

巩固练习

单选题

1. B　2. C　3. B　4. A　5. C

知识点2

巩固练习

单选题

1. C　2. B

知识点3

巩固练习

一、单选题

1. A　2. C　3. A　4. C　5. A　6. C

二、多选题

1. ACD   2. ABCD

知识点 4
巩固练习
判断题

1. √   2. √

单元训练
一、单选题

1. A   2. C   3. B   4. D   5. C   6. C

二、判断题

1. ×   2. ×   3. √

三、简答题

1. 空客房清洁整理操作内容及标准：

（1）推车到房门口，按敲门程序和标准进入房间。

（2）通风换气：开窗、开空调。

（3）抹灰尘。

（4）卫生间面盆、浴缸放水 1~2 分钟。

（5）吸尘：若房间连续几天为空房，用吸尘器吸尘。

（6）检查完毕，关好房门，退出房间。

2. 住客房清洁整理操作内容及标准：

（1）敲门或按门铃进房，客人在房间里时要礼貌询问客人是否可以清扫房间，若可以，马上清扫，清洁完毕向客人致歉；若客人不同意，在房间清洁报告表上填写房号、时间，待客人外出后再清扫。

（2）若客人中途回来，需查验证件，再询问是否继续。若可以，马上清扫，清洁完毕向客人致歉；若客人不同意，在房间清洁报告表上填写房号、时间，待客人外出后再清扫。

（3）收拾房间垃圾，撤换床上布件及中式铺床。

（4）在清扫过程中电话铃响不能接听，客人物品不可翻看，不可以放错位置，不可随便处理。若不慎损坏客人物品，则应如实向主管反映，主动向客人道歉并按要求赔偿。

（5）擦拭壁柜。只搞大面卫生，不弄乱客人衣物。

（6）擦拭行李架。不挪动行李，只擦浮灰。

（7）房间有客人时，将空调开到中挡或客人指定温度，无客人时开到低挡。

（8）检查完毕，退出房间，做好记录。

3. 走客房清洁整理操作内容及标准：

（1）推车到房门口，按敲门程序和标准进入房间。

（2）进房间后打开窗户、窗帘，检查有无遗漏物品，房间设施是否正常，有异常情况及时汇报。

（3）清洁卫生间：开灯、开换气扇、给抽水马桶放水，清洗面盆、浴缸、马桶并擦干，补充撤走的客用品，将浴帘拉出1/3，从里到外抹净地面，吸尘，检查后将卫生间门虚掩。

（4）卧室清扫：清理垃圾；撤走床上用品，在撤床单时，要抖动几次，确认里面无衣物或其他物品；撤壶具杯具、洗烟灰缸；做床；擦拭灰尘。

（5）吸尘：顺着地毯吸，从里到外，将梳妆凳、沙发下、窗帘后、门后的灰尘吸干净，关窗，拉窗帘。

（6）补充客用物品。

（7）检查完毕，关空调，关灯，退出房间。

（8）登记记录。

第二节

知识点1

巩固练习

一、单选题

1. B　　2. C

二、多选题

ABCD

知识点2

巩固练习

单选题

1. B　　2. D

知识点3

巩固练习

单选题

1. A　　2. B　　3. D

知识点4

巩固练习

单选题

1. D　　2. A

第三节
知识点2
巩固练习

单选题

1. B　2. C

知识点3
巩固练习

单选题

1. A　2. B

知识点4
巩固练习

单选题

1. C　2. C　3. C　4. B　5. B

单元训练

一、单选题

1. B　2. A　3. B　4. D

二、多选题

1. ABCD　2. ABCDE　3. ABCD

第四章

第一节
知识点1
巩固练习

一、单选题

1. A　2. B　3. D　4. C　5. B

二、多选题

1. AC　2. ABC

知识点2

巩固练习

一、单选题

1. D　2. C　3. D　4. A　5. B

二、多选题

1. AB　2. ACD

知识点3

巩固练习

一、单选题

1. D　2. C　3. B　4. C　5. A

二、多选题

1. AB　2. BCD

知识点4

巩固练习

一、单选题

1. D　2. A　3. C　4. B　5. A

二、多选题

1. ACD　2. BC

知识点5

巩固练习

一、单选题

1. C　2. B　3. D　4. A　5. B

二、多选题

1. AD　2. AC

知识点6

巩固练习

一、单选题

1. B　2. D　3. A　4. A　5. C

二、多选题

1. ABC　2. ABCD

第二节

知识点1

巩固练习

一、单选题

1. A 2. A 3. D 4. B 5. C

二、多选题

1. ABCD 2. ABC

知识点2

巩固练习

一、单选题

1. A 2. D 3. B 4. D 5. C

二、多选题

1. ABCD 2. ACD

知识点3

巩固练习

一、单选题

1. D 2. A 3. C 4. A 5. C

二、多选题

1. ABC 2. BCD

知识点4

巩固练习

一、单选题

1. C 2. A 3. D 4. B 5. C

二、多选题

1. BCD 2. AD

第三节

知识点1

巩固练习

一、单选题

1. A 2. C 3. A 4. B 5. D

二、多选题

1.BCD　2. AB

知识点 2
巩固练习

一、单选题

1. D　2. B　3. A　4. D　5. B

二、多选题

1. AC　2. BCD

知识点 3
巩固练习

一、单选题

1. B　2. D　3. D　4. B　5. A

二、多选题

1. AC　2. ABCD

第五章

第一节

知识点 1
巩固练习

一、单选题

1. C　2. B　3. C

二、判断题

1. √　2. ×　3. √　4. ×　5. √

知识点 2
巩固练习

一、单选题

1. A　2. A　3. A　4. B　5. A

二、判断题

1. ×　2. ×　3. √　4. √

知识点3

巩固练习

一、单选题

1. B　2. C　3. D　4. C

二、判断题

1. √　2. ×　3. ×

知识点4

巩固练习

一、单选题

1. B　2. A　3. D　4. B

二、判断题

1. ×　2. √

单元训练

一、选择题

1. A　2. ABC　3. ACD　4. B　5. AD　6. A

二、判断题

1. ×　2. ×　3. ×　4. √

三、综合题

1. "马超龙雀"作为中国旅游业的图形标志，其含义如下：

①天马行空，无所羁绊，象征着前程似锦的中国旅游。

②马是古代旅游的重要工具，奋进的象征，旅游者可以在中国尽兴旅游。

③"马超龙雀"青铜制品，象征着中国数千年光辉灿烂的文化历史，表示中国古代的伟大形象，并以此吸引全世界的旅游者。

2. 游客与旅行者的区别：

游客是统计旅游人次时使用的基本概念和基本单位，旅游者是游客的一部分，旅行者是指在两地间进行旅行的人，旅行者包括游客和非游客。

游客属于旅行者，但旅行者不一定是游客。区分游客和一般旅行者的一个重要标准是看其是否离开惯常环境。惯常环境：既包括常住地，也包括常住地以外经常去的地方。国家旅游局对"游客"的解释"游客不包括因工作或学习在两地有规律往返的人"，就是这一标准的具体化和可操作性表述。常住地：是指一个人在近一年的大部分时间所居住的城镇或虽然在这个城镇（或乡村）之居住了较短的时期，但在 12 个月内仍将返回的这个城镇（或乡村）。

区分游客和其他旅行者的另一重要标准是其前往该地的主要目的是否为通过所从事的活动从该地获取报酬。这一点实际上是从统计的角度对旅游活动消费属性的确认。

区分一个游客是国际游客还是国内游客并不依据该游客的国籍，而是依据他的常住国或常住地。常住国（常住地）：是指一个人在近一年的大部分时间所居住的国家（或地区）虽然在这个国家（或地区）只居住了较短的时期，但在 12 个月内仍将返回的这个国家（或地区）。

3. 确定 9 月 27 日为"世界旅游日"的原因是为纪念 1970 年 9 月 27 日墨西哥代表大会通过了世界旅游组织的章程，同时这一天恰好是北半球旅游旺季刚过，南半球旅游季节又刚到之际，是世界各国人民度假的好时节。

4. 旅游业经济发展中的正面作用主要表现在：国际旅游能够增加接待地的外汇收入，平衡国际收支；国内旅游能够有效刺激国内消费，回笼货币；旅游业可以为接待地提供就业机会，促进基础设施的建设，提高当地居民的生活质量。此外，旅游业的发展还会刺激其他相关行业的发展，并为落后地区经济的发展提供新的机遇。

第二节
知识点 1
巩固练习

一、单选题

1. A　2. C　3. B　4. D　5. A　6. B　7. A

二、判断题

1. ×　2. √　3. ×　4. ×　5. √

知识点 2
巩固练习

一、单选题

1. A　2. B　3. A

二、判断题

1. ×　2. √　3. ×

知识点 3
巩固练习

一、单选题

1. C　2. B　3. A

二、判断题

1. √　2. ×　3. √

单元训练

一、选择题

1. B　2. ABCD　3. ABC　4. C　5. C　6. A　7. ABCD　8. AB　9. A　10. A

二、判断题

1. ×　2. ×　3. ×　4. √　5. √　6. ×　7. ×

三、综合题

1. 春秋五霸：齐桓公、宋襄公、晋文公、秦穆公、楚庄王。战国七雄：齐、楚、燕、韩、赵、魏、秦。

2. 完成表格。

	罗贯中	《三国演义》
小说	施耐庵	《水浒传》
	吴承恩	《西游记》
	曹雪芹	《红楼梦》
	蒲松龄	《聊斋志异》
	程长庚	京剧
戏曲	汤显祖	《牡丹亭》
	孔尚任	《桃花扇》
	洪昇	《长生殿》
	徐渭	泼墨花卉

3. 完成表格。

学术流派	代表人物	代表著作
儒家	孔子、孟轲、荀况	《论语》、《孟子》、《荀子》
道家	李耳、庄周	《老子》、《庄子》
墨家	墨翟	《墨子》
法家	韩非	《韩非子》
兵家	孙武、孙膑	《孙子兵法》、《孙膑兵法》

第三节

知识点1

巩固练习

一、单选题

1. C　2. A　3. D

二、判断题

1. ×　2. ×　3. √　4. ×

知识点2
巩固练习
一、单选题

1. B　2. B　3. A　4. A

二、判断题

1. √　2. ×　3. ×　4. √

单元训练
一、选择题

1. ABCD　2. ABC　3. C　4. A　5. BCD

二、判断题

1. √　2. ×　3. √　4. ×　5. ×

三、综合题

1. 岁寒三友：松、竹、梅。

花中四君子：梅、兰、竹、菊。

花中二绝：牡丹、芍药。

花木五果：桃、杏、李、梨、石榴。

2. 西湖十景：曲院风荷、平湖秋月、断桥残雪、柳浪闻莺、雷峰夕照、南屏晚钟、花港观鱼、苏堤春晓、双峰插云、三潭印月。

3. 丹霞地貌：丹霞地貌是指由巨厚的红色砂岩，在内外营力作用下形成的以赤壁丹崖为特色的特殊地貌。

第四节
知识点1
巩固练习
一、单选题

1. B　2. B

二、判断题

1. ×　2. ×

知识点2

巩固练习

一、选择题

1. C　2. B　3. ABCD　4. D　5. A

二、判断题

1. √　2. √　3. ×　4. ×　5. ×

知识点3

巩固练习

一、单选题

1. A　2. A　3. B　4. C

二、判断题

1. √　2. √　3. √　4. ×

知识点4

巩固练习

一、单选题

B

二、判断题

1. √　2. ×　3. √　4. √

知识点5

巩固练习

一、单选题

1. A　2. B

二、判断题

1. √　2. √　3. ×

单元训练

一、选择题

1. A　2. BCD　3. B　4. C　5. D　6. B　7. C　8. ABE　9. ABC

二、判断题

1. ×　2. √　3. √　4. ×　5. ×

三、综合题

1. 中国的宗教政策：

（1）公民有信仰宗教和不信仰宗教的自由，有信仰有神论和无神论的自由。

（2）宗教活动必须在宪法、法律和政策规定的范围内进行。国家保护一切在宪法、法律和政策范围内的正常宗教活动。

（3）各宗教一律平等，没有占统治地位的宗教。

（4）宗教和国家政权相分离，和教育、行政、司法相分离。

（5）宗教团体和宗教事务不受外国势力干涉。

2. 重阳宫和北京白云观、山西芮城永乐宫并称为全真道三大祖庭。

3. 清真寺建筑的特点：

（1）大殿的神龛必须背向麦加（在中国即背向西）。

（2）大殿内不设偶像。

（3）室内装饰常用植物纹、几何纹和阿拉伯文字，不用动物纹。

4. 三方佛（横三世佛）：东方净琉璃世界药师佛；婆娑世界释迦牟尼佛；西方极乐世界阿弥陀佛。

三世佛（竖三世佛）：过去佛燃灯佛；现在佛释迦牟尼佛；未来佛弥勒佛。

三身佛：释迦牟尼佛（应身，佛为超度众生来到众生之中呈现的化身）；毗卢遮那佛（法身，佛教真理凝聚所成的佛身）；卢舍那佛（报身，经过休息享有佛国净土之身）。

第五节

知识点1

巩固练习

一、单选题

1. A   2. C

二、判断题

1. √   2. ×

知识点2

巩固练习

一、单选题

1. B   2. A

二、判断题

1. √   2. ×

知识点3

巩固练习

一、单选题

1. A 2. B 3. C 4. A

二、判断题

1. × 2. √ 3. √ 4. √

知识点4

巩固练习

一、单选题

1. C 2. A 3. B 4. C 5. D

二、判断题

1. √ 2. × 3. √ 4. × 5. √

知识点5

巩固练习

一、单选题

1. C 2. B 3. A

二、判断题

1. √ 2. ×

单元训练

一、选择题

1. ABC 2. B 3. B 4. B 5. AC 6. B 7. BCD

二、判断题

1. √ 2. √ 3. × 4. √ 5. √

三、综合题

民俗的四大特性为社会性和集体性、类型性和模式性、稳定性和变异性、传承性和播布性。

第六节

知识点1

巩固练习

1. 学会人工取火。

2. 浙江余姚的河姆渡文化、陕西西安的半坡文化。

3. 新石器时代。

知识点2

巩固练习

1.（1）台基；（2）柱；（3）开间；（4）大梁；（5）斗拱；（6）彩画；（7）屋顶；（8）山墙；（9）藻井。

2. 和玺彩画。

知识点3

巩固练习

1. ①严格的中轴对称；②左祖右社；③三朝五门；④前朝后寝。

2. ①华表。

②石狮，有辟邪的作用。

③日晷，象征着国家统一和强盛。

④嘉量。

⑤吉祥缸，誉之为吉祥缸。

⑥鼎式香炉。

⑦铜龟、铜鹤，用来象征着长寿。

3. ①周代开始，出现"封土为坟"的做法。

②秦汉两代的"方上"，如秦始皇陵、汉茂陵。

③唐代为"以山为陵"，如唐乾陵、唐昭陵。

④宋代恢复"方上"的形式，但不是简单重复，如北宋陵。

⑤明清两代的"宝城宝顶"形式，如明十三陵、清东陵、清西陵。

4. 唐朝。

5. 主要有祭祀建筑区、神道和护陵监三部分。

知识点4

巩固练习

1. 河北赵州桥。

2. 武汉的黄鹤楼、岳阳的岳阳楼、南昌的滕王阁。

3. 楼阁式塔、密檐式塔、覆钵式塔、金刚宝座塔。

单元训练

一、选择题

1. C 2. B 3.ABD 4.BCE 5.CD 6.D 7.C 8.ABCD

二、判断题

1. × 2. √ 3. × 4. √ 5. × 6. √

三、简答题

1.中国古代建筑的特点：

（1）使用木材砖瓦作为主要材料。

（2）采用框架式架构。中国古代木构架有台梁、穿斗、井干三种不同的结构方式。

（3）灵活安排空间布局。地震中的丽江古建筑"墙垮屋不毁"。

（4）实行单体建筑标准化。单体建筑外观轮廓均由基座、屋身、屋顶三部分组成。

（5）重视建筑组群平面布局。间、庭院、建筑组群。

（6）运用色彩装饰手段。春秋时期，建筑上已有彩色；明清时期，朱、黄为至尊至贵之色。

基本构件：

（1）台基；（2）柱；（3）开间；（4）大梁；（5）斗拱；（6）彩画；（7）屋顶；（8）山墙；（9）藻井。

2.①周代开始，出现"封土为坟"的做法。

②秦汉两代的"方上"，如秦始皇陵、汉茂陵。

③唐代为"以山为陵"，如唐乾陵、唐昭陵。

④宋代恢复"方上"的形式，但不是简单重复，如北宋陵。

⑤明清两代的"宝城宝顶"形式，如明十三陵、清东陵、清西陵。

3.（1）楼阁式塔。著名的有陕西西安大雁塔、山西应县木塔等。

（2）密檐式塔。著名的有河南登封嵩岳寺塔（建于北魏，是我国现存年代最早的砖塔）、西安小雁塔、云南大理崇圣寺千寻塔等。

（3）覆钵式塔。著名的有北京妙应寺白塔（建于元朝，是我国建筑年代最早、规模最大的一座喇嘛塔）、山西五台县塔院寺白塔等。

（4）金刚宝座塔。著名的有北京真觉寺金刚宝座塔、湖北襄樊广德寺多宝佛塔等。

四、综合题

1.（1）BD （2）A （3）D （4）ACD （5）C

2.（1）A （2）D （3）A

3.（1）A （2）AB

第七节

知识点1

巩固练习

1. 略

2. （1）造林艺术手法自然。

（2）分隔空间融于自然。

（3）园林建筑顺应自然。

（4）树木花卉表现自然。

3. （1）依据园林的性质，分为皇家园林、私家园林、宗教园林、公共园林。

（2）按照中国古典园林的艺术风格，分为北方园林、江南园林、岭南园林。

4. D

知识点2

巩固练习

1. （1）叠山；（2）理水；（3）植物、动物；（4）建筑；（5）匾额楹联。

2. 方法为掩、隔、破三种。

知识点3

巩固练习

1. 借景。

2. 对景。

3. 抑景。

单元训练

一、单选题

1. B　2. C　3. C　4. A　5. C　6. C　7. A　8. D　9. A

二、多选题

1. AC　2. BCD　3. BCD　4. CD　5. AD　6. AC　7. AB　8. AB　9. AB

三、简答题

1. （1）园林的生成期——商、周、秦、汉（公元前16世纪至公元220年）

（2）园林的转折期——魏、晋、南北朝（公元220—589年）

（3）园林的全盛期——隋、唐（公元589—960年）

（4）园林的成熟期（一）——宋代（公元960—1271年）

（5）园林的成熟期（二）——元、明、清初（公元1271—1736年）

（6）园林成熟后期——清中叶、清末（公元1736—1911年）

2.（1）依据园林的性质，分为皇家园林、私家园林、宗教园林、公共园林。

（2）按照中国古典园林的艺术风格，分为北方园林、江南园林、岭南园林。

3.（1）叠山；（2）理水；（3）植物、动物；（4）建筑；（5）匾额楹联。

4. 借景、抑景、对景、框景、漏景、添景、障景。

第八节

知识点2

巩固练习

1. 山东（鲁）、淮扬（苏）、四川（川）、广东（粤）、浙江（浙）、安徽（徽）、湖南（湘）、福建（闽）。

2.（1）山东菜，代表菜：糖醋鲤鱼、九转大肠、德州扒鸡、葱爆海参、爆双脆、锅塌豆腐、清蒸加吉鱼、熘肝尖等。

（2）四川菜，代表菜：有宫保鸡丁（因清末"宫保"丁宝桢偏爱此菜而名）、麻婆豆腐、鱼香肉丝、水煮鱼片、怪味鸡块、干煸牛肉丝、锅巴肉片、樟茶鸭子、干烧岩鱼。

（3）江苏菜，代表菜：三套鸭、清炖狮子头、大煮干丝、叫花鸡、松鼠鳜鱼、霸王别姬、羊方藏鱼、盐水鸭、香松银鱼、生炒蝴蝶片、水晶肴蹄、清蒸鲫鱼。

（4）广东菜，代表菜：龙虎凤大会、脆皮乳猪、东江盐焗鸡、太爷鸡、潮州冻肉、油泡鲜虾仁、爽口牛丸、脆皮炸海蜇等。

知识点3

巩固练习

1.（1）武汉菜。

（2）荆南菜。

（3）鄂东南菜。

（4）襄郧菜。

2.（1）大米和淡水鱼鲜是湖北日常饮食中重要的主、副食原料。

（2）烹调方法以蒸、煨、炸、烧为代表，口味以咸鲜为主。

（3）宴席有"无鱼不成席"、"无圆不成席"、"无汤不成席"的风俗。

单元训练

一、单选题

1. A　2. B　3. B　4. A　5. B　6. A

二、多选题

1. ABD　2. ABD　3. ABD

三、判断题

1. ×   2. ×   3. √   4. √

四、简答题

1. 山东（鲁）、淮扬（苏）、四川（川）、广东（粤）、浙江（浙）、安徽（徽）、湖南（湘）、福建（闽）。

2. 由武汉、荆南、鄂东南、襄郧四大风味流派组成。

3. 讲究选料严格，制作精细，注重刀工、火候，讲究配色和造型，以烹制山珍海味见长，淡水鱼鲜与煨汤技术独具特点。

4. 湖北特色菜肴；

（1）武昌鱼；（2）洪山菜薹；（3）红烧鮰鱼；（4）黄陂三合；（5）沔阳三蒸；（6）仙桃蒸三元；（7）荆州鱼糕丸子；（8）排骨藕汤；（9）其他地方名菜。

小吃：豆皮、热干面、四季美汤包、小桃园鸡汤、麻元、面窝、精武鸭脖、贺胜桥鸡汤、鄂州"东坡饼"、黄州烧梅、云梦鱼面、土家油茶汤。

五、综合题

（1）ACD   （2）B   （3）AB

第九节

知识点1

巩固练习

单选题

1. B   2. C   3. D   4. C

知识点2

巩固练习

单选题

1. D   2. D   3. A   4. D   5. C

知识点3

巩固练习

一、单选题

1. C   2. C   3. C   4. C

二、判断题

√

单元训练

一、单选题

1. A 2. C 3. A 4. C 5. A 6. D 7. B

二、多选题

1. ABD 2. ABCD 3. ABCD 4. ABD 5. AB 6. BC

三、简答题

1. ①宜兴紫砂器；②洛阳仿唐三彩；③淄博美术陶瓷；④景德镇名瓷；⑤醴陵釉下彩瓷；⑥德化白瓷塑；⑦龙泉青瓷。

2.（1）丝织品：云锦、蜀锦和宋锦是我国三大名锦。

（2）刺绣：苏州苏绣、湖南湘绣、广东粤绣和四川蜀绣是我国四大名绣。代表作：苏绣的双面绣《猫》、湘绣狮虎、粤绣的《百鸟朝凤》，蜀绣的《熊猫》和《芙蓉鲤鱼》。

3. 茶叶的分类：

①按照制造成方法不同，可分为绿茶、红茶、青茶、黑茶、黄茶、白茶6个大类；

②按商业习惯，可分为绿茶、红茶、乌龙茶、白茶、紧压茶和花茶；

③红茶以安徽祁红和云南滇红出众；

④世界三大高香名茶：祁红、印度大吉岭茶、斯里兰卡乌伐茶。

4. 白酒的香型：酱香型、浓香型、清香型、米香型、兼香型。

①酱香型代表有贵州茅台、四川古蔺郎酒、湖南常德武陵酒；

②浓香型代表有五粮液、古井贡酒、全兴大曲、剑南春、洋河大曲、双沟大曲、宋河粮液等；

③清香型代表有汾酒、特制黄鹤楼、宝丰酒等；

④米香型代表有三花酒；

⑤兼香型代表有董酒、西凤酒。

四、综合题

略

第十节

知识点1

巩固练习

1. 日本为樱花、新加坡为胡姬花、泰国为睡莲、马来西亚为扶桑花、菲律宾为茉莉花、印度尼西亚为茉莉花、韩国为木槿花、澳大利亚为金合欢。

2. D

3. AB

4. 韩国、日本、新加坡、中国香港。

5. 星期一为黄色，星期二为粉红色，星期三为绿色，星期四为橙色，星期五为淡蓝色，星期六为紫红色，星期日为红色。

6. 略

7. 世界四大博物馆：大英博物馆、巴黎卢浮宫、纽约大都会博物馆、圣彼得堡艾尔米塔奇博物馆。

知识点2

巩固练习

1. 别称有"蓬莱"、"贷舆"、"员峤"、"瀛洲"、"岛夷"、"琉球"等。

2. 台湾地区有"东南锁阴"、"七省藩篱"、"高山之岛"、"东方糖库"、"水果之乡"、"森林之海"、"东南盐库"、"兰花王国"、"蝴蝶王国"、"珊瑚王国"、"鱼仓"、"米仓"等美称。

3. 美丽的东方之珠、太平山、浅水湾、集古村、太空馆、沙田赛马场、宝莲禅寺、黄大仙祠。

4. 略

单元训练

一、单选题

1. B　2. C　3. C　4. C　5. D

二、多选题

1. BD　2. ACD　3. ACD　4. CD　5. AC　6. ABC　7. ABC

三、综合题

（1）BC

（2）CD

第六章

第一节

一、导游服务

知识点1

巩固练习

1. 导游服务是指导游人员代表被委派的旅游企业，接待或陪同游客进行旅游活动，并按照组团合同或约定的内容和标准向游客提供的旅游接待服务。

2.（1）导游服务对象是有思想和目的的游客，需要导游人员提供有针对性的导游服务。

（2）现场导游情况复杂多变，需要导游人员灵活、妥善处理。

（3）旅游是一种人际交往和情感交流活动，需要导游人员的参与和沟通。

知识点 2

巩固练习

1. 我国导游服务经历了四个阶段，即起步阶段、开拓阶段、发展阶段和全面建设导游队伍阶段。

2. 中国国际旅行社成立于 1954 年 4 月 15 日，中国旅行社成立于 1974 年。

知识点 3

巩固练习

1. 导游服务因国家和地区的不同，政治属性不同，导游服务的共性包括社会性、文化性、服务性、经济性、涉外性。

2. 导游服务的特点：独立性强；脑力劳动和体力劳动高度结合；客观要求复杂多变；跨文化性。

知识点 4

巩固练习

1. 导游服务的地位：从旅行社的角度讲，导游服务是旅行社核心竞争力的重要组成部分；从游客角度讲，导游服务是游客顺利完成旅游活动的根本保证。

2. 导游服务的作用：纽带作用；标志作用；信息反馈作用；扩散作用。

二、导游人员

知识点 1

巩固练习

1. 导游人员是指按照《导游人员管理条例》的规定取得导游证，接受旅行社委派，为游客提供向导、讲解及相关旅游服务的人员。

2. 按业务范围划分：海外领队、全程陪同导游人员、地方陪同导游人员、景区（点）导游人员。

按职业性质划分：专职导游人员、兼职导游人员、自由职业导游人员。

按使用语言划分：中文导游人员、外语导游人员。

按技术等级划分：初级导游人员、中级导游人员、高级导游人员、特级导游人员。

知识点2

巩固练习

1.（1）安排旅游活动。

（2）做好接待工作。

（3）导游讲解。

（4）维护安全。

（5）处理问题。

2.（1）实施旅游接待计划。

（2）联络工作。

（3）组织协调工作。

（4）维护安全，处理问题。

（5）宣传、调研工作。

知识点3

巩固练习

1.（1）适应市场竞争的需要。

（2）导游知识更新的需。

（3）导游队伍建设的需要。

2.（1）课堂讲授。

（2）直观教学。

（3）专题研讨。

（4）实践培训。

单元训练

一、选择题

1. B　2. A　3. C　4. B　5. C

二、判断题

1. ×　2. ×　3. √　4. √　5. ×

三、综合题

1. 导游服务是指导游人员代表被委派的旅游企业，接待或陪同游客进行旅游活动，并按照组团合同或约定的内容和标准向游客提供的旅游接待服务。

2.（1）导游服务对象是有思想和目的的游客，需要导游人员提供有针对性的导游服务。

（2）现场导游情况复杂多变，需要导游人员灵活、妥善处理。

（3）旅游是一种人际交往和情感交流活动，需要导游人员的参与和沟通。

3. 导游人员是指按照《导游人员管理条例》的规定取得导游证，接受旅行社委派，为游客提供向导、讲解及相关旅游服务的人员。

4.按业务范围划分：海外领队、全程陪同导游人员、地方陪同导游人员、景区（点）导游人员。

按职业性质划分：专职导游人员、兼职导游人员、自由职业导游人员。

按使用语言划分：中文导游人员、外语导游人员。

按技术等级划分：初级导游人员、中级导游人员、高级导游人员、特级导游人员。

第二节

一、团队导游服务规范

知识点 1

巩固练习

1.（1）准备工作。

（2）接站服务。

（3）进住饭店服务。

（4）核对、商定日程。

（5）参观游览服务。

（6）食、购、娱等服务。

（7）送站服务。

（8）善后工作。

2.（1）协助办理住店手续。

（2）介绍饭店设施。

（3）宣布当日或次日活动安排。

（4）照看行李进房。

（5）带领旅游团用好第一餐。

（6）协助处理入住后的各类问题。

（7）落实叫早事宜。

知识点 2

巩固练习

1.（1）准备工作。

（2）首站接团服务。

（3）进住饭店服务。

（4）核对、商定日程。

（5）沿途各站服务。

（6）离站、途中、抵站服务。

（7）末站服务。

（8）善后工作。

2.（1）听取该团外联人员或旅行社领导对接待方面的要求及注意事项的介绍。

（2）熟记旅游团名称、团号、人数、国别和领队姓名，了解旅游团成员性别、民族、年龄、宗教信仰、职业、居住地及生活习惯等。

（3）掌握旅游团的等级、餐饮标准、游客在饮食上有无禁忌和特别要求等情况。

（4）有无特殊安排，如会见、座谈，有无特殊的文娱节目等。

（5）了解收费情况及付款方式，如团费、风味餐费等。

（6）掌握旅游团的行程计划、旅游团抵离旅游线路各站的时间、所乘交通工具的航班（车、船）次，以及交通票据是否定妥或是否需要确认、有无变更等情况。

（7）了解团内有影响力的成员、需要特殊照顾的对象和知名人士的情况。

知识点3
巩固练习

1.（1）准备工作。

（2）召开行前说明会。

（3）办理中国出境手续。

（4）办理国外入境手续。

（5）落实境外旅游接待。

（6）办理国外离境手续。

（7）办理回国手续。

（8）散团及善后工作。

2.（1）欢迎辞。

（2）行程说明。

（3）通知集合时间及地点。

（4）对每位客人提出要求。

（5）提醒游客带好有关物品。

（6）货币的携带与兑换。

（7）提醒注意人身安全。

（8）财物保管。

（9）出入国境时注意事项。

（10）对首次出境的游客，最好将旅游中有关衣、食、住、行、游、购、娱等事项逐一介绍。

知识点 4

巩固练习

1. （1）服务准备。

（2）导游服务。

（3）善后工作。

2. （1）致欢迎辞。

（2）商定游览行程及线路。

（3）交代游览线路及注意事项。

（4）负责景区（点）导游讲解。

（5）提供购物服务。

（6）做好送别服务。

二、散客导游服务规范

知识点 1

巩固练习

1. 散客旅游又称自助或半自助旅游。它是由游客自行安排旅游行程，零星现付各项旅游费用的旅游形式。

2. （1）旅游方式。

（2）游客人数。

（3）服务内容。

（4）付款方式和价格。

（5）服务难度。

知识点 2

巩固练习

1. （1）认真阅读接待计划。

（2）做好出发前的准备。

（3）联系交通工具。

2. （1）询问机场（车站）工作人员，确认本次航班（火车、轮船）的乘客已全部下飞机（火车、轮船）或在隔离区内确认没有出港游客。

（2）导游人员（如有可能，与司机一起）在尽可能的范围内寻找（至少20分钟）。

（3）与散客下榻的饭店联系，查询游客是否已自行到达饭店。

（4）若确实找不到应接的散客，导游人员应打电话与计调人员联系并告知情况，进一步核实其抵达的日期和航班（车次、船次）及是否有变更的情况。

（5）当确定迎接无望时，须经计调部或散客部同意方可离开机场（车站、码头）。

（6）对于未在机场（车站、码头）接到游客的导游人员来说，回到市区后，应前往游客下榻的饭店前台，确认游客是否已入住饭店。如果游客已入住饭店，必须主动与其联系，并表示歉意。

单元训练

一、选择题

1．A　2．C　3．C　4．C　5．A

二、判断题

1．×　2．√　3．×　4．×　5．√

三、综合题

1.（1）准备工作。

（2）接站服务。

（3）进住饭店服务。

（4）核对、商定日程。

（5）参观游览服务。

（6）食、购、娱等服务。

（7）送站服务。

（8）善后工作。

2.（1）协助办理住店手续。

（2）介绍饭店设施。

（3）宣布当日或次日活动安排。

（4）照看行李进房。

（5）带领旅游团用好第一餐。

（6）协助处理入住后的各类问题。

（7）落实叫早事宜。

第三节

知识点 1

巩固练习

1.导游辞是导游人员引导游客参观游览时使用的讲解语言，主要用于面对面的导游交际场合。

2.（1）漫谈型。

（2）混合型。

（3）知识型。

（4）比较型。

知识点2

巩固练习

1.（1）欢迎辞。

（2）沿途讲解辞。

（3）景点讲解辞。

（4）欢送辞。

2.（1）问候语。

（2）欢迎语。

（3）介绍语。

（4）希望语。

（5）祝愿语。

单元训练

一、选择题

1. A   2. D

二、判断题

1. √   2. ×   3. √   4. ×

三、综合题

1.导游辞的内容结构包括以下几个部分：

（1）欢迎辞。

（2）沿途讲解辞。

（3）景点讲解辞。

（4）欢送辞。

2.导游辞选题原则：

（1）个性化原则。

（2）创新性原则。

（3）整体性原则。

（4）针对性原则。

3.导游辞写作要求：

（1）强调知识性。

（2）讲究口语化。

（3）突出趣味性。

（4）具有针对性。

（5）富有高品位。

第四节

一、语言技能

知识点 1

巩固练习

1.（1）导游语言的准确性。

（2）导游语言的逻辑性。

（3）导游语言的生动性。

2.（1）态度要严肃认真。

（2）了解所讲、所谈的事物和内容。

（3）遣词造句准确，词语组合、搭配恰当。

（4）语音、语调要正确。

知识点 2

巩固练习

1.（1）独白式。

（2）对话式。

2.（1）音量大小适度。

（2）语调高低有序。

（3）语速快慢相宜。

（4）停顿长短合理。

（5）语气丰富多变。

知识点 3

巩固练习

1.（1）热情友善，充满自信。

（2）介绍内容繁简适度。

（3）善于运用不同的方法。

2.（1）开头要寒暄。

（2）说话要真诚。

（3）内容要健康。

（4）言语要中肯。

（5）要"看"人说话。

（6）善于把握谈话过程。

二、讲解技能

知识点 1

巩固练习

1.（1）客观性原则。

（2）针对性原则。

（3）计划性原则。

（4）灵活性原则。

2.（1）言之友好。

（2）言之有物。

（3）言之有据。

（4）言之有理。

（5）言之有趣。

（6）言之有神。

（7）言之有力。

（8）言之有情。

（9）言之有喻。

（10）言之有礼。

知识点 2

巩固练习

1.（1）概述法。

（2）分段讲解法。

（3）突出重点法。

（4）问答法。

（5）虚实结合法。

（6）触景生情法。

（7）制造悬念法。

（8）类比法。

（9）妙用数字法。

（10）画龙点睛法。

2.（1）与司机商量确定行车线路时，在合理而可能的原则下尽量不要错过城市的重要景观。

（2）在经过重要的景点或标志性建筑时，要及时向游客指示景物的方向，讲解的内容要及时与车外的景物相呼应。

（3）要学会使用"触景生情法"。

（4）在讲解的过程中要注意观察游客的反应。

（5）在快要到达将要游览的景区（点）时，要使用"突出重点法"将景区（点）的最重要的价值及最独特之处向游客进行讲解。

三、带团技能

知识点1

巩固练习

1.（1）环境的流动性。

（2）接触的短暂性。

（3）服务的主动性。

2.（1）游客至上原则。

（2）服务至上原则。

（3）履行合同原则。

（4）公平对待原则。

知识点2

巩固练习

1.（1）良好的感知能力和观察力。

（2）良好的注意能力。

（3）良好的意志品质。

2.（1）适应客观存在。

（2）与人为善。

（3）扬"长"避"短"。

（4）培养人际交往的兴趣。

知识点3

巩固练习

1.（1）注意儿童的安全。

（2）掌握"四不宜"原则。

（3）对儿童多给予关照。

（4）注意儿童的接待价格标准。

2.（1）妥善安排日程。

（2）做好提醒工作。

（3）注意放慢速度。

（4）耐心解答问题。

（5）预防游客走失。

（6）尊重西方传统。

四、应变技能

知识点1

巩固练习

1. 安全性事故：轻微事故、一般事故、重大事故、特大事故。

2.（1）维护游客利益原则。

（2）符合法律原则。

（3）"合理而可能"原则。

（4）公平对待原则。

（5）尊重游客原则。

（6）维护尊严原则。

知识点2

巩固练习

1.（1）导游人员应立即与本社有关部门联系，查明原因。

（2）如推迟时间不长，可留在接站地点继续等候，迎接旅游团的到来，同时要通知各接待单位，处理相关事宜。

（3）如推迟时间较长，导游人员应按本社有关部门的安排，重新落实接团事宜。

2.（1）报告领导。

（2）将错就错。如经核查，错接发生在本社的两个旅游团之间，两个导游人员又同是地陪，那么可将错就错，两名地陪将接待计划交换之后可继续接团。

（3）必须交换。如经核查，错接的团分属两家社接待，则必须交换；如错接的两个团属同一旅行社接待，但两个导游人员中有一名是地陪兼全陪，那么，也应交换旅游团。

（4）实事求是说明，诚恳道歉。

（5）其他人员带走游客，马上与饭店联系，看游客是否下榻饭店。

知识点3

巩固练习

1.（1）用餐前3小时，尽量联系，讲清楚，差价自付。

（2）不具备条件，可换餐厅。

（3）接近用餐时间：能满足则满足要求；确有困难，说明情况；若游客坚持，建议单独用餐，费用自理，原餐费不退。

2.（1）必须问清何物。

（2）请游客写委托书。

（3）将物品或信件交给收件人后，请收件人写收条并签字盖章。

（4）将委托书和收条一并交旅行社保管，以备查用。

（5）若是转递给外国驻华使、领馆及其人员的物品或信件，原则上不能接收。

单元训练

一、选择题

1. B　　2. A　　3. A　　4. C　　5. B

二、判断题

1. √　　2. √　　3. ×　　4. ×　　5. √

三、综合题

1. 虚实结合法就是在导游讲解中将典故、传说与景物介绍有机结合，即编织故事情节的导游方法。比如导游讲解黄鹤楼时，将黄鹤楼的传说故事与实景有机结合，就是虚实结合法。

2.（1）突出重点法就是在导游讲解中不面面俱到，而是突出某一方面的导游方法。

（2）突出景点的独特之处。

（3）突出具有代表性的景观。

（4）突出游客感兴趣的内容。

（5）突出"……之最"。

第五节

一、礼仪知识

知识点 1

巩固练习

1.（1）不要当众化妆。

（2）不要非议他人的化妆。

（3）不要借用别人的化妆品。

（4）男士的化妆要体现男子汉的气概。

2.（1）要与年龄相协调。

（2）要与体型相协调。

（3）要与职业相协调。

（4）要与环境相协调。

知识点 2

巩固练习

1.（1）委婉含蓄，表达巧妙。

（2）善于倾听，给别人说话的机会。

（3）坦率诚恳，切忌过分客气。

（4）大方自然。

（5）照顾全局。

（6）诙谐幽默，避开矛盾的锋芒。

2.（1）掌握握手要领。

（2）注意握手顺序。

（3）把握握手时间。

（4）注意握手力度。

（5）注意握手禁忌。

知识点 3

巩固练习

1.（1）信守时间。

（2）不妨碍他人。

（3）女士优先。

（4）不得纠正。

（5）维护个人隐私。

（6）以右为尊。

（7）保护环境。

2.（1）遵守时间是最重要的礼节。

（2）要尊重游客。

（3）注意细节处的礼仪。

二、安全知识

知识点 1

巩固练习

1.（1）危害性。

（2）复杂性。

（3）特殊性。

（4）突发性。

2.（1）在河、湖边游览时，要提醒游客，尤其要提醒孩子、老人不要太靠近边缘行走，以免落水。

（2）在乘船和竹筏时，要提醒游客不要超载、不能打闹。

（3）不让游客在非游泳区游泳。

（4）进行水上活动时，游客应穿好救生衣，戴好救生圈等救护设备。

（5）将码头的电话告知游客，以备天气突变时进行联系。

知识点2

巩固练习

1. 室内避险应就地躲避：躲在桌、床等结实的家具下；尽量躲在窄小的空间内，如卫生间、厨房或内墙角；可能时，在两次震感之间迅速撤至室外。

室外避险切忌乱跑乱挤：不要扎堆，应避开人多的地方；远离高大建筑物、窄小胡同、高压线；注意保护头部，防止砸伤。旅游团在游览时遇到地震，导游人员应迅速引导游客撤离建筑物、假山，集中在空旷开阔地域。

2.（1）发生泥石流时，不能在沟底停留，而应迅速向山坡坚固的高地或连片的石坡撤离，抛掉一切重物，跑得越快越好，爬得越高越好。

（2）切勿与泥石流同向奔跑，而要向与泥石流流向垂直的方向逃生。

（3）到了安全地带，游客应集中在一起等待救援。

三、其他知识

知识点1

巩固练习

1. 中国护照一般分为：外交护照、公务护照、普通护照和特区护照。

2.（1）列入禁止进境范围的所有物品；

（2）内容涉及国家秘密的手稿、印刷品、胶卷、照片、唱片、影片、录音带、录像带、激光视盘、计算机存储介质及其物品；

（3）珍贵文物及其他禁止出境的文物；

（4）濒危、珍贵的动物、植物（均含标本）及其种子和繁殖材料。

知识点2

巩固练习

1. 旅行社责任保险是指旅行社根据保险合同的约定，向保险公司支付保险费，保险公司对旅行社在从事旅游业务经营活动中，致使游客人身、财产遭受损害应由旅行社承担的责任，承担赔偿保险金责任的行为。

2. 每份保险费为1元，保险金额1万元，一次最多投保10份。该保险比较适合探险游、生态游、惊险游等。

单元训练

一、选择题

1. C   2. D   3. C   4. A   5. B

二、判断题

1. √   2. ×   3. √   4. √   5. √

三、综合题

旅游保险是保险业务中的一项业务，是保险业在人们旅游活动中的体现，游客可以通过办理保险部分地实现风险转移。

在旅游活动过程中发生了属于保险责任范围内的事故，造成被保险人的人身伤亡或财产损失时，被保险人或收益人有权依照旅游保险合同的规定向保险人要求赔偿经济损失并给付相应赔偿金，这种行为就是索赔。

导游知识综合测试题（一）

一、单选题

1. C　2. B　3. C　4. A　5. B　6. D　7. A　8. B　9. B　10. C　11. D　12. A　13. A
14. B　15. D　16. C　17. B　18. C　19. A　20. B　21. C　22. D　23. B　24. A　25. B
26. A　27. C　28. B　29. D　30. A　31. D　32. B　33. C　34. C　35. D　36. A　37. A
38. B　39. B　40. D

二、判断题

1. √　2. ×　3. ×　4. ×　5. √　6. √　7. √　8. ×　9. ×　10. ×　11. ×　12. √
13. ×　14. ×　15. ×　16. √　17. √　18. ×　19. √　20. √

导游知识综合测试题（二）

一、单选题

1. B　2. B　3. A　4. B　5. C　6. D　7. C　8. C　9. C　10. C　11. D　12. B　13. D
14. D　15. D　16. A　17. A　18. D　19. C　20. A　21. C　22. A　23. D　24. A　25. B　26. A
27. C　28. B　29. C　30. B　31. D　32. A　33. A　34. A　35. A　36. B　37. C　38. C　39. C
40. C

二、判断题

1. √　2. √　3. ×　4. ×　5. √　6. ×　7. √　8. ×　9. √　10. √　11. ×　12. √
13. √　14. √　15. √　16. √　17. √　18. ×　19. √　20. √